고대 중국의 정치사상

고대 중국의 정치사상

인쇄 2018년 2월 12일
발행 2018년 2월 20일

저자 조원일
발행인 정병석
발행처 전남대학교출판문화원

등록 1981. 5. 21. 제53호
주소 61186 광주광역시 북구 용봉로 77
전화 (062) 530-0571~2
마케팅 (062) 530-0573
팩스 (062) 530-0579
홈페이지 http://www.cnup.co.kr
이메일 cnup0571@hanmail.net

값 18,000원

ISBN 978-89-6849-477-2 (93150)

이 도서의 국립중앙도서관 출판예정도서목록(CIP)은
서지정보유통지원시스템 홈페이지(http://seoji.nl.go.kr)와
국가자료공동목록시스템(http://www.nl.go.kr/kolisnet)에서 이용하실 수 있습니다.
(CIP제어번호 : CIP2018004916)

고대 중국의 정치사상

조원일 지음

전남대학교출판문화원

공자 강학도

제자백가

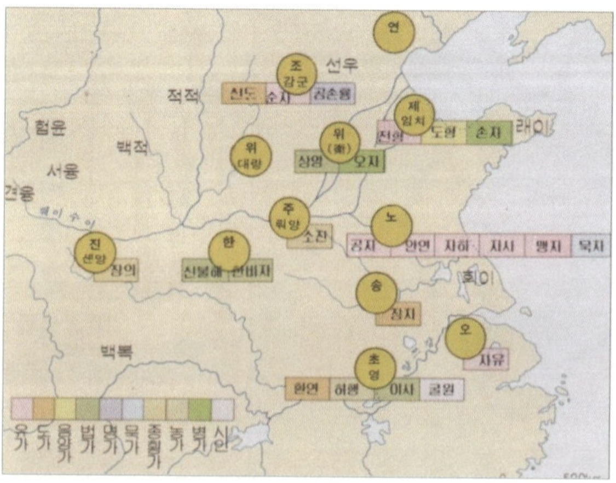

제자백가의 발상지

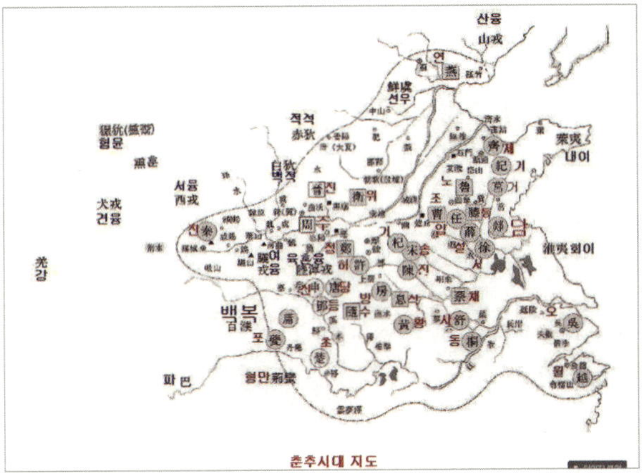

춘추시대

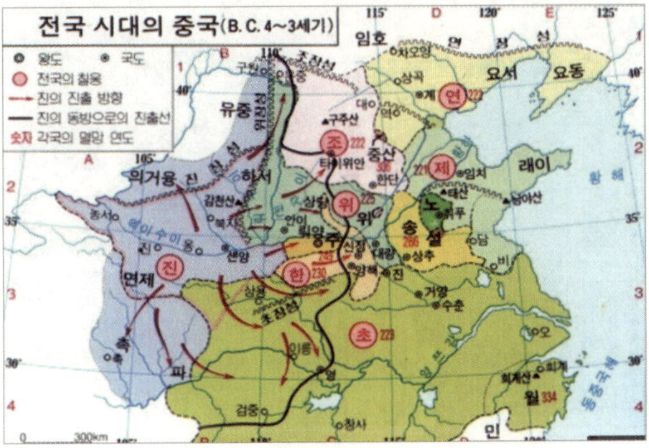

전국시대

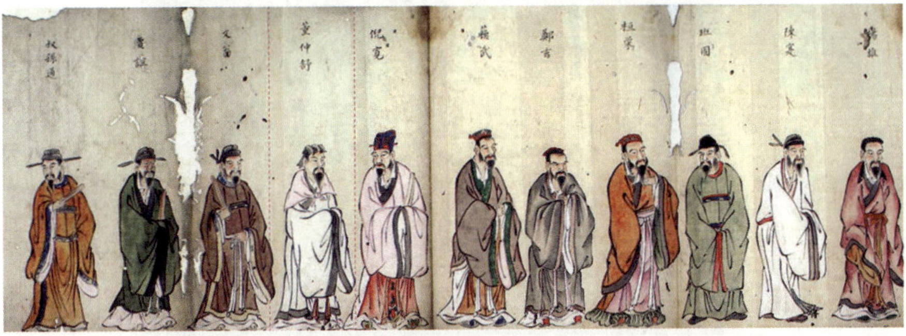

양한사상가

한제국 강역도

서한시대 토용

서한시대 화상석

서한의 마답비연상

동한시대 토용

동한시대 석묘 화상석

머리말

수천 년의 역사를 가진 중국에서 정치에 관한 문제는 중국인들의 삶과 떨어질 수 없는 불가분의 관계를 형성해왔다고 할 수 있을 것이다. 선진시대부터 양한시대를 거쳐 수당시대와 명청시대 그리고 현대의 중국에 이르기까지 정치의 문제는 항상 통치자와 지식인을 비롯한 일반 민중들의 관심 소재였다고 할 수 있다.

중국은 오랜 역사 속에서 수많은 통치자들이 명멸해왔으며 다양한 정치사상들이 지식인들에 의해서 제기되어 왔다. 이러한 흐름 속에서 중국의 정치사상은 시대를 거듭할수록 보다 진화된 형태로 변해왔다고 할 수 있을 것이다. 선진시대에서부터 양한시대에 이르기까지 제자백가의 사상가들과 유가의 사상가들은 저마다 혼란한 세상을 구제하기 위한 자신들만의 방략을 통치자나 세상에 내놓게 되는데, 이러한 방략들이 바로 고대 중국의 정치사상의 근간을 형성했던 것이다.

공자를 비롯한 유가의 사상가들은 주로 덕과 예악에 의한 정치의 중요성을 역설하였으며, 법가의 사상가들은 대부분이 엄격한 형벌과 법률에 의한 통치를 강조했었고, 묵가의 사상가들은 하늘의 권위에 가탁하여 군주들을 제어하려 한 경향이 강했다고 할 수 있다. 한편 양한시대에 들어서 사상계의 주류를 형성하고 있었던 양한의 유학자들은 선진유학의 정치사상을 토대로 자신들만의 정치철학을 형성하는데, 그 대부분이 당면한 민생문제를 해결하기 위한 제안들이었다.

한나라 초기에는 다양한 사상체계가 융합되어가는 추세를 보이고 있었으며 사회적으로는 매우 피폐한 상황이었기 때문에 백성들은 휴식의 시간을 절박하게 염원했었다. 이러한 시대적 상황 속에서 육가의 정치사상 속에는 유가와 도가 및 음양가 그리고 법가의 사상이 복잡하게 얽혀 있었지만 유가와 도가의 사상이 그 주요한 토대를 이루고 있었다고 할 수 있다. 육가의 정치사상은 이러한 유가와 도가의 사상을 바탕으로 시대적 문제에 대한 해결 방안을 모색했던 것이라고 할 수 있다.

또한 한나라 초기 효문제 재위시기에 이르러 한나라의 사회적 · 경제적 모순 현상은 이미 매우 위태로운 상황에 이르게 된다. 가의는 당시의 사회적 풍조 즉 근본을 버리고 말단을 추구하며, 백성들이 서로 앞을 다퉈 사치를 일삼고 또한 농업생산인구가 감소하는 한편 생산 활동에 종사할 수 없는 인구가 증가하고 있는 상황 속에서 심각한 문제의식을 갖게 된다. 가의가 갖게 되는 문제의식을 구체적으로 언급하자면, 서한 사회의 사회경제적 질서의 붕괴와 도덕적 타락에 대한 염려와 국가재정 고갈의 위험성에 대한 것들이었다. 가의는 이러한 국가적 위기 상황을 타개하기 위해서 구체적인 정치적 해결 방안을 제시하는데, 그것이 바로 국가의 기간산업인 농업의 육성과 각종 규제정책을 담고 있는 정치철학이다.

서한말기는 매우 혼란한 시기로서 대변혁의 시대라고 할 수 있다. 이러한 격변기에 생존하였던 양웅은 당시 사회에서 유행하고 있었던 다양한 학설이나 이론들이 성인의 가르침이나 도리에 위배되는 것이며 심지어는 일반 백성들을 호도하고 있음을 목격하고 이러한 현상을 바로잡기 위하여 부단한 노력을 경주했다. 양웅은 자신이 저술한 『법언』을 통하여 자기 자신의 정치·경제·사회·역사·문화·교육·군사 등 제반 제도와 문물에 대한 견해를 밝히고 있는데, 그 가운데 특히 정치사상에 관한 그의 탁견은 눈여겨 볼만 하다고 할 수 있다.

본서는 고대 중국 특히 선진시대에서 양한시대에 이르는 시기의 정치사상에 대하여 관자, 공자, 맹자, 순자, 묵자, 상앙, 육가, 가의, 동중서, 양웅, 왕부, 중장통의 정치사상을 중심으로 체계적으로 분석 정리한 글이라고 할 수 있다.

먼저 제1장은 관자의 정치사상에 대하여 당시 제나라가 처한 역사적 상황, 국가재정과 경제관리 방법 및 물가 조절정책에 대한 문제를 중심으로 살펴보았다. 이 글은 원래 『동서철학연구』 제85집(2017년)에 게재했던 문장을 수정과 보완작업을 거쳐 수록한 것이다.

제2장은 공자의 정치사상에 대하여 덕치와 법치의 대립 및 자기수양과 정치 참여에 대한 구분 그리고 예치의 실현이라는 테마를 중심으로 재해석을 해보았다. 이 글은 원래 『중국인문과학』 제47집(2011년)에 게재했던 문장을 수정과 보완작업을 거쳐 수록한 것이다.

제3장은 맹자의 정치사상에 대하여 왕도정치사상의 핵심개념과 맹자가 처한 시대의 현실문제에 대한 분석 및 구체적인 개혁

방안을 중심으로 살펴보았다. 이 글은 원래 『한중인문학연구』 제14집(2005년)에 게재했던 문장을 수정과 보완작업을 거쳐 수록한 것이다.

제4장은 순자의 정치사상에 대하여 국가의 기원과 관료정치체제와 성왕의 통치 및 예의법도의 제정을 중심으로 살펴보았다. 이 글은 원래 『중국학논총』 제41집(2014년)에 게재했던 문장을 수정과 보완작업을 거쳐 수록한 것이다.

제5장은 묵자의 정치사상에 대하여 천지의 상선벌악과 천지관념 속에서의 공포의식 및 천지 관념 속에서의 인심 속박의 해방을 중심으로 살펴보았다. 이 글은 원래 『중국학논총』 제54집(2017년)에 게재했던 문장을 수정과 보완작업을 거쳐 수록한 것이다.

제6장은 상앙의 정치사상에 대하여 농업우선 정책과 법치의 관계 및 전쟁과 작록의 관계 그리고 법치와 농전의 결합을 중심으로 살펴보았다. 이 글은 원래 『중국학논총』 제56집(2017년)에 게재했던 문장을 수정과 보완작업을 거쳐 수록한 것이다.

제7장은 육가의 정치사상에 대하여 정치사상적 측면에서 무위의 숭상과 덕치의 제창을 중심으로 살펴보았다. 이 글은 원래 『동서철학연구』 제79집(2016년)에 게재했던 문장을 수정과 보완작업을 거쳐 수록한 것이다.

제8장은 육가의 군주 통치사상에 대하여 군주의 도덕수양 내용과 도덕수양의 효용성을 중심으로 살펴보았다. 이 글은 원래 『동양철학연구』 제88집(2016년)에 게재했던 문장을 수정과 보완작업을 거쳐 수록한 것이다.

제9장은 가의의 정치사상에 대하여 서한 초기의 상황과 농업 중시와 물자축적 정책의 추진과 상업에 대한 탄압과 사치금지 정책 및 민간 차원의 화폐주조 금지 정책을 중심으로 조명해보았다. 이 글은 원래 『동양철학연구』 제84집(2015년)에 게재했던 문장을 수정과 보완작업을 거쳐 수록한 것이다.

제10장은 동중서의 정치사상에 대하여 하늘과 군주의 권력 및 백성에 대한 통치방식 그리고 군주와 지식인과의 관계설정과 제후에 대한 정책과 이민족과의 대외정책에 관한 내용을 중심으로 고찰해보았다. 이 글은 원래 『중국학논총』 제42집(2014년)에 게재했던 문장을 수정과 보완작업을 거쳐 수록한 것이다.

제11장은 양웅의 정치사상에 대하여 고대의 성왕이 통치하던 이상국가의 실현을 염원하는 성인의 통치와 예악교화에 의한 국가통치를 중심으로 살펴보았다. 이 글은 원래 『중국학논총』 제44집(2014년)에 게재했던 문장을 수정과 보완작업을 거쳐 수록한 것이다.

제12장은 왕부의 정치사상에 대하여 동한시대 사회문제 발생 원인 분석과 근본과 말단의 구분을 통한 사회문제 해결을 중심으로 분석해보았다. 이 글은 원래 『동양철학연구』 제91집(2017년)에 게재했던 문장을 수정과 보완작업을 거쳐 수록한 것이다.

제13장은 중장통의 정치사상에 대하여 사상적 연원과 천인관계에 반영된 현실정치에 대한 견해를 중심으로 살펴보았다. 이 글은 원래 『유학연구』 제40집(2017년)에 게재했던 문장을 수정과 보완작업을 거쳐 수록한 것이다.

필자는 청소년 시절에 동서양의 다양한 고전을 두루 읽으면서 보냈던 것으로 기억한다. 특히 당시에 읽었던 고대 중국의 다양한 고전들은 필자로 하여금 중국학자의 길을 걸을 수 있게 만든 직접적인 요인이 되었다고 생각한다. 청소년 시절부터 지금에 이르기까지 중국의 고전들은 필자의 삶 속에서 잠시라도 떨어졌던 적이 없었던 것으로 회고 된다. 고전의 향기에 취한 삶을 살아오면서 고전 속의 무대가 되었던 곳에 대한 막연한 동경은 결국 필자를 중국으로 인도하게 된다.

대학을 졸업하고 타이완으로 유학을 떠났다. 그 후 강산이 한 차례 바뀔 세월동안 타이완 중국문화대학 대학원에서 석사과정과 중국의 북경대학 대학원에서 박사과정을 졸업했다. 유학 기간 동안 타이완과 중국의 선생님들께 아주 소중한 가르침을 많이 받았다. 이국의 선생님들의 가르침은 필자가 평생 동안 간직해야할 자산이며, 이렇게 소중한 가르침을 전해주신 타이완과 북경의 은사님들에 대하여 늘 감사한 마음과 건강하시길 바라는 염원을 가지고 있다. 또한 타이완과 북경에서 함께 유학을 했으며 오랜 세월 동안 항상 부족한 후배를 일깨워 주시고 돌봐주신 덕분에 오늘의 필자를 있게 만들어주신 도중만, 박영종 두 선배님께 뭐라고 형언할 수 없을 정도로 깊은 감사의 마음을 올린다. 그리고 오랜 시간 유학을 마치고 귀국하여 각박한 현실에 직면하여 좌절하고 있는 후학에게 대학 강단에 설 수 있는 기회를 마련해주시고, 학계로 이끌어 주셨으며 불민한 후학에게 늘 좋은 가르침을 베풀어주시는 은사님과 같은 권용옥 선생님께 항상 감사하는 마음과 존경의 뜻을 올린다. 이러한 분들의 소중한 가르침이 있었기 때문에 후학이 지금 이 자리에 있을 수 있었다고 생각한다.

지난 이십여 년 동안 대학원생시절부터 지금에 이르기까지 공부하는 사위를 묵묵히 성원해주시고 따뜻한 눈길로 지켜봐주신 장인어른 · 장모님께 필설로 표현할 수 없는 감사의 뜻을 올리며 두 분께서 늘 행복하시고 건강하시길 염원합니다. 그리고 철없는 대학원생에게 시집와서 낯선 이국생활을 함께 하면서도 싫은 내색 한 번 안 하고 묵묵히 고생을 감내해주었으며 어려운 시절에도 무한한 신뢰와 응원을 해준 아내에게도 감사한 마음과 고마운 뜻을 전한다. 또한 어느덧 장성해버린 딸 수현에게 유년시절에 행복한 추억을 하나 만들어주지 못한 미안함과 열심히 자신의 길을 가고 있는 모습에 기특한 마음과 고마움을 함께 전한다. 내가 사랑하는 모든 분들이 항상 행복하고 건강하길 기원하는 마음으로 이 조그마한 책을 바친다.

2017년 가을

남녘땅 屯德齋에서

조원일

목 차

제1장
관자의 정치사상

1. 시작하는 말

『관자管子』의 정치사상과 관련된 주요한 내용은 「경중輕重」과 기타의 편들에 가장 두드러지게 나타나 있다고 할 수 있다. 「경중輕重」과 기타의 편들 가운데 「국축國蓄」의 내용이 국가통치에 필요한 경제사상을 풍부하게 구비하고 있다고 할 수 있다. 또한 국가관리 정책에 대한 분석 역시 매우 치밀하게 이루어져 있으며, 그 가운데 재정관리 이론은 한마디로 말하자면 상품유통에 있어서 시장영역을 이용한 가격변화의 규칙성을 확보하여 이를 국가 경제전반에 걸쳐 적용하는데 초점이 맞춰져 있다고 할 수 있다.

『관자管子』의 정치사상을 연구하는데 있어서 반드시 유의해야 할 사항은 다음과 같은 것이 있다고 하겠다. 즉 우리가 어떤 한 사상에 대하여 본격적으로 연구를 시작하기 전에 반드시 선행되어야 할 작업은 그러한 사상 출현하게 된 시대적 상황과 또 그

것이 당시의 현실문제에 적용되었던 역사적 사실에 대한 이해일 것이다. 이러한 선행 작업을 통하여 이해된 사상은 시간적 공간적 배경 속에서 그 체계적인 내용이 명확하게 드러난다고 할 수 있다. 이러한 작업들을 통하여 필자는『관자管子』의 정치사상과 관련된 주요한 내용들 가운데 국가통치사상의 핵심이 기록되어 있는「경중輕重」부분과 기타의 편들이 일부학자들의 주장처럼 서한西漢 시기에 만들어진 저작[1]이 아니라 전국시기에 만들어진 저작이라는 사실을 추정할 수 있었다.[2]

또한 당시 제齊나라만의 독특한 문화와 환경에 대한 인식은 아직도 부족한 점이 많기 때문에「경중輕重」과 기타의 편들 부분에 나타나 있는 정치사상을 언급하기에 앞서 우선 그러한 편들이 당시에 출현하게 된 역사적인 배경에 대하여 살펴보도록 하겠다.

2. 제나라의 역사적 상황

지리적 환경의 측면에서 보았을 때 제나라는 바다에 인접했던

1) 김필수 외3인 옮김,『管子』,「관자해제」, 서울, 소나무, 2006년, 16쪽 참조.

2)「輕重」의 내용을 볼 때, 그것의 저자는 제나라 내부에서 국가재정 관련 업무를 담당하던 관리였을 가능성을 배제할 수 없다. 그 이유로는「輕重」과 기타 편들에 재정 관련 전문용어들이 출현하고 그러한 재정관리 정책들이 실제로 적용되었기 때문이다. 또한 서한 시기의 賈誼나 司馬遷 및 桑弘羊과 같은 학자들이 이미 기존에 존재하던「輕重」등의 편들을 읽었던 기록들이 전해져오고 있는 점으로 미루어 볼 때, 서한 시기의 저작이 아니라 전국시대의 저작임을 알 수 있다.

관계로 수산물과 소금이 풍부하게 생산되었으며, 비옥한 토지에서는 농산물이 풍족하게 생산되어 수공업을 비롯한 상업이 상당히 발달했었다. 이러한 사실은 사마천司馬遷의 『사기史記』, 「제태공세가齊太公世家」에 "태공은 분봉 받은 국가에 도착하자 정치를 가다듬었고, 그곳의 풍속을 따랐으며, 의례를 간소하게 하였으며, 상공업을 장려하였고, 어업생산을 편리하게 했다."[3]라고 언급되어 있는 바에서와 같이 확인할 수 있다. 또한 제환공이 관중을 등용하여 진행한 개혁에 관한 『사기史記』, 「관안열전管晏列傳」에 "관중이 정치를 담당하여 제나라의 재상이 되자, 보잘것없는 작은 제나라가 바닷가에 있는 점을 살려, 물류를 유통시키고 재화를 축적하여, 나라를 부유하게 만들고 군대를 강하게 만들었고, 좋아하고 싫어하는 것을 세상의 풍속과 같게 하였다."[4]라고 한 언급에서도 확인되어질 수 있다.

위에서 언급한 바와 같이 제나라는 제염업이 상당한 수준에 도달한 상태에 있었으며 생산량 역시 매우 풍부하여 송宋나라나 위魏나라 등과 같은 국가에 수출하기도 했다.[5] 또한 제나라의 방직산업은 매우 유명하여 제나라에서 생산된 비단제품은 천하의 각 국으로 팔려나가고 있는 실정이었다.[6]

---

3) 『史記』, 「齊太公世家」, "太公至, 修政, 因其俗簡其禮, 通商工之業, 便漁鹽之利."

4) 『史記』, 「管晏列傳」, "管仲旣任政相齊, 以區區之齊在海濱, 通貨積財, 富國强兵, 與俗同好惡."

5) 이러한 사실은 『管子』, 「國蓄」에 잘 나타나 있다.

6) 이러한 사실은 『史記』, 「貨殖列傳」의 "冠帶衣履天下"라는 기록으로 확인할 수 있다.

제나라는 전통적으로 사회계층의 신분을 사농공상士農工商의 네 계층으로 구분하여 이를 제도적으로 시행한 국가였지만 농민을 중시하는 만큼 상인 역시 중시하였다. 이러한 사실은 제환공과 관중의 개혁에 관한 사실을 기록해 놓은 『국어國語』, 「제어齊語」의 "장인 신분은 관청에서 일하고, 상인 신분은 시장에 일하며, 농민 신분은 들밭에서 일한다."[7]언급에서 확인 되어질 수 있으며, 이러한 상황은 전국시대의 위왕威王과 선왕宣王이 재위하던 시기까지 이어진다. 이러한 상황과 크게 다르지 않은 「승마乘馬」의 "성실한 상인이 아니면 장사로 먹고 살 수 없고, 성실한 장인이 아니면 기술로 먹고 살 수 없고, 성실한 농민이 아니면 농업으로 먹고 살 수 없고, 믿을만한 선비가 아니면 조정에 설 수 없다."[8] 라고 하는 언급에 잘 나타나 있듯이 제나라의 법가와 진나라의 법가 사이의 학설 차이를 발견할 수 있을 것이다. 즉 제나라의 법가 학설에서는 농업을 중시하되 상업을 억압하지는 않는다는 것이 진나라의 법가와 차이점이라고 할 수 있다. 다만 「오보五輔」에서 언급한 '각루刻鏤'나 '문수文繡'[9] 등과 같은 각종 사치품에 대해서는 취급하거나 판매하지 못하게만 했을 뿐이다. 이러한 전통적인 정책을 장기간 실시했기 때문에 상업의 발달이 촉진되었으며 상행위 역시 국가의 승인을 받은 합법적인 직업의 하나로 자리매김하게 되었던 것이다.

---

7) 『國語』, 「齊語」, "處工就官府, 處商就市井, 處農就田野"

8) 『管子』, 「乘馬」, "非誠賈不得食於賈, 非誠工不得食於工, 非誠農不得食於農, 非信士不得之於朝"

9) 刻鏤는 정교한 조각을 한 장식품을 의미하며, 文繡는 수를 놓은 아름다운 옷을 의미한다.

제나라 위왕威王과 선왕宣王 재위시기에 천하의 패권을 쟁취하기 위해서 실시된 중농정책과 토지개간 및 부국강병정책은 자연히 전체 국가의 경제와 재정의 통일적 관리의 필요성을 강화 시킨다. 그래서 국가재정 관리에 정통한 일군의 학자들을 등용하여 국가재정의 개혁을 단행하게 된다. 「경중輕重」과 기타의 편의 내용 가운데 세수와 재무관리에 관한 사상의 측면에서 볼 때, 매우 두드러진 특색은 바로 '물가 조절 정책'을 국가의 재정 시스템 속에 응용하여 전면적으로 물가를 관리 조절을 해나갔다는 데에 있다. 이러한 재정관리 이론은 당시의 통치권에 의해서 채택될 가능성이 매우 높았기 때문에 당시의 독특한 사회적 여건을 기초로 설계되어 부국강병의 목표를 적극 달성시키기 위한 도구적 역할을 하게 된다.

이상에서 언급한 바와 같이 「경중輕重」과 기타의 편들이 제나라에서 출현하게 된 것은 결코 우연적인 사건이 아니라 당시의 제나라 전통문화 및 지리적 여건과 매우 밀접하게 관련되어 있다고 할 수 있다. 또한 「경중輕重」과 기타의 편들 가운데 나타나 있는 정치사상이 후대 끼친 영향은 매우 지대하다고 할 수 있다. 서한 시기의 가의賈誼나 조조晁錯 등과 같은 정치가들이 모두 「경중輕重」과 기타의 편들 숙독하고 연구했으며, 사마천은 자신의 저작인 『사기史記』, 「관안열전管晏列傳」에서 "내가 관씨管氏의 저서 「목민牧民」·「산고山高」·「승마乘馬」·「경중輕重」·「구부九府」 등의 각 편과 안자晏子의 저서인 『안자춘추晏子春秋』를 읽었다. 그 말하고자 하는 것이 매우 상세했다."[10]라고 언급하고 있는 실정이다. 특히 서한의 무제武帝 재위시기에 활동했던 상홍양桑弘羊

등은 「경중輕重」과 기타의 편들에 대하여 심도 있는 이해를 하고 있었으며, 그러한 이해를 물가조절 정책에 적극적으로 활용하여 국가 세수의 확대 및 재정관리 방식을 강화하는데 적용했다.[11]

3. 국가재정과 경제관리 방법

현대사회에서는 모든 국가가 정부의 재정에 관한 수입과 지출을 직접 행사하고 있다. 특히 그러한 수입과 지출에 대해서는 정부의 담당부서에서 관리함과 동시에 정부는 국내의 각종 경제와 관련된 시책에 대하여 관리를 해야 하는 권한과 책임을 지게 된다. 만일 이러한 관념을 「경중輕重」과 기타의 편들에 반영한다면 그 속에서 각 편들의 내용이 매우 풍부하게 농업생산력과 소금과 철의 전매사업 및 수공업 그리고 광산개발과 산림과 호수자원에 관한 개방과 폐쇄 등에 관련되어 있음을 발견할 수 있을 것이다.[12] 좀 더 구체적으로 언급한다면 재난에 대비한 재화의 비축과 화폐의 유통과 시장의 물가와 세수확보의 문제 및 국제무역 등의 내용들을 포함하고 있는 것을 발견할 수 있게 된다. 또한 이러한 내용들이 어떤 특정한 사상을 중심으로 포진되어 있다는 것을 알 수 있게 된다. 즉 물가 조절 정책을 중심으로 국

10) 『史記』, 「管晏列傳」, “吾讀管氏牧民 · 山高 · 乘馬 · 輕重 · 九府及晏子春秋, 詳哉其言之也.”

11) 이와 관련된 사항은 『史記』, 「平準書」에 상세하게 기록되어져 있다.

12) 戴濬, 『管子學案』, 上海, 學林出版社, 1994년, 100~102쪽 참조.

가의 재정 관리를 진행해 나갔던 사실을 파악할 수 있는 것이다.

『관자管子』, 「국축國蓄」 가운데 기록되어 있는 "무릇 나라를 다스릴 때, 물가 조절 정책에 통달하지 않으면, 경제조치를 시행하여 백성을 보호하지 못한다. 백성의 이익을 잘 조절하지 못하면, 경제를 통제하지 못하여 큰 정치를 이룰 수 없다."[13]라는 언급은 만일 '물가 조절 정책'을 채용하여 시행하지 않고 정부가 통제 위주의 세수확보 정책에만 매진한다면 국가는 큰 정치를 이루는 경지에 도달하지 못하게 된다는 뜻이다. 이러한 주장과 유사한 견해는 「경중輕重」의 기타 편장 가운데에서 보여 지는데, 비록 서술된 내용의 핵심이 각기 다를 지라도 작자가 국가의 안정적인 통치에 초점을 맞추어 내놓은 국가재정 개선을 위한 정책들은 모두 같은 노선을 추구하고 있다는 점에서 동일하다고 할 수 있을 것이다.

제나라의 법가가 어떻게 '물가 조절 정책'의 관념을 국가재정 관리 시책에 반영하고, 경제조치를 시행하여 백성을 보호하고, 시장의 유통질서를 조절 할 수 있게 되어 국가의 큰 이익을 위한 목적을 달성 할 수 있었는지에 대하여 이해하기 위해서는, 먼저 「경중輕重」의 이론과 그것의 적용에 대하여 명확한 인식을 가지고 있어야만 한다. 이러한 「경중輕重」의 이론과 그것의 적용은 간단하게 말한다면 다음과 같다. 즉 당시의 역사 환경의 여건 속에서 수요와 공급의 가치기준을 이용하여 시장 조절의 기능을 발휘하게 하고, 더 나가 이러한 조치를 통하여 모아진 천

13) 『管子』, 「國蓄」, "凡將爲國, 不通於輕重, 不可爲籠以守民; 不能調通民利, 不可以語制爲大治."

하의 재화를 기반으로 하여 부국강병을 이룩한 뒤 천하의 제후 국들을 굴복시켜 패자霸者의 지위에 도달하는 것이 『관자管子』 정치사상의 가장 큰 특색 가운데의 하나인 것이다.

「경중輕重」과 기타의 편들에서 언급하는 이러한 수요와 공급의 가치에 대한 이론(가치규율)은 현대 경제학의 관점에서 보았을 때, 그 이론체계는 서양의 경제학자인 케인스Keynes의 경제이론에 부합된다고 할 수 있다. 케인스Keynes의 이론에 의하면, 어떤 한 상품의 가격은 시장에서 그 상품에 대한 수요와 공급의 변화와 밀접하게 관련되어 있는 것으로, 한 상품에 대한 수요에 비하여 공급이 많아지는 상황이 발생하게 되면 그 상품의 가격은 자연히 떨어지게 되고 동시에 공급량도 적어지게 된다는 것이다. 반대로 상품이 공급에 비해 수요가 많아지는 상황이 발생하게 된다면 그 상품의 가격은 상승하게 되어 수요를 억제하게 되며 공급의 확대를 자극한다는 것이다.[14] 전국戰國시대의 사상가들은 장기간에 걸쳐 상품교역의 과정을 관찰하던 가운데 여러 종류의 현상들에 대한 관찰을 통하여 많은 법칙들을 파악하여 그것을 토대로 물가 조절 정책에 관한 이론체계를 완성하였는데, 이는 수요와 공급의 가치에 대한 이론과도 일치하는 것이라 할 수 있다.

케인스Keynes의 경제이론의 가장 주요한 부분은 수요와 공급이 상품의 가격에 끼치는 영향에 대한 것에 있다고 할 수 있다. 마찬가지로 「경중輕重」과 기타의 편들에서는 상품 가격에 대한

14) 謝德宗, 『經濟理論的革命家-凱因斯』, 臺北, 允晨文化圖書出版公司, 1982년, 79쪽 참조.

제어를 통하여 시장의 각종 상품의 유통 상태를 조절할 수 있다는 점을 강조한다. 또한 이러한 조치를 통해서 얻어진 이익을 천하의 패권을 쟁취하는데 운용할 것을 언급하기도 한다.

> 무릇 물가 정책의 큰 이로움은 풍년이 들 때는 (조정에서)높은 가격으로 값싼 물자를 사들이고, 흉년이 들 때는 (조정에서) 시장 가격보다 싼값으로 비축한 재물을 방출하여 물가를 안정시킨다. 각종 물자가 남아돌고 모자람은 때에 따라 바뀌니, 기준을 고르게 하여 물가가 바뀌지 않게 한다. 기준을 잃어버리면 물가가 폭등한다. 군주는 그것을 알기 때문에 기준을 장악한다.[15)]

> 환공이 관자에게 물었다. "물가 정책에 정해진 법칙이 있습니까?" 관자가 대답했다. "물가 정책에 정해진 법칙은 없습니다. 물가 정책은 물자의 가격을 한 번은 올리고 한 번은 내리는데 있으니, 고정시킬 수 없습니다." 환공이 말했다. "그러면 물가를 하나로 통일할 수 없습니까?" 관자가 대답했다. "하나로 통일할 수 없습니다. 하나로 통일하면 거래가 멈추고, 거래가 멈추면 가격이 변하지 않고, 가격이 변하지 않으면 물건 값에 차이가 없고, 물건 값에 차이가 없으면 거래가 이루어지지 않아 상품을 이용할 수 없습니다."[16)]

---

15) 『管子』, 「國蓄」, "凡輕重之大利, 以重射輕, 以賤泄平. 萬物之滿虛隨時, 準平而不變, 衡絶則重見. 人君知其然, 故守之以準平."

16) 『管子』, 「輕重乙」, "桓公問於管子曰: '衡有數乎?' 管子對曰: '衡無數也. 衡者使物一高一下, 不得常固.' 桓公曰: '然則衡數不可調耶?' 管子對曰: '不可調. 調則澄, 澄則常, 常則高下不貳, 高下不貳, 則萬物不可得而使用.' "

위의 두 인용문은 모두 「경중輕重」과 기타의 편들의 작자들이 수요와 공급의 관계에 대하여 언급한 내용들이라고 할 수 있는데, 그 가운데 포인트는 바로 '기준'과 '물가 정책'에 있다고 할 수 있다.

「국축國蓄」에서 언급한 중점은 바로 '기준'인데, 그 의미는 물가 조절 정책을 통하여 큰 이익을 얻고자 할 생각이라면 바로 "풍년이 들 때는 (조정에서) 높은 가격으로 값싼 물자를 사들고, 흉년이 들 때는 (조정에서) 시장 가격보다 싼값으로 비축한 재물을 방출하여 물가를 안정시킨다."고 하는 조치를 취해야만 한다. 즉 어떤 상품의 공급량이 적어서 그 상품의 시장가격이 폭등할 때에는 정부에서 이미 비축하고 있었던 그 상품의 공급량을 늘려서 그러한 상품의 시장가격 하락을 유도함으로써 물가의 안정을 도모한다고 하는 것이다. 또한 "각종 물자가 남아돌고 모자람"에서의 '물자'는 상품을 만드는 원자재 특히 농업생산품을 의미한다. 또한 이러한 원자재들이 시장의 수요 공급 관계에서 때로는 과도하게 공급되어 남아돌거나 혹은 공급량이 적어져 부족하게 되는 여러 종류의 상황이 발생하게 된다는 것을 의미하는 것이다. 그리고 "상황에 따라 바뀌니, 기준을 고르게 하여 물가가 바뀌지 않게 한다."는 상품의 시장가격은 모두 수요와 공급의 관계에 영향을 받아 변화가 발생하기 때문에 이를 안정시키기 위해서는 상품에 대한 객관적인 가격기준을 마련하여 그것을 모든 상품에 적용시켜야 한다는 것을 의미한다. 또한 "기준을 잃어버리면 물가가 폭등한다."에서 '물가衡'는 바로 상품가격이 수요 공급 관계의 영향 아래서 유동적임을 의미하는 것인데,

이러한 물가에 대하여 객관적인 기준의 마련이 반드시 필요하다는 것을 역설하고 있는 것이다. "군주는 그것을 알기 때문에 기준을 장악한다."는 바로 군주가 이러한 변화의 기준을 이해한 뒤에 한 걸음 더 나가 물가 조절 정책의 적절한 운용을 통하여 국가의 큰 이익을 취해야만 한다는 것을 의미하는 것이다.

「경중을輕重乙」에서 언급하고자 하는 핵심은 바로 '물가 정책의 정해진 법칙'에 있다고 할 수 있다. "물가 정책은 물자의 가격을 한 번은 올리고 한 번은 내리는데 있으니, 고정시킬 수 없습니다."라고 하는 말은, 객관적으로 볼 때 시장상품 가격이 끊임없이 상승과 하락을 반복해서 되풀이 하는 유동적인 상황을 설명하고 있는 것이다. "하나로 통일할 수 없습니다. 하나로 통일하면 거래가 멈추고, 거래가 멈추면 가격이 변하지 않고, 가격이 변하지 않으면 물건 값에 차이가 없고, 물건 값에 차이가 없으면 거래가 이루어지지 않아 상품을 이용할 수 없습니다."라는 언급은 상품가격 상승과 하락의 파동에 대하여 그것을 강제적으로 어떤 한 가격에 고정시키려 하지지 말라고 하는 것을 의미하는 것이며 또한 각각의 상품들 사이의 가격에 대해서도 차이가 없게 만들지 말라는 것이다. 상대적으로 이러한 상품들의 가격은 시장의 수요 공급 관계에 의해서 변동되는 것이기 때문에 국가의 물가 조절 정책은 "물자를 비싼 가격에 구매했다가, 비축한 물자를 싼 가격에 방출하여 물가를 안정시킨다."라고 하는 기조로 시행되어야 한다는 것이다. 만일 그렇지 않으면 상품을 만드는 원자재가 사용되어질 수 없게 되어 국가재정에 전혀 도움이 되지 않는 것이다.

이상의 논의는 『관자管子』에서 주장하는 물가 조절 정책의 이론과 응용에 관한 정수가 담겨져 있다고 할 수 있다. 비록 「경중輕重」과 기타의 편들의 작자들이 역사적 여건의 한계 때문에 수요 공급의 가치이론에 대한 체계적인 이해가 없었기는 하지만, 그들 나름대로 수요 공급의 관계가 상품을 유통시키는 시장경제에 영향을 끼친다는 사실을 체득하고 있었으며, 이러한 체득을 바탕으로 풍부한 내용을 갖춘 체계적인 물가 조절 정책의 이론을 발전시켜 제나라 정부의 세수 정책 개선을 통한 부국강병의 실현과 천하의 패업 달성의 정책적 기반을 제공했던 것이다.

4. 물가 조절 정책의 핵심

「경중輕重」과 기타의 편들을 자세하게 살펴보면, 그 가운데 「국축國蓄」의 이론이 가장 중요한 것임을 알 수 있을 것이며, 그것이 고도의 실용성을 구비하고 있음을 발견할 수 있을 것이다. 변법을 단행하던 시기의 제나라의 상황을 살펴보면, 당시의 제나라가 농업분야와 수공업분야의 생산력이 매우 증대되어 상업이 매우 번성했었지만, 동시에 다음과 같은 새로운 문제와 국면에 직면해있었다.

> 백성이 먹고살기 위해서는 사람마다 농사지을 땅이 있어야 하니, 생산과 축적을 미리 계산하면 먹을 것이 풍족해질 것이다. 그러나 백성이 굶주리고 먹지 못하는 것은 무슨 까닭인가? 이는

부자들이 곡식을 저장하고 있기 때문이다. 지금 군주가 화폐를 주조하여 백성에게 유통시키면, 사람마다 많고 적은 화폐를 소유하게 될 것이다. 그러나 백성이 일상에서 쓰는 경비가 모자라 씀씀이가 적은 것은 무엇 때문인가? 이는 부유한 상인들이 화폐를 유통하여 얻은 이윤을 저장하고 있기 때문이다.[17]

위의 인용문에서 제기된 "부자들이 곡식을 저장하고 있음"과 "부유한 상인들이 화폐를 유통하여 얻은 이윤을 저장하고 있음"에서와 같이 볼 수 있듯이 부자들과 부유한 상인들이 재화를 독점함으로써 백성들이 굶주리고 일상생활의 경비가 부족하게 되는 것이다. 「국축國蓄」의 기록에 의하면 당시 백성들의 경제사정이 어려운 상황을 이용한 부유한 상인들의 독과점에 의한 횡포가 다음과 같이 매우 심했었음을 알 수 있다.

만승의 나라는 만금의 재물을 축적하고, 천승의 나라는 천금의 재물을 축적한다.[18]

풍년과 흉년이드는 해가 있기 때문에 곡물 가격이 비싸고 쌀 때가 있다. (세금을 걷는 군주의) 명령에는 느린 것과 급한 것이 있기 때문에 물가에 높고 낮음이 있다. 그러나 군주가 잘 다스리지 못하기 때문에 부유한 상인들이 시장을 왔다 갔다 하면서 백성이 어려운 기회를 틈타 백배의 이익을 취득한다.[19]

17) 『管子』, 「國蓄」, "民人所食, 人有若干灸畝之數矣, 計本量委則足矣, 然而民有飢餓不食者何也, 穀有所藏也. 人君鑄錢立幣, 民庶之通施也. 人有若干百千之數矣, 然而人事不及, 用不足者何也, 利有所幷藏也."

18) 『管子』, 「國蓄」, "萬乘之國, 有萬金之賈, 千乘之國, 有千金之賈"

동시에 「경중갑輕重甲」에서도 "식읍을 받은 사람, 부유한 상인, 재산을 많이 쌓아 여유가 있는 집안은 우리나라의 부호입니다."[20]와 같은 언급이 있는데, 여기에서 "식읍을 받은 사람"은 당시 권세를 누리던 분봉 귀족들을 의미하는 것으로, 예를 들면 맹상군孟嘗君의 봉지封地가 설성薛城에 있었는데 그는 고리대금을 통하여 백성들로부터 막대한 재화를 취했다.[21] 이것 외에도 「산지수山至數」에서도 부유한 상인들과 관리들이 결탁하여 "곡식을 팔아서 다른 물자를 구매함"[22]과 같은 행위, 즉 시장의 물가를 조정하여 막대한 부를 축적하는 것을 지적하고 있다.

이와 같은 여러 종류의 상황들에 대하여 「경중輕重」과 기타 편들의 저자들은, 만일 한 나라의 군주가 부유한 상인들이 시장에서 자행하고 있는 농단을 방관만 한다면, 한 나라에 두 명의 군주가 존재하게 되는 상황처럼 반드시 혼란한 상황이 조성될 것이라고 생각했다. 그러므로 부유한 상인들의 편법적인 상행위 즉 "부자들이 곡식을 저장하고 있음"과 "부유한 상인들이 화폐를 유통하여 얻은 이윤을 저장하고 있음"과 같은 행위의 결과로 조성되는 "가난한 사람은 가난을 대물림 한다"·"부유한 사람은 부유함을 대물림 한다"는 현상에 대하여 국가가 반드시 '물가 조절 정책'의 운용을 통하여 "백성의 이익을 잘 조절함"과 "신

19) 『管子』, 「國蓄」, "歲有凶穰, 故穀有貴賤. 令有緩急, 故物有輕重. 然而人君不能治, 故使蓄賈游市, 乘民之不給, 百倍其本."

20) 『管子』, 「輕重甲」, "遷封食邑, 富商蓄賈, 積餘藏羨, 跱蓄之家, 此吾國之豪也."

21) 이와 관련된 사항은 『史記』, 「孟嘗君列傳」에 상세하게 기록되어져 있다.

22) 『管子』, 「山至數」, "運穀而斂財"

하와 백성이 이익을 추구하는 것을 막고, 그 이익을 도모하는 길을 저지한다."[23]는 여건을 마련함으로써 "재리가 한 곳에서 나온다."[24]고 하는 시책을 완성하는 것이다.

위에서 언급한 "신하와 백성이 이익을 추구하는 것을 막고, 그 이익을 도모하는 길을 저지한다."는 것은 부유한 상인들이 일반백성들에 대하여 착취하는 행위를 효과적으로 저지할 수 있는 수단이 되고, "재리가 한 곳에서 나온다."는 말의 의미는 국가가 직접 시장의 교역을 경영하여 경제적 이익이 정부의 제어를 통해서만 발생할 수 있도록 만들면 국가는 이익을 잃지 않는 이상적인 목표를 달성할 수 있다는 것이며, 이러한 시책은 '물가 조절 정책'의 운용을 통하여 경영관리의 기본적인 요구를 강화하는 수단이 되기도 하는 것이다.

위에서 언급한 바에서와 같이 알 수 있듯이 '물가 조절 정책'의 기본적인 요구는 "신하와 백성이 이익을 추구하는 것을 막고, 그 이익을 도모하는 길을 저지한다."는 조치와 "경제조치를 시행하여 백성을 보호한다."는 것 등의 방법의 운용을 통하여 "재리가 한 곳에서 나온다."는 목적을 달성하는데 있다고 할 수 있다. 또한 이러한 사항에 대한 실제상황에서의 적용이 과연 제나라의 국가재정 관리에 어떻게 구현되는지에 대하여 분석하면 그것이 곡물과 화폐 사이의 경중輕重 귀천貴賤의 관계를 이용한 시장 상품의 유통을 제어하는데 있음을 발견할 수 있을 것이다.

23) 『管子』, 「國蓄」, "塞民之養, 隘其利途"
24) 『管子』, 「國蓄」, "利出於一孔"

「경중輕重」과 기타 편들의 저자들의 관념 속에서는 당시의 전체적인 상품 교역시장 가운데 교역되었던 물품은 다음과 같은 세 종류가 주류를 이루고 있었다. 즉 일반적인 교역 물품과 교역물품 가운데 단독으로 뽑아낼 수 있는 특수한 가치와 효용을 지닌 곡물과 정부에서 통일적으로 주조하여 유통시킨 화폐이다. 이러한 세 종류의 물품은 상품 교역과정 가운데 경중輕重 귀천貴賤의 관계를 형성하여 '물가 조절 정책'이론의 발전과 응용에 기초를 제공해줬다.

화폐와 교역물품의 관계는 「산지수山至數」에서 "화폐 가치가 높아지면 물품의 가치는 떨어지고, 화폐 가치가 떨어지면 물품의 가치는 높아진다."[25]라고 언급된 바와 같다. "물품의 가치는 높아진다."고 하는 말은 시장에서의 상황을 나타내는 것으로 즉 상품의 부족으로 인하여 수요보다 공급물량이 적기 때문에 상품 가격이 상승하게 되는 경우로 백성들이 상품을 중시하게 된다는 것이다. 이와는 반대의 상황이 발생할 경우 "물품의 가치는 떨어진다."는 것으로 즉 상품의 과잉생산으로 공급물량이 수요를 앞지르기 때문에 상품의 가격이 하락하게 되는 경우로 백성들이 상품을 가볍게 여기고 천시한다는 것이다. 그러므로 "화폐 가치가 높아지면 물품의 가치는 떨어지고, 화폐 가치가 떨어지면 물품의 가치는 높아진다."는 언급은 화폐 구매력의 높고 낮음과 물품의 관계를 서술하고 있는 것으로 상품가격의 높음과 낮음은 반비례의 관계라는 것이다.

---

25) 『管子』, 「山至數」, "幣重而萬物輕, 幣輕而萬物重"

「경중갑輕重甲」에서 설명한 화폐와 곡물 사이의 관계는 “곡물 가격이 비싸면 황금 가격이 싸고, 황금 가격이 비싸면 곡물 가격이 싸다”[26]는 것과 같다고 할 수 있다. 곡물은 본래 일반 교역물품 가운데의 하나인데, 백성들의 생계수단의 기능을 갖고 있기 때문에 국가와 사회의 안녕에 막대한 영향을 갖는 특수한 위치에 있다. 그러므로 일반 교역물품 가운데서 독립해 나오게 된 것이다. 화폐와 곡물 사이의 경중輕重 귀천貴賤의 관계와 교역물품의 관계는 서로 같다고 할 수 있는데, 이는 곧 황금으로 대표되는 화폐 구매력의 높고 낮음과 곡물의 가격은 마찬가지로 반비례의 관계가 된 다는 것이다.

「승마수乘馬數」에서 설명한 곡물과 교역물품 사이의 관계는 “곡물가격이 높으면 다른 교역물품들의 가격이 내려가고, 곡물가격이 낮으면 다른 교역물품들의 가격이 올라간다.”[27]와 같다고 할 수 있다. 즉 만일 곡물의 가격이 상승하게 되면 일반 교역물품의 가격은 상대적으로 내려간다는 것이다. 반대로 만일 곡물의 가격이 내려간다면 일반 교역물품 가격은 상대적으로 상승하게 된다는 것이다. 이러한 둘의 상품가격의 높음과 낮음은 반비례의 관계라는 것이다.

시장에서 교역을 하는 과정 가운데 일반 교역물품과 곡물 화폐의 세 가지의 경중輕重의 관계에서 특히 곡물과 화폐의 경중輕重 관계가 가장 중요하다고 할 수 있다. 그러므로 「국축國蓄」에서

26) 『管子』, 「輕重甲」, “粟重黃金輕, 黃金重粟輕”

27) 『管子』, 「乘馬數」, “穀重而萬物輕, 穀輕而萬物重”

"오곡과 양식은 백성의 생명을 주재하는 것이요, 황금과 화폐는 백성의 유통 수단이다. 그러므로 (재정을) 잘 다스리는 군주는 (백성의) 유통 수단을 움켜쥐고 그들의 생명을 주재하기 때문에 백성이 (나라를 위해) 힘을 다하게 할 수 있다."[28]와 같이 말하고 있는 것이며, 또한 「산지수山至數」에서도 마찬가지로 "군주께서는 양식·화폐·황금을 저울질하는 권력을 통제해야 천하를 안정시킬 수 있습니다."[29]라고 언급하고 있는 것이다. 이러한 언급들 가운데 "유통 수단을 움켜쥐고 그들의 생명을 주재한다."와 "양식·화폐·황금을 저울질하는 권력을 통제한다."는 말의 의미는 서로 같은 것인데, 즉 재정 관리에 있어서는 반드시 양식과 화폐 물가 둘 사이의 경중輕重 귀천貴賤의 관계를 확실하게 장악해야만 한다는 것이다. 이러한 방법을 실제의 상황에서도 "물자를 비싼 가격에 구매했다가, 비축한 물자를 싼 가격에 방출하여 물가를 안정시킨다."고 하는 정책의 운용이 시장에서 재화의 유통을 제어할 수 있는 관건적 요소가 된다는 것이다.

「경중輕重」과 기타 편들의 저자들이 곡물과 화폐 사이의 경중輕重 귀천貴賤의 관계를 특히 중시했던 이유는 바로 그 둘이 사회 전체의 경제적인 측면에 있어서 각기 매우 중요한 작용을 하고 있었기 때문이었다.

곡물의 가장 중요한 경제적인 측면의 작용에는 다음과 같은 것들이 있다. 즉 곡물은 "백성들의 생명을 주재함"이라는 작용

28) 『管子』, 「國蓄」, "五穀食米, 民之司命也; 黃金刀幣, 民之通施也; 故善者執其通施, 以御其司命, 故民力可得而盡也."

29) 『管子』, 「山至數」, "人君操穀·幣·金衡, 而天下可定也."

을 한다. 고대 중국의 속담에도 이와 유사한 "백성들은 음식을 하늘로 여긴다."라는 말이 있다. 또한 「국축國蓄」의 "오곡은 만물의 주재다"[30] 라는 언급은 곡물이 인간사회에서 교역되는 모든 물품들 가운데 가장 중요한 지위를 점하고 있음을 분명하게 지적하고 있는 것이다. 당시의 사회적 여건 속에서 곡물은 산업생산 시스템 가운데 가장 중대한 지위를 차지하고 있었기 때문에 곡물 가격의 요동으로 인한 물가 불안정은 다른 상품의 가격에 커다란 영향을 주었다. 곡물의 생산은 자연환경의 영향을 받지 않을 수 없었기 때문에 그것의 가격은 일 년 사계절 내내 변동될 수 있는 것이었으며, 매년의 수확량 역시 유동적인 것이었다. 게다가 곡물은 매우 중요한 전쟁 비축물자이기 때문에 각국이 격렬한 겸병전쟁을 치르는 와중에서 당연히 매우 큰 중시를 받는 비축용 물품의 지위를 점하게 된다. 제나라의 사상가들이 국가에 십년치의 전시 비축물자가 있어야 한다고 강조했듯이 곡물은 부국강병을 통하여 천하의 패권을 쟁취하고자 하는 목표를 이루는데 있어서 매우 중요한 자원이었던 것이다. 또한 곡물은 당시 사회의 시장물가의 가격 표준 가운데의 하나였다고 할 수 있다. 즉 곡물은 물물교환 형태의 상품교역을 진행할 때에 가격 기준의 기능을 했다. 또한 흉년이 들어 수확량이 적은 해나 전쟁이 빈번하게 발생하는 해의 곡물의 가격이 폭등한 예에서 볼 수 있듯이 그 중요성은 실로 막대했다고 할 수 있는 것이다.

화폐의 경제적인 측면의 중요한 작용에는 다음과 같은 것들이

30) 『管子』, 「國蓄」, "五穀者, 萬物之主也."

있다. 즉 화폐는 유통의 기능을 가지고 있다는 것이다. 「경중을輕重乙」에서 "황금과 도포란 백성들의 유통 수단입니다"[31]라고 언급한 바와 같이 화폐는 시장에서 교역을 할 때 중요한 매개체가 되고 가격설정의 기준이 된다. 「경중輕重」과 기타 편들의 기록을 통해 살펴보면 전국戰國시대의 화폐는 다음과 같은 세 개의 등급으로 구분되어져 있었음을 파악할 수 있다. 즉 진주와 옥을 고급의 화폐로 삼고, 황금을 중급의 화폐로 삼고, 도포를 하급의 화폐로 삼았다.[32] 이러한 화폐들 가운데 진주와 옥은 수량이 많지 않았기 때문에 시장에서의 유통량은 매우 적을 수밖에 없었으므로 언급하지 않겠다. 황금은 상품교역의 가장 중요한 화폐로서의 기능을 하였고, 일반적인 도전刀錢이나 주화 등의 화폐는 모두 정부에서 일괄적으로 주조해서 발행하였다. 이러한 사실은 「국축國蓄」의 "군주가 화폐를 주조하여 백성들에게 유통시킨다."[33]와 같은 언급에 잘 나타나있다. 이와 같은 화폐는 국가재정 관리의 중요한 과제임과 동시에 정부의 위신을 상징하는 역할도 했었던 것이다.

이상과 같은 곡물과 화폐의 작용에 대하여 분석을 해보면, 곡물의 생산은 전국 각지의 많은 농민들의 손에 분산되어 있고 화폐는 정부의 주조와 발행에 집중되어 있음을 발견할 수 있을 것이다. 곡물과 화폐가 시장에서 각기 다른 중요한 작용을 하고 있기 때문에 정부는 화폐의 독점적 주조를 통한 "양식・화폐・

---

31) 『管子』, 「輕重乙」, "黃金刀布者, 民之通貨也."
32) 『管子』, 「國蓄」, "以珠玉爲上幣, 以黃金爲中幣, 以刀布爲下幣."
33) 『管子』, 「國蓄」, "君鑄錢立幣, 民庶之通施也."

황금을 저울질하는 권력의 통제" 방법을 운용하여 곡물과 화폐 사이의 경중輕重 귀천貴賤의 관계를 장악할 수 있는 것이다. 실제 상황에서는 "물자를 비싼 가격에 구매했다가, 비축한 물자를 싼 가격에 방출하여 물가를 안정시킨다."라고 하는 정책이 시장에서 이루어지는 교역을 효과적으로 제어하여 부유한 상인들의 일반 백성에 대한 착취를 억제할 수 있으며, 이를 통하여 사회질서의 안녕을 도모할 수 있게 된다는 것이다.

5. 맺는 말

이상에서 살펴보았듯이 전국시대의 제나라는 천하의 패권을 쟁취하기 위해서 중농정책과 토지개간 및 부국강병정책을 추진하는데, 이에 따라 자연히 국가의 경제와 재정의 통일적 관리의 필요성을 강화시킨다. 「경중輕重」과 기타 편들의 내용 가운데 세수와 재무관리에 관한 사상의 매우 두드러진 특색은 바로 '물가 조절 정책'을 국가의 재정 시스템 속에 응용하여 전면적으로 물가를 관리 조절을 해나갔다는 데에 있는 것이다. 이러한 재정관리 이론은 당시의 독특한 사회적 여건을 기초로 설계되어 부국강병의 목표를 적극 달성시키기 위한 도구적 역할을 하게 되었다.

「경중輕重」과 기타 편들의 내용이 농업생산력과 소금과 철의 전매사업 및 수공업 그리고 광산개발과 산림과 호수자원에 관한 개방과 폐쇄 등에 관련되어 있음을 발견할 수 있었다. 구체적으로는 재난에 대비한 재화의 비축과 화폐의 유통과 시장의 물가와 세수확보의 문제 및 국제무역 등의 내용들을 포함하고 있으며, 이러한 내용들이 어떤 특정한 사상 즉 물가 조절 정책을 중심으로 국가의 재정 관리를 진행하는 것에 틀이 맞춰져 포진되어 있다는 것이다. 또한 국가가 직접 시장의 교역을 경영하여 경제적 이익이 정부의 제어를 통해서만 발생할 수 있도록 만들면 국가는 이익을 잃지 않는 이상적인 목표를 달성할 수 있다는 것이며, 이러한 시책은 '물가 조절 정책'의 운용을 통하여 경영관리의 기본적인 요구를 강화하는 수단이 되기도 하는 것이다.

「경중輕重」과 기타 편들에서 주장하는 '물가 조절 정책'의 기본적인 조치는 궁극적으로 "신하와 백성이 이익을 추구하는 것을 막고, 그 이익을 도모하는 길을 저지한다."는 조치와 "경제조치를 시행하여 백성을 보호한다."는 것 등 방법의 운용을 통하여 "재리가 한 곳에서 나온다."는 목적을 달성하는데 있다고 할 수 있다. 또한 이러한 사항에 대한 실제상황에서의 적용을 곡물과 화폐 사이의 경중輕重 귀천貴賤의 관계를 이용한 시장 상품의 유통을 제어하는데 있음을 발견할 수 있었다. 즉 곡물과 화폐가 시장에서 각기 다른 중요한 작용을 하고 있기 때문에 정부는 화폐의 독점적 주조를 통한 "양식 · 화폐 · 황금을 저울질하는 권력의 통제" 방법을 운용하여 곡물과 화폐 사이의 경중輕重 귀천貴賤의 관계를 장악할 수 있는데, 이러한 조치가 실제 상황에서는 "물자를 비싼 가격에 구매했다가, 비축한 물자를 싼 가격에 방출하여 물가를 안정시킨다."라고 하는 정책으로 발현되어, 정부가 시장에서 이루어지는 교역을 효과적으로 제어하여 부유한 상인들의 일반 백성에 대한 착취를 억제할 수 있으며, 이를 통하여 사회질서의 안녕을 도모할 수 있게 된다는 것이다. 바로 이러한 것들이 『관자管子』, 「경중輕重」과 기타 편들에 나타나 있는 정치사상의 요체라는 것이다.

참고문헌

左丘明,『國語』,『四部備要』 本.

顔昌嶢,『管子校釋』, 長沙, 嶽麓書社, 1996년.

司馬遷著, 瀧川資言會注考證,『史記會注考證』, 太原, 北岳文藝出版社, 1999년.

戴濬,『管子學案』, 上海, 學林出版社, 1994년.

謝德宗,『經濟理論的革命家-凱因斯』, 臺北, 允晨文化圖書出版公司, 1982년.

김필수 외3인 옮김,『管子』,「관자해제」, 서울, 소나무, 2006년.

제2장
공자의 정치사상

1. 시작하는 말

유가의 예학禮學은 그 범주가 매우 광범위하다고 할 수 있다. 사마천 같은 경우 일찍이 "여러 세대에 걸쳐 배워도 그 학문에 통달할 수 없으며, 평생을 바쳐 예학 한 가지에만 매달린다 할지라도 다 연구할 수 없다."[1]고 한탄한 바 있다. 『논어』에 기록되어 있는 공자의 "예의 근본", "예의 실천", "예에 부합 한다", "예로 돌아간다" 등등의 언급들은 예법제도에 대한 주장이라고 할 수 있으며, 『순자』, 『주관』, 『의례』, 『예기』 등의 예학 경전을 거쳐 예교禮教가 유가의 교화학설의 중심축으로 정착하게 된다. 전통적으로 인의충신仁義忠信 등의 윤리적 가치의 주장에 대해서는 '내성內聖'의 방법론으로 예학은 '외왕外王'의 학문으로 귀결시켜왔다. 또한 예교 활동은 반드시 인의仁義의 도道로 되돌아가

1) 『史記』, 「太史公自序」, "累世不能通其學, 當年不能究其禮."

게 되어, 마치 예교는 '내성'을 완성한 후에 '외왕'을 이해하는 과정 속에 그 일정한 지위가 있는 것처럼 보여 지기도 한다.

이미 누적되어 있는 많은 문헌자료들과 학자들의 공자의 예학사상에 대한 연구는 대부분 공자의 예학이 당시의 예법제도의 학설과 차이가 있었으면서 그것들과 대립했던 것으로 파악하고 있다. 이렇듯 기존의 연구를 통하여 분명하게 드러난 공자의 예학사상을 다시 한 번 검토한 후에 그러한 것에 대하여 다른 각도에서 해석을 하여 체계적으로 분석해보고자 한다.

공자의 예학사상에 대한 연구 성과는 이미 그 수를 헤아리기 어려울 정도로 막대한 분량이 축적되어 있다고 할 수 있다. 이러한 상황 속에서 논자가 다시 공자의 예학에 대하여 논의를 진행하는 것이 무의미하게 생각될 수도 있을 것이다. 그러나 본문에서 논의하고자 하는 문제는 그동안 학계에서 비교적 연구를 소홀히 했던 측면인 예치禮治에 관한 재해석의 문제이다. 예치의 재해석 문제는 예의를 통해서 자기수양을 한 뒤에 나라를 통치한다고 하는 정형화 된 모습의 예치가 아닌 '외왕' 활동 가운데 찾아볼 수 있는 그 자체에 내재되어 있는 윤리적 개념으로서의 예치의 재해석에 관한 것이다.

2. 덕치와 법치의 대립

정치제도에 관하여 언급을 할 때 일반적으로 유가는 예교를 중시하여 덕치德治를 주장하고, 상대적으로 법가는 포상과 처벌을 중시하여 법치를 주장한다고 하는 인상이 있다. 이러한 인상은 먼저 『논어』에서 언급한 도덕과 형벌의 관계를 통하여 증명해볼 수 있다.

> 공자가 백성들을 정령으로 인도하고 형벌로써 다스리면, 백성들은 형벌을 면하려만 할 뿐이요 부끄러움을 모르게 된다. 백성들을 덕으로 인도하고 예로써 다스리면, 백성들은 부끄러움이 있게 될 뿐만 아니라 바르게 된다고 말했다.[2)]

이러한 인상과 구분은 언어표현과 과도한 견강부회의 문제에 기인한 것이라고 생각한다. '덕/법'의 대비적인 서술방식은 그동안 광범위하게 응용되어져 왔다고 할 수 있는데, 유가의 전적 및 그 외의 대부분의 고금의 문헌들 속에서 어렵지 않게 찾아볼 수 있다. 본문에서 지적 하고자는 하는 것은, 바로 이러한 대비적인 서술방식이 원래는 설명을 쉽게 이해할 수 있게 만들기 위한 방법으로 사용되었으나, 수차례의 변화를 거친 후에 형식적인 작용이 오히려 실질적인 의미보다 과도해진 경향이 발생했다고 하는 점이다. 이러한 해석 속에서 '예'와 '법'을 대립하는 두 개념으로 보아서 '예'와 '덕'의 개념을 연결한 후에 유가는 '민주 지향적, 내재적, 백성 지향적'으로 묘사되었으며, 법가는 '권위 지향적, 외재적, 통치자 지향적'으로 묘사되어 두 학파는 극단적으로 대립하는 모습으로 비춰지는데,[3)] 유가는 거의 현대의

---

2) 『論語』, 「爲政」, "子曰: 道之以政, 齊之以刑, 民免以無恥; 道之以德, 齊之以禮, 有恥且格."

3) 成中英, 『知識與價值』, 臺北, 聯經出版事業公司, 1986년, 449쪽 참조.

개인 자유주의에 가깝다고 할 수 있다.[4)]

춘추시대의 사회계층의 이동은 기득권계층인 귀족들이 평민으로 전락하고 하층의 서민들이 신분상승을 하게 되어, 기득권계층의 최하계급인 사인士계층이 인구수에 있어서 대량으로 증가하게 되는 결과를 낳는다. 이렇게 지식을 구비한 사인士계층은 기존에 정착된 봉건제도의 신분제도 관계망에서 떨어져 나와 당시 계층사회에 변화를 유발시킨다. 이러한 것 외에 예악제도가 붕괴되는 한편 지배계층에 의해서 독점되었던 학문이 민간에게까지 전파되기에 이른다. 이러한 시대적 상황은 사인士계층이 문화사업의 전문가 집단으로 대두되게 하는 양질의 토양을 조성한다. 이렇게 새로운 집단을 형성하게 된 사인계층은 각기 다른 이념과 시대정신을 만들어서, 서로가 천하의 질서유지를 위해서는 자신들의 학설이 가장 필요한 것이라고 경쟁적으로 유세를 한다.

유가학파 속에서의 사인계층이 견지하고 있던 핵심적인 정신은 인仁·예禮 등의 윤리개념이었다. 유가와 법가는 모두 공통적으로 사회와 정치질서의 회복과 유지를 정치철학의 최종적인 목표로 삼았으나, 사회질서를 회복시키는 방법론상에 있어서는 근본적으로 입장을 달리했다. 즉 법가는 유가처럼 심성론에 기초한 도덕의 학문체계를 건립할 수 없었다.[5)] 유가에도 법치사상이 있다는 사실을 우리는 직시할 필요가 있다고 보는데, 향후 유가

---

4) 黃維幸, 『法律與社會理論的批判』, 臺北, 時報文化事業公司, 1991년, 267쪽 참조.

5) 瞿同祖, 『中國法律與中國社會』, 臺北, 里仁, 1987년, 361쪽 참조.

의 정치론에 대하여 논의를 전개해나갈 때 이점을 간과해서는 안 될 것이다. 개인의 인성 문제에 있어서 그것을 바라보는 관점의 차이가 유가와 법가의 학설체계를 근본적으로 대립하게 만드는 것이다.

이러한 '덕치'와 '법치'에 대한 뒤섞임과 오판은 방법론상의 소홀함에 기인한다고 말할 수 있다. '법치'와 법규범에 대하여 분석을 할 때 우리는 '유효함'(validity)과 '효능'(efficacy)이라고 하는 관찰방법의 시각적 차이를 소홀히 해서는 안 된다. '유효함'은 실증법에 대하여 분석과 평가를 할 때, 논리적 분석과 법규범의 기본개념에 치중하면서 법규범이 이미 외부의 권위자가 설립한 사실을 거쳤다는 것을 승인하여, 법률은 반드시 사회윤리와 서로 관련될 필요가 없다는 것이다. 그리고 '효능'은 법을 집행하는 사람과 일반인들에게 착안하여 법규범의 실제적인 응용부분의 승인이나 응용과 준수에 대한 것으로, 법규범의 사회적인 측면과 심리적인 측면을 반드시 고려해야한다는 것이다.[6)]

선진유가의 법규범 준수에 대한 정도 및 법치정신의 태도를 정하는 문제를 처리하는 부분에 관하여, 만일 '유효함'이란 측면만을 검토한다면 실제행위와 윤리적인 사안의 합법성은 절차상의 정당성에 부합할 수 있는 것인가? 라고 하는 문제에 직면하게 된다. 법규범의 유효성에만 국한되면 장래에 발생할 수 있는 '법대로만 하면 유효하다'는 사실에 매몰되어 결국은 실제행위의 윤리적인 사안에 대하여 절차상의 정당성에 부합할 수 없는

6) 顔厥安, 「論法哲學的範圍及主要問題」, 『哲學雜誌』, 第四期, 1993년, 159~161쪽 참조.

결과를 초래 할 수 있다는 것이다.

서복관徐復觀은 "법가에서는 봉건제도의 '존존尊尊'의 요구는 보이지만, 제도를 유지하기 위한 기초가 되는 '친친親親'의 요구는 보이지 않는다."[7]라고 했다. 법가에서의 이상적인 군주는 법과 권세와 통치술을 잘 활용하여 명령의 유효성을 관철시키는 사람이다. 법의 유효성은 이미 이루어진 사안들로부터 군주가 보증하는 것이다. 그렇다면 법가의 통치방법론 속에서 군주는 정말로 자신의 마음이 내키는 대로 법을 제정할 수 있는 것인가? 물론 엄격한 법률의 적용 및 집행 여부에 관계없이 법규범은 스스로를 증명해낼 수 없기 때문에 법의 유효성은 실제생활을 벗어나서는 예측이 불가능한 것이다. 그러므로 실제적이면서 정밀하게 한 관찰에 부합하는 관점을 가지고 법규범의 '효능'에 대하여 논의를 진행해야만 하는 것이다. 즉 어떤 것이 예법규범의 유효한 기초가 될 수 있겠는가? 또 어떠한 조건의 기초 위에서 제도규범이 비로소 백성들의 일상생활 속에서 절실하게 인정되고 응용되며 준수되어 그 효능을 제대로 발휘할 수 있을까?

하나의 완전한 형태의 정치적 주장도 내용의 실질적인 문제에 대해서는 언급을 하지 않을 수는 없는데, 유가에 비하여 법가는 더욱 진일보해서 법치제도의 합리적 측면에 대하여 많은 논의를 내놓았다. 유가의 법치제도에 대한 사고의 틀 속에는 비록 법률체계에 대해서 전면적인 부정은 하지 않고는 있으나, 그들은 사회질서 유지에 진정한 효력을 발생시킬 수 있는 작용은 바로 사

7) 徐復觀, 『中國思想史論集』, 臺北, 學生書局, 1990년, 237쪽 참조.

회적 윤리 도덕에 있다고 생각했다. 유가에서는 도덕이나 예의 등의 윤리개념이 효능의 측면과 가치에 있어서는 형벌이나 법률보다 우위에 선다고 생각하였으며, 또한 이러한 것들이 법치의 실질적인 효능의 근원이자 판단근거가 될 수 있다고 생각했다. 공자는 이러한 부분에 주목하여 윤리관계를 구체적인 사건 가운데에 드러냈다. 심지어는 고의적으로 좁은 의미의 합법성까지도 간과하기도 했다.

> 섭공이 공자에게 말했다. "우리 마을에는 몸가짐이 정직한 사람이 있는데, 그의 아버지가 양을 훔치자, 자식이면서도 그것을 증언했습니다." 공자가 대답하여 말했다. "우리 마을의 정직한 사람은 그와 다릅니다. 아버지는 자식을 위해 그런 일을 숨기고, 자식은 아버지를 위해 그런 일을 숨기지만, 정직함이 그 가운데 있습니다."[8)]

위의 인용문에는 덕의 작용이 우선이며 심지어는 법이 가지고 있는 보편성의 원칙에 대한 배척을 통하여 법률관계가 윤리관계에 전혀 적용되지 않는다는 사실뿐만 아니라 동시에 이러한 사건 속에서 내려야 하는 상황판단이 정직에 대해서 인가? 또 그것이 예禮에 부합하는 것인가? 하는 문제들에 기초하여 공자가 강조한 윤리의 근원적 요구에 대한 언급이 담겨져 있다고 할 수 있다. 그렇다면 "자식은 아버지를 위해 그런 일을 숨겨준다"고

---

8) 『論語』, 「子路」, "葉公語孔子曰: 吾黨有直躬者, 其父攘羊而子證之. 孔子曰: 吾黨之直者, 異於是. 父爲子隱, 子爲父隱, 直在其中矣."

하는 말은 '효'孝라고 하는 단순한 개념으로 해석할 수 있는 성질의 문제가 아니다. 그러므로 우리는 진일보하여 '효'는 어떻게 법률이 요구하는 보편성의 문제를 상실하게 만들었는가?와 윤리원칙은 어떻게 법률형식의 가장 근본적인 요구보다 우위에 설 수 있는가?의 문제들에 대하여 논의가 필요하다고 생각된다. 이러한 문제들은 법률제도의 근원이 윤리관계에 확실하게 있다는 것과 구체적인 개별사안의 판결 역시 윤리적 판단이 필요하다는 것을 설명하고 있는 것이다. 위에서 인용한 문장 가운데 자식이 만일 아버지를 관가에 고발하여 처벌받게 한다면 이는 예법의 원칙에 위배되는 것이다. 또한 이는 공자가 찬양한 "자식은 아버지를 위해 그런 일을 숨겨준다"는 행위와는 반대로 정확하게 법률의 적용을 받게 되기 때문에 법의 보편성을 온전하게 유지할 수 있게 되는 것이다.

형벌과 의전 및 제도 등을 포함한 국가의 모든 실증법체계는 법률질서의 외연적인 요인에 불과하고, 진정한 질서의 유지에 결정적인 작용을 하는 것은 한 사회에서 지속적으로 존재해오고 상호적이고 비정규적인 행위의 준칙이라고 할 수 있는 것이다. 이러한 것들은 또한 법률제도와 질서의 근원이 되는 것이다. 공자는 '예의 정신'을 확실하게 질서유지에 착안하여 추구했지만, 질서유지의 측면에만 머물지 않고 진일보하여 사회운영의 전제로서 '인仁'의 실현을 추구하려고 했다. '인仁'이라고 하는 윤리개념은 비록 명문화되고 정식적인 법률조항은 아니지만, 『논어』에서 언급하는 통치방법론 가운데 이것은 완전한 선善을 요구하는 상호대응관계인 개념으로서 실증법제도의 자연법개념을 보증하는 역할을 한다고 할 수 있는 것이다. 유가는 법치원칙을 가지고 있는데, 이러한 법치원칙이 요구하는 '법률적 보편성의 요구'는 윤리원칙의 보편적 요구의 기초 위에 건립되어야 한다는 것이다. 그러므로 윤리적 관계를 기본으로 하는 정치교화가 유가의 "정치를 하되 덕으로서 한다."는 '예치禮治'의 근본 함의가 되는 것이다.

또한 유가는 실체법의 영역 내에서 윤리적 성질의 법률기초만을 추구하는 것에 그치지 않고 법적 절차의 시행에 있어서도 마찬가지로 윤리관계에 기본을 둔 차별적 구분을 요구한다. 이러한 주장에 대한 실례는 『예기』에 잘 나타나 있다.

> 무릇 다섯 가지의 형벌을 제정할 때는 반드시 천륜을 고려해야 한다. 책벌은 마땅히 그 사안에 따라 시행되어야 한다. 다섯 가지 형벌에 관한 송사를 처리할 때는 반드시 부자유친의 윤리에 근본을 두고 군신유의의 도리에 입각하여 그것을 저울질하여 알맞게 처리한다.[9]

유가는 한 걸음 더나가 마음에 의한 세상 통치를 심화시키는 경지에 도달할 것을 요구함으로써 소송절차가 사실상 인간의 사회성 및 집단성에의 추구를 확보해주는 좋은 예라고 보았다. 그래서 공자는 다음과 같이 언급한 것이다.

---

9) 『禮記』, 「王制」, "凡制五刑, 必卽天倫, 郵罰麗於事. 凡聽五刑之訟必原父子之親, 立君臣之義以權之."

> 공자가 "송사를 듣고 재판을 함에 있어서 나도 남과 같으나, 반드시 송사가 발생하지 않도록 할 것이다."라고 말했는데, 이것은 실상이 없는 자가 거짓말을 다하지 못하는 것은 백성들의 마음을 크게 두렵게 하였기 때문이니, 이를 일러 '근본을 안다'는 것이다.[10]

공자는 형벌과 소송에 대한 가장 최선의 처리단계는 형벌과 소송이 없게 되는 상황이라고 생각했다. 또한 그는 사회적 여론의 압박과 대중들의 좋아함과 싫어함이 공동체를 안정시킬 수 있는 힘이라고 생각했다. 이렇게 의식적으로 최고선을 추구하는 나라에서는 정치생활이 국민들의 덕성함양을 촉진시킬 수 있을 것이다.[11] 이러한 것이 바로 '예치禮治'의 목표이면서 '예치'가 완성된 후의 이상적인 세계의 모습인 것이다.

3. 자기수양과 정치참여에 대한 구분

'덕치德治'개념은 바로 윤리관계로서 법치제도의 기본토대를 만들었다고 하는 개념으로서 이러한 개념에 대하여 정리를 끝내고 나서 다시 진일보하여 '예치' 혹은 '덕치'의 시행대상과 절차에 대하여 분석을 해보면 다음과 같다고 할 수 있다. 비록 "정치

---

10) 『大學章句』, 傳四章, "子曰: 聽訟, 吾猶人也, 必也使無訟乎! 無情者, 不得盡其辭; 大畏民志, 此謂知本."

11) 蕭高彦, 「共同體的理念」, 『臺灣政治學刊』, 第一期, 臺灣政治學會, 1996년, 262쪽 참조.

를 하되 덕으로써 한다."라는 언급이 정치활동의 기초적인 작용에 대한 설명이기는 하지만, 이것은 도덕수양이 정치활동의 표현적인 측면과 수단적인 측면이 된다는 사실을 부정하지는 않는다. 개인의 자기수양 문제는 『논어』에서 역점을 두고 주시하고 있는 과제이다. 그리고 이것은 자신을 덕으로써 수양한다는 명제로부터 덕이 있기 때문에 통치한다고 하는 명제로의 전환은 사상사 상의 일대 전환이라고 볼 수 있을 것이다.

이러한 과제에 대하여 본문에서는 하나의 분기점을 설정했는데 다음과 같다. 즉 도덕수양의 요구는 위정자에게 요청되는 것인가? 아니면 백성들에게 요청되는 것인가?의 문제이다. 이러한 문제는 "백성들의 신뢰가 없으면 나라는 설 수가 없다"의 해석에 대해서까지 연관 되어져 있다.

> 자공이 정치에 대하여 묻자, 공자가 "먹을 것이 풍족케 하고, 군비를 충분히 하고, 백성들이 신뢰하도록 하는 것이다."라고 말했다. 자공이 "부득이하게 꼭 한 가지를 버려야만 한다면, 이 세 가지 가운데 어느 것을 먼저 버리겠습니까?"라고 묻자, 공자가 "군비를 버려야지"라고 했다. 자공이 "부득이하게 꼭 한 가지를 버려야만 한다면, 이 두 가지 가운데 어느 것을 먼저 버리겠습니까?"라고 묻자, 공자가 "먹을 것을 버려야지. 옛날부터 누구에게나 모두 죽음은 있었던 것이나, 백성들의 신뢰가 없다면 나라는 설 수가 없다."라고 했다.[12)]

12) 『論語』, 「顔淵」, "子貢問政, 子曰: '足食, 足兵, 民信之矣.' 子貢曰: '必不得已而去, 於斯三者何先?' 曰: '去兵' 子貢曰: '必不得已而去, 於斯二者何先?' 曰: '去食. 自古皆有死, 民無信不立.' "

정현鄭玄은 "백성들의 신뢰가 없으면 나라는 설 수가 없다"는 문장을 "백성들의 문제가 가장 시급한 것을 말한 것이다"라고 해석했는데, 이를 통하여 "백성들의 신뢰"가 세 가지 가운데 가장 중요한 것이며 백성들이 위정자에 대하여 가장 긴박한 존재라는 사실을 인식할 수 있는 것이다. "백성들의 신뢰"는 곧 "백성들로부터 신뢰를 받음"을 의미하는데, 이것은 유가에서 위정자들에게 대하여 이렇게 해야 할 것을 요구하는 것이다. 하안何晏 같은 경우는 공안국孔安國의 주석을 인용하여 "나라를 다스리는 데에 있어서는 백성들의 신뢰를 잃어서는 안 된다"라고 하여 역시 위정자들에게 대하여 백성들의 신임을 얻는 것의 중요성을 다시 한 번 일깨워주고 있다. 반면 주자朱子는 "신뢰"를 백성들과 통치자에 대한 공통적인 요구라고 해석했다. 그래서 그는 다음과 같이 말한 것이다.

> 신뢰가 없으면 비록 살아도 스스로 섬이 없으니, 죽음이 편안함이 되는 것만 같지 못하니라. 그러므로 차라리 죽을지언정 백성들에게 신뢰를 잃지 않아야, 백성들로 하여금 또한 차라리 죽을지언정 나에 대한 신뢰를 잃지 않게 하는 것이다.[13]

이러한 개념에 대하여 다른 입장의 해석을 하는 것은 공자의 정치교화사상이 도대체 어떠한 것이 되는가?의 문제와 관련되어 있다고 할 수 있다. 서복관은 선진유가가 정치상에 있어서

13) 『論語集注』, 卷六, "無信, 則雖生而無以自立, 不若死之爲安. 故寧死而不失信於民, 使民亦寧死而不失信於我也."

제시한 요구는 모두 통치자에게 한 것이지 백성들에게 한 것은 아니라고 했다. 이러한 것은 '의義'와 통하며 '덕치德治'의 본질이 되는 것이다. "만일 백성들을 굶어죽지 않게 만들고 그들을 지켜 잃지 않는다면 이것은 유가의 자신을 수양하는 방법론으로써 그것이 백성들에게 있는 것이다."라는 주장을 했다.[14] 그러나 이러한 생각은 매우 부적절한 견해라고 판단된다.

다시 말하면 '자신을 수양함'과 '백성을 통치함'의 기준은 다르다고 하는데 있다. 즉 전자는 자연적 생명존재로서의 인간이 필요상 만들어 둔 가치가 아니며, 후자는 백성들의 자연적인 요구를 가장 우선적인 가치로 둔다는데 있다. 그렇지만 이러한 것들 가운데의 관건성의 문제는 고대인들의 문헌에 대한 해석이 분명하지 않아서 시간이 갈수록 그 뜻이 모호해져서 점차 자신을 수양한다고 하는 덕성이 점진적으로 통치방법론상에 있어서 백성들의 요구에 대한 조치와 혼재되어져, 결국에는 주자와 같이 "신뢰"를 '백성들이 갖추어야 할 덕목'으로 해석하여 그것이 인간이 본래부터 가지고 있어야 할 도덕수양이라고 하는 논조가 자연스럽게 만들어지게 되고, 심지어는 "백성들로 하여금 또한 차라리 죽을지언정 나에 대한 신뢰를 잃지 않게 하는 것이다"라고 하는 관점 가운데 공리주의적인 색채가 덧칠해져 있는 것을 지울 수 없게 만드는데 있다는 것이다.

이상과 같이 볼 때 『논어』 속에서의 인격수양에 대한 요구는 주로 위정자에게 요청되는 것으로, 이는 곧 위정자 자신의 양호

---

14) 徐復觀, 『中國思想史論集續篇』, 臺北, 學生書局, 1989년, 404~408쪽 참조.

한 인품과 덕성을 요구하는 한편 도덕규범을 직접적으로 실행하여 백성들에게 그것을 확실하게 준수하도록 요구하지 말라는 것이다. 그러므로 이러한 요구는 바로 "군자의 덕이 바람과 같다면 소인의 덕은 풀과 같은 것이라, 풀 위에 바람이 불면 반드시 쓸리게 마련이다."[15]라는 것처럼 먼저 위정자의 간접적인 작용에 의해서 백성들을 교화할 것을 요구하는 것이다.

4. 예치의 실천

일반적으로는 '예치禮治' 가운데 가장 중요한 방법론은 '정명正名'이라고들 한다. 이러한 '정명'에 관해서는 자로와 공자의 다음과 같은 문답 속에서 찾아볼 수 있다.

> 자로가 공자에게 물었다. "위나라의 임금이 선생님을 모셔다가 정치를 부탁드린다면 선생님께선 무엇부터 먼저 하시겠습니까." 공자가 "반드시 명분을 바로 잡겠다"고 했다. 그러자 자로가 반문했다. "그런 게 어디 있습니까. 선생님은 현실과 너무 거리가 있습니다. 어떻게 그것을 바로 잡겠다 하시는 것입니까." 그러자 공자가 "어리석구나, 유야! 군자는 자기가 알지 못하는 일에는 참견하지 않는 것이다. 명분이 바르지 않으면 일이 이루어지지 않고, 일이 이루어지지 않으면 예악이 일어나지 못하고, 예악이 일어나지 않으면 형벌이 적중하지 못하고 형벌이 알맞

15) 『論語』, 「顔淵」, "君子之德風, 小人之德草, 草上之風必偃."

게 적용되지 못하면 백성들은 어떻게 행동해야 할지 모른다. 그러므로 사물의 이름을 군자가 붙일 때에는 반드시 말로써 설명할 수 있어야만 하며, 말로써 설명되면 반드시 이는 실행되어야 한다. 군자는 말에 있어 구차스러운 것이 없어야 한다."라고 했다.[16)]

역대로 '정명'에 관해서는 여러 가지의 해석이 분분했다. 가장 오래된 시기의 해석은 마융馬融의 주석이라고 할 수 있는데, 그는 '정명'을 "모든 일의 이름을 바로잡는 것"이라고 하였으며, 이때의 "일"은 마땅히 예악제도를 포괄하고 있으며 그것들의 명분이 사실에 부합되어야 만이 혼란이 발생하지 않는다고 하였다. 그러나 정현鄭玄은 "정명은 문자를 바르게 쓰는 것이다. 공자는 가르침이 때에 맞춰 실행되지 못함을 보고 그 문자의 잘못된 점을 바로잡고자 했다."[17)]라고 해석하여 단순히 문장의 의미를 명확하게 정리하는 작업에 그쳤다. 정이程頤는 "명분과 실제가 서로 부합해야 하는 것"이라고 해석하여 군자는 일을 실천하는 데 있어서 구차 하게 하지 않는다고 하는 것을 의미한다고 했다. 그리고 근대의 많은 학자들은 정치적인 함의에 집중하여 "군주

---

16) 『論語』, 「子路」, "子路曰: 衛君待子而爲政, 子將奚先? 子曰: 必也正名乎! 子路曰: 有是哉? 子之迂也! 奚其正? 子曰: 野哉! 由也. 君子於其所不知, 蓋闕如也. 名不正則言不順, 言不順則事不成, 事不成則禮樂不興, 禮樂不興則刑罰不中, 刑罰不中則民無所錯手足. 故君子名之必可言也, 言之必可行也; 君子於其言無所苟而已矣."

17) 金谷治는 이러한 해석에 대하여 鄭玄 자신이 예학자(禮學者)였던 입장과 관련이 있다고 판단하고 있다. 金谷治, 「鄭玄與『論語』」, 『唐寫本論語鄭氏注及其研究』, 北京, 文物出版社, 1991년, 130~131쪽 참조.

와 신하 상하간의 권리와 의무를 조정하는 것"[18]이라고 해석하기도 했다.

'정명'에 대한 수많은 해석들 가운데 정현 이외의 기타 학자들의 견해는 '정명'을 윤리학의 범주에 기초하여 이해하고자 했다. 그러나 논자는 '그것들(명분과 실제)이 서로 부합될 수 있도록 조정 한다'고 하는 명제를 단지 윤리적 관계의 문제에만 국한시켜서는 안 된다고 생각한다. 즉 공자는 기존에 존재하던 신분질서에 의거하여 간단하게 신분상의 차이를 인정하지는 않았는데, 예를 들면 군신, 부자, 부부, 형제, 친구 사이의 관계가 '예禮'에 의해서 유지되고 있는 것이 바로 그러한 것이다. 윤리관계에 있어서는 반드시 윤리대상이 사전에 전제되어야만 하는데, 이는 관계를 바로 잡는데 있어서 사전에 반드시 명분과 실제가 서로 부합되어야 하는 것이다. 즉 윤리대상이 진정한 대상으로서 성립 될 수 있는가에 대한 질문이 선결되어야 한다는 것이다.

> 제나라 경공이 공자에게 정치에 대하여 묻자, 공자가 "군주는 군주답고, 신하는 신하다우며, 아버지는 아버지답고, 자식은 자식다워야 합니다."라고 대답했다.[19]

공자의 대답에는 현실적인 고려가 담겨져 있는데, 특히 제齊나라 경공 당시의 군주와 신하 및 부모와 자식 간의 무도한 시

---

18) 蕭公權, 『中國政治思想史』(上), 臺北, 聯經出版事業公司, 1990년, 57쪽 참조.

19) 『論語』, 「顔淵」, "齊景公問政於孔子, 孔子對曰: 君君, 臣臣, 父父, 子子."

해와 살해 사건들이 빈번하게 발생하여 천하가 혼란의 상황에 빠지게 된 점에 초점을 맞췄지만, 또한 보편적인 의미가 담겨져 있음을 부정할 수는 없다. 즉 인간이 반드시 그 윤리관계 위에서 각자 본분에 맞는 행동을 해야 할 것을 요구하고 있는 것이다. 명분과 실제를 바로잡는다고 하는 요구는 동시에 윤리관계의 강화를 방지하여, 현실사회의 요구와 다른 그러나 상응하는 윤리관계로부터 맹자가 언급한 정의롭지 못한 군주는 폐위시켜 죽일 수 있다는 실천의 판단원칙에까지 전개될 수 있다는 것이다.

정현의 해석에 대해서는 특별히 주의할 만한 점이 없는 것으로 볼 수 있는데, 이는 오히려 우리에게 재해석의 공간을 열어주는 역할을 한 것이라고 할 수 있는 것이다. 무슨 이유에서 "가르침이 실행되지 못하는" 때에 공자는 오히려 고대의 전적으로 돌아가 "문자의 잘못된 점을 바로 잡는다."는 것을 통하여 전적의 본래적인 의미를 찾고자 했을까? 정현의 이러한 부분에 대한 해석은 「위정」의 "빼버리거나 더하여 알 수 있다."는 것과 관련한 이해와 부합한다고 할 수 있다.

> 자장이 "열 세대 후의 일을 알 수가 있습니까?"라고 묻자, 공자가 "은나라는 하나라의 예에 따랐으니 거기에서 빼버리거나 더한 것을 알 수 있었다. 주나라는 은나라의 예를 따랐으니 거기에서 빼버리거나 더한 것을 알 수 있었다. 그 누구든 주나라를 계승한다면 비록 백 세대 후의 일이라도 알 수 있을 것이다." 라고 말했다.[20)]

---

20) 『論語』, 「爲政」, "子張問: 十世可知也? 子曰: 殷因於夏禮, 所損益可知

위의 인용문에 대한 정현의 해석은 "빼버리거나 더한 것을 알 수 있다고 하는 것은, 시간의 차례에 근거하여 모든 정세를 추측해볼 수 있다는데 있는 것이다."[21]와 같은데, 이러한 해석은 하안何晏과 주자가 한 "변화와 불변화의 도리는 이해할 수 있는 것이다."는 해석과 의미상에 있어서 커다란 차이를 보인다. 이러한 차이는 사실 주석 작업을 하는 학자들 자신의 고적에 대한 이해 정도와 관련이 있다고 보여 진다. 그렇다고 우리가 자로가 공자의 생각이 현실과 괴리되었다고 조소한 것과 같은 노선을 걸을 수는 없는 것이다. 반대로 공자나 정현 및 역대의 경학자들이 정치제도를 설정했을 때에 있어서 모두가 부단히 고전 경전으로 돌아가 그것의 입론 근거를 재차 그 속에서 중복적으로 찾는다면 전통의 대체성은 불가능한 것임을 발견할 수 있게 된다.

'정명'에서의 '정'은 바로잡고 조정한다는 의미인데, 이것을 현실행위 속에 응용시킨다면 이러한 바로잡음과 조정 자체는 일종의 '다시 바로잡음'과 '재조정'이 되어버린다. 원래 존재하는 사물의 이름과 실체는 이미 존재하고 있는 것인데, 시대적인 요인이나 인위적인 요인에 의하여 본래부터 가지고 있었던 형태가 점진적으로 모호해지거나 본래의 형태에 상응하지 않는 관계가 발생할 수 있는 것이다. 그러므로 공자가 진행했던 '정명' 작업은 곧 그러한 것들이 자신의 표준에 맞게 회복될 수 있도록 하는 것이다.

也. 周因於殷禮, 所損益可知也. 其或繼周者, 雖百世可知也."

21) 黃侃, 『論語義疏』, "所損益可知者, 據時篇目, 皆在可校數也"

‘정명’의 작업 이전에 이미 존재하고 있는 사물들에 대한 강조는, 곧 ‘정명’ 개념 위에 전통과 권위의 개념이 더해진 것을 의미한다고 할 수 있다. 그렇지만 본문에서 강조하고자 하는 것은 ‘정명’이라고 하는 개념에 대하여 재해석과 새로운 이해를 시도하는 과정 속에서 전통과 권위는 결코 부정적이거나 비이성적인 이면의 개념으로 사용된 것은 아니라는 사실이다. 가다머(H.G.Gadamer)는 권위는 결코 위압적인 권력이 아니며 복종과 관계가 있는 것이 아니고, 인식과 관계가 있는 것이라고 생각했다. 그래서 그는 “우리들이 말하는 전통적인 것들은 증명되지 않았거나 유효성의 검증을 거치지 않은 것이다. …… 이성적 근거 이외에 전통 역시 권리를 보유하고 있으며 또한 상당히 큰 범위 내에서 우리들의 제도와 행위를 규정하고 있다.”[22)]라고 언급한 것이다. 이렇기 때문에 본문에서는 권위에 대한 승인을 이성에 대한 복종을 버린다는 의미로서가 아닌 전통 속에서 진행되어 온 재검증으로부터 오는 것이라고 판단하겠다. 그러므로 권위는 비이성적인 것이 아니고 시간의 경과를 거친 후에 나타나게 되는 진실 즉 우리들에게 대하여 이미 실효작용을 한 진실인 것이다.

진일보하여 본문에서 ‘정명’ 개념에 있어서 드러내고자 하는 것은 그 이론이 의심의 여지없이 유가의 통치방법론의 근본적인 권위를 끌어들이기 때문에 차라리 전통이라고 말하는 편이 훨씬 적합하다고 생각한다. 즉 가장 도전적인 인상을 가진 맹자 자신

22) Hans-Georg Gadamer, 洪漢鼎 譯, 『眞理與方法』, 上海, 上海譯文出版社, 2004년, 370쪽 참조.

역시 기본적으로는 "선왕의 도를 생각하고 흠모한다."는 입장에서서 권위의 재검증을 진행하기 때문에, 검증과 비판의 과정 속에서 이성의 작용이 표현되는 것이다. 그러나 이러한 이성의 작용은 왕도와 패도의 논변 속에서만 존재하고 있는 것이 아니고 동시에 문화의 보존 속에도 존재한다고 할 수 있는 것이다.

> 공자가 말했다. "주나라의 문화와 제도는 하나라 은나라 두 왕조에 걸친 문화와 제도를 거울로 삼았으니, 찬란하게 꽃 피었구나 그 문화와 제도가! 나는 주나라의 문화와 제도를 따르겠다."[23)]

위의 인용문 가운데 "주나라의 문화와 제도는 하나라 은나라 두 왕조에 걸친 문화와 제도를 거울로 삼았으니, 찬란하게 꽃 피었구나 그 문화와 제도가!"라는 언급은 이성적인 판단의 기준을 여실하게 보여주고 있다고 할 수 있다. 또한 "주나라의 문화와 제도를 따르겠다."는 것의 여부는 찬란하세 꽃피운 문화에 대한 판단을 거친 후의 자유로운 선택인 것이라고 할 수 있는 것이다.

사실상 권위는 "주나라의 문화와 제도를 따르겠다."라고 하는 의식 아래에서의 전통의 도리, 아니면 명분과 실제를 바로잡는다고 하는 의식 아래에서의 군주를 막론하고 모두 반드시 경험 속에서 재차 검증되어져야 하며 또한 윤리대상 그 자체 역시 결단코 재차 존재하는 것이 아닌 것이다. 이러한 측면이 비로소

---

23) 『論語』, 「爲政」, "子曰: 周監於二代, 郁郁乎文哉! 吾從周."

앞서 언급했던 맹자의 폭군 방벌론의 사상과 그 맥락을 같이 한다고 할 수 있는 것이다.

이상과 같이 해석대상이 해석자의 의식과 시대적 상황에 종속한다는 입장 아래서 정현이 언급한 "문자의 잘못된 점을 바로잡는다"라고 한 해석을 이해해야만 할 것이다. 우리들이 이러한 각도에서 정현의 주장을 이해하게 된다면 동시에 공자의 주장 역시 정확하게 이해할 수 있게 될 것이라고 판단한다.

5. 맺는 말

이상에서와 같이 공자의 예치사상에 대하여, 덕치와 법치의 대립 및 자기수양과 정치에의 참여에 대한 구분 그리고 예치의 실현이라는 테마를 중심으로 재해석을 해보았다.

먼저 덕치와 법치의 대립에서는 '예'와 '법'을 대립하는 두 개념으로 보아서 '예'와 '덕'의 개념을 연결한 후에 유가는 '민주 지향적, 내재적, 백성 지향적'으로 묘사되었으며, 법가는 '권위 지향적, 외재적, 통치자 지향적'으로 묘사되어 두 학파는 극단적으로 대립하는 모습으로 비춰진다고 보았으며, 또한 유가는 현대의 개인적 자유주의와 흡사한 모습을 띠고 있다고 보았다. 또한 유가 역시 법치원칙을 가지고 있다고 볼 수 있는데, 이러한 법치원칙이 요구하는 '법률적 보편성의 요구'는 윤리원칙의 보편적 요구의 기초 위에 건립되어야 한다고 유가는 주장하고 있다. 그렇기 때문에 윤리적 관계를 기본으로 하는 정치상의 교화가 유가의 "정치를 하되 덕으로서 한다."는 '예치'의 근본적인 함의가 되는 것으로 보았던 것이다.

자기수양과 정치에의 참여에 대한 구분에서는 '자신을 수양함'과 '백성을 통치함'의 기준은 다르기 때문에, 전자는 자연적 생명존재로서의 인간이 필요상 만들어 둔 가치가 아니라는 것과 후자는 백성들의 자연 발생적인 요구를 가장 우선순위의 가치로 둔다는데 그 차이가 있다고 했다. 또한 『논어』 속에서의 인격수양에 대한 요구는 주로 위정자에게 요청되는 것으로, 이는 곧 위정자 자신에게 양호한 인품과 덕성을 요구하는 것을 의미하면서 한편으로는 위정자 자신이 도덕규범을 직접적으로 실행한다고 해서 이것을 백성들에게 똑같이 준수하도록 강요해서는 안 된다는 것이다. 그렇기 때문에 공자는 위정자 자신의 간접적인 영향력에 의해서 백성들을 교화시킬 것을 주장했다고 한 것이다.

끝으로 예의 실천에서는 '예치' 가운데 가장 중요한 방법론이 '정명'이라는 사실을 상기시키는 한편 '정명'의 의미에 대하여 공자의 주된 입장은 인간이 반드시 그 윤리관계 위에서 각자 본분에 맞는 행동을 해야 할 것을 요구하는 것에 있다고 보아 명분과 실제를 바로잡아야 한다는 것을 주장한데 있다고 보았다. 또한 '정명'에서의 '정'은 바로잡고 조정한다는 의미이며, 이러한 '정명'을 현실생활 속에 적용한다면 바로잡음과 조정 자체는 일종의 '다시 바로잡음'과 '재조정'이 된다고 할 수 있는 것이다. 다시 말하면 본래 존재하는 사물의 이름과 실체는 이미 존재하고 있는 것인데, 시대적인 요인이나 인위적인 요인에 의하여 원래부터 가지고 있었던 형태가 점진적으로 모호해지거나 본래의 형태에 상응하지 않는 관계가 발생할 수 있는 것이기 때문에 공자는 그러한 것들이 자신의 기준에 맞게 회복될 수 있도록 했는데 이러한 작업이 바로 '정명'이라는 것이다.

참고문헌

朱彬,『禮記訓纂』,『宜祿堂』清刻本.

朱熹,『大學章句』,『海淵閣』明刻本.

朱熹,『論語集注』,『海淵閣』明刻本.

黃侃,『論語義疏』,『皇淸經解』本.

劉寶楠,『論語正義』,『續皇淸經解』本.

司馬遷, 瀧川資言會注考證,『史記會注考證』, 太原, 北岳文藝出版社, 1999년.

成中英,『知識與價値』, 臺北, 聯經出版事業公司, 1986년.

黃維幸,『法律與社會理論的批判』, 臺北, 時報文化事業公司, 1991년.

瞿同祖,『中國法律與中國社會』, 臺北, 里仁, 1987년.

徐復觀,『中國思想史論集』, 臺北, 學生書局, 1983년.

徐復觀,『中國思想史論集續篇』, 臺北, 時報文化事業公司, 1985년.

蕭公權,『中國政治思想史』(上), 臺北, 聯經出版事業公司, 1990년.

Hans-Georg Gadamer, 洪漢鼎 譯,『眞理與方法』, 上海, 上海譯文出版社, 2004년.

金谷治,「鄭玄與『論語』」,『唐寫本論語鄭氏注及其硏究』, 北京, 文物出版社, 1991년.

顔厥安,「論法哲學的範圍及主要問題」,『哲學雜誌』, 第四期, 1993년.

蕭高彦,「共同體的理念」,『臺灣政治學刊』, 第一期, 1996년.

제3장 맹자의 정치사상

1. 시작하는 말

유가儒家정치사상의 가장 이상적인 형태는 군주가 '인의仁義'에 기초한 '인정仁政'을 시행하는 것이다. 이러한 인정사상은 공자로부터 그 연원을 찾을 수 있으나 보다 완성된 형태는 맹자에 이르러 정립된다. 맹자의 이상적인 정치형태는 왕도정치라고 할 수 있는데, 이는 곧 군주가 '인仁'한 마음을 바탕으로 천하의 백성들에게 '인정仁政'을 베푼다는 정치형태를 말하는 것이다. 이러한 맹자의 왕도정치사상은 역대로 유가의 정치사상에 있어서 가장 이상적인 전범으로 자리 잡아 왔다.

물론 유가의 정치이상은 공자의 정치사상이 그 근원이 된다고 할 수 있지만 공자의 정치사상은 완성된 형태의 정치사상이라고 언급하기에는 많은 부분에 있어서 보충해야할 요소들이 산재해 있다. 특히 구체적인 민생民生정책에 대한 방안 및 혼란한 당시의 상황을 종식시킬 수 있는 정책 대안 등이 미비한 점이라고 말할 수 있는 것이다. 맹자는 이러한 공자 정치사상의 미비점들을 보완하여 좀 더 구체적인 정치사상을 전개해 나간다. 이러한 맹자의 정치사상은 중국역사에 있어서 지난 이천여 년의 시간들 속에서 유가를 대표하는 정치사상으로 인식되어져 왔고 할 수 있다.

맹자가 기획한 왕도정치사상의 이상은 천하를 안정시키는 것인데, 천하를 안정시키고자하는 군주는 먼저 백성들의 생명을 소중히 여기고 그들의 생활기반을 보장한 후에 도덕교육을 실시해야만 한다. 맹자는 이러한 정책을 시행한 군주를 '왕자王者'의 자격을 갖춘 것으로 보았다. 그러나 한 국가 내에서만 '인정仁政'을 실행해서는 왕도정치의 이상을 실현할 수는 없다고 보았는데, 이는 '왕자王者'의 사명은 학정虐政 속에서 고통 받고 있는 천하의 백성들을 해방시키는 것에 있기 때문이다. 맹자는 백성들을 학정에서 해방시키는 것이 진정한 왕도정치의 이상이라고 보았다.

2. 왕도정치사상의 핵심개념

유가정치사상의 핵심이라 할 수 있는 맹자 왕도정치의 핵심개념은 '왕도王道'인데, 이 개념은 '패도霸道'와 대칭 되는 개념으로의 '왕도' 그리고 '천자'와 대칭(혹은 동일)되는 개념으로의 '왕자王者'로 나눌 수 있다. 구체적으로 말해서 맹자에 있어서의 '왕王'은 어떤 의미를 함유하고 있는 것인가? 또한 맹자가 생각한 '왕'은 어떤 자격을 갖추어야 하는 것인가?

'왕'자는 맹자 이전의 문헌 속에서는 과연 어떠한 형태로 나타났을까? 먼저 『상서』 속에 "비뚤어지거나 그릇됨이 없이 왕王이 정한 법을 따를 것이며, 사사로이 좋아하는 바가 없이 왕이 정한 도리를 따를 것이며 사사로이 싫어하는 바가 없이 왕이 정한 길을 따를 지어다. …… 왕의 길은 평탄할 수 있으며, …… 왕의 길은 평온한 것"[1]이라는 것과 『논어』 속에 "공자가 말하기를, 만일 왕자가 있다하더라도 반드시 한 세대가 지난 뒤에야 백성들이 인仁해질 것이다."[2]는 용례가 있다. 이러한 용례에 근거해서 '왕'의 개념이 맹자 이전에 이미 존재했음을 알 수 있다. 그렇지만 맹자에게 있어서의 '왕'개념은 기본적으로 춘추시대 이래의 '왕'개념을 계승하여 형성된 통치자에게 있어서의 도덕과 행동상의 최고경계였다.[3] 이러한 각도에서 본다면 맹자의 '왕'은 곧 일종의 맹자 사유의 결과라고 할 수 있다. 쿠라다 노부야스倉田信靖의 분류에 의하면 『맹자』 속에 언급된 '왕'의 용법은 여덟 종류로 나누어 질 수 있다.

① 왕자王者의 조건은 인仁이다.

② 왕자는 순수巡守와 술직述職을 실행한다.

③ 왕자는 다른 제후諸侯를 죽일 수 있다.

---

1) 『尙書』, 「洪範」, "無偏無陂, 遵王之義, 無有作好, 遵王之道, 無有作惡, 遵王之路. …… 王道 蕩蕩, …… 王道平平."

2) 『論語』, 「子路」, "子曰: 如有王者, 必世而後仁."

3) 唐迪風, 『孟子大義』, 北京, 北平直隷書局, 1931년, 2쪽 참조.

④ 왕자는 오백 년에 한번 나타난다.

⑤ 왕자는 선善을 행한다.

⑥ 왕자는 덕德을 기원한다.

⑦ 왕자는 인륜人倫을 존중한다.

⑧ 맹자는 자신이 살던 시대에 왕자가 존재하지 않는다고 생각했다.[4)]

또한 맹자는 이러한 '왕王'이 갖추어야할 세 가지의 특질이 있다고 생각하였는데, 그것은 첫째 혼란한 시대에 태어나야 하고, 둘째 '인정仁政'을 실시하여 백성들로부터 압도적인 지지를 받아야 하며, 셋째 무도한 군주를 죽임으로써 천하를 평정해야 한다는 것이다.[5)]

> 왕자가 나타나지 않은 것이 이때보다 더 드물었던 적이 없었으며, 백성들이 학정에 시달려 초췌해진 것이 이 때 보다 더 심한 적이 없었다. …… 지금과 같은 때에 만승萬乘의 나라가 인정仁政을 시행한다면 백성들이 거꾸로 매달린 것에서 벗어난 것과 같이 기뻐할 것이다. 그러므로 노력은 옛 사람 보다 적게 하고 결과가 배가되는 것은 오직 이때가 그러할 것이다.[6)]

---

4) 倉田信靖, 「『孟子』の"春秋天子之事也"に就いて」, 『日本中國學會報』 8, 日本中國學會, 1986년, 20~22쪽 참조.

5) 倉田信靖, 「『孟子』の"春秋天子之事也"に就いて」, 『日本中國學會報』 38, 日本中國學會, 1986년 18~20쪽 참조.

6) 『孟子』, 「公孫丑上」, "王者之不作, 未有疎於此時也; 民之憔悴於虐政, 未有甚於此時者也. …… 當今之時, 萬乘之國行仁政, 民之悅之猶解倒懸也. 故事半古之人, 功必倍之, 惟此時爲然."

여기에서 우리는 맹자가 주나라 왕실을 존중하지 않은 문제에 대해서 언급을 회피 할 수는 없을 것이다. 사실 중국에서 전제 정권이 성립된 이래 맹자가 주나라 왕실을 존중하지 않은 문제는 자주 큰 논란을 불러 일으켰다.[7] 맹자에게 있어서 주나라 왕실은 과연 마땅히 제거해야할 대상이었는가?

비록『맹자』속에서 맹자가 주나라 천자를 죽일 것을 권하는 기록은 보이지 않지만,『맹자』전체의 내용으로 보면 맹자는 주나라 천자가 자신의 이상 속에 있는 '왕'의 특질과 조건을 갖추었다고는 생각하지 않았다. 특히 주의해야할 점은, 맹자의 생각 속에 있는 '왕'의 자격은 매우 실제적이라는 것이다.

맹자가 "만승萬乘의 나라가 인정仁政을 시행한다면 백성들이 거꾸로 매달린 것에서 벗어난 것과 같이 기뻐할 것이다."라고 한 말은 강대국이 왕자가 되는 것은 비교적 쉬운 일 이라는 것을 뜻한다. 그래서 맹자는 "제나라로써 왕도정치를 한다는 것은 손을 뒤집는 것과 같다."라고 언급했던 것이다. 그러나 약소국이 '인정仁政'을 힘써 시행해도 '왕자'의 목표를 달성 할 수 있다는 것은 강대국에 비해 성공확률이 매우 희박한 것이 당시의 현실이었다고 할 수 있다.

> 진실로 선한 일을 하면 후세의 자손 중에 반드시 왕자가 있을 것이니, 군자가 왕업을 창시하여 전통을 드리우는 까닭은 이어

7) 近藤正則은 이러한 문제에 대해 매우 상세한 연구를 했다. 近藤正則,「『讀余隱之尊孟辨』に見える朱子の孟子不尊周への對應」,『日本中國學會報』33, 日本中國學會, 1981년, 101~115쪽 참조.

받을 수 있도록 하기 때문입니다. 공들인 것을 이루는 것과 같은 것은 하늘에 달려있는 것이니, 군주가 저들을 어떻게 하겠습니까? 힘써서 선을 해야 할 따름입니다.[8)]

그렇다면 '만승萬乘'의 군주는 이미 '왕자'가 될 자격을 갖추었다는 말인가? 맹자와 제선왕齊宣王의 대화에서 보면 맹자는 제선왕이 충분히 '왕자'의 자격을 갖추었다고 인정한다. 특히 맹자가 제선왕에게 명당을 헐지 말 것을 건의하며 제선왕을 '왕'이라 불렀다.

이와 같이 볼 때 맹자는 주나라 천자를 제거할 것을 건의하지는 않았으나, 그의 생각 속에는 당시 '만승'의 주나라 군주가 '왕자'의 자격을 갖추지 못했음을 알 수 있다. 그러나 이와 같다고 하더라도 우리는 역대 '왕권지상주의자'들의 지적처럼 맹자가 주나라 왕실을 존중하지 않았다고 보아서는 안 되며,[9)] 당시의 시대적 추세의 관점에서 보아야 하는데 당시의 주 왕조는 실제적인 힘뿐만 아니라 정신적인 역량에서도 제후들에 대한 통제력을 상실한 상태였다. 가장 중요한 점은 맹자가 말한 제거해야 할 대상은 곧 백성들을 학정에 빠지게 하는 모든 제후들을 의미한다는데 있는 것이다.

'왕자'와 '패자'사이에는 어떤 차이가 존재하는가? 맹자의 '왕패지변王霸之辨'문제에 관한 저작은 매우 많아서 일일이 다 열거

---

8) 『孟子』, 「梁惠王下」, "苟爲善, 後世子孫必有王者矣. 君子創垂統, 爲可繼也. 若夫成功, 則天也. 君如彼何哉? 强爲善而已矣."

9) 黃俊傑 主編, 『孟子思想的歷史發展』, 臺北, 中央硏究院 中國文哲硏究所籌備處, 1995년, 56~57쪽 참조.

할 수는 없지만, 굳이 이 문제에 대해 언급하자면 맹자는 난세에는 반드시 '왕자'가 나타날 것이라고 생각하였으나 제환공齊桓公·진문공晉文公 등 '패자'의 출현에 대하여는 문제를 삼을만한 것이 못되는 역사사실 일뿐이라고 생각했다. 바꿔 말하면 맹자는 "힘으로써 남을 복종시키는 자에게는 마음으로 복종하지 않는다."[10]는 사실을 믿었기 때문에 "힘으로써 인仁을 표방하는"[11] '패자'는 천하를 통일할 수 없다고 하였다. 그래서 맹자의 '일치일난一治一亂'의 순환적인 역사관에[12] 비춰보면 천하가 태평한 시기에서 난세로 전환되는 추세 속에서는 '힘으로써 인仁을 표방하는' 패도정치가 흥성하게 되어 시대는 더욱 혼란하게 되는 것이다. 그러므로 맹자는 '패자'를 '삼왕의 죄인三王之罪人'으로 폄하하는 것이다. 결국 맹자의 논리에 비춰보면 '패자'는 비록 "그러므로 노력은 옛사람에 비해 절반만 들이고도 효과는 반드시 배를 얻는" 시대에 출현하지만 맹자가 말한 '왕도정치'의 위업을 달성할 수 없었기에 '죄인'이라고 한 것이다.

3. 현실문제에 대한 분석

여기에서 분석할 문제는, 바로 맹자가 목격한 당시의 사회에는 어떠한 문제들이 발생한 것인가? 이러한 문제들의 원인은 무

---

10) 『孟子』, 「公孫丑上」, "以力服人者, 非心服也."

11) 『孟子』, 「公孫丑上」, "以力假仁."

12) 譚宇權, 『孟子學術思想評論』, 臺北, 文津出版社, 1995년, 20쪽 참조.

엇에 기인하는가? 또한 해결방법은 어떠한 것들이 있나? 등에 관한 것들이다.

먼저 맹자의 시야를 통해서 전국시대 중기 일반백성들의 생활상태를 분석해보겠다.

> 개와 돼지가 사람이 먹을 양식을 먹어도 단속 할 줄 모르며, 길에 굶어죽은 시체가 있어도 창고를 열 줄 모른다.[13]

> 백성들은 굶주린 기색이 있고, 들에는 굶어죽은 시체가 있다.[14]

> 저들이 백성들의 농사철을 빼앗아 백성들로 하여금 밭 갈고 김매어 그 부모를 봉양하지 못하게 하면 부모가 얼고 굶주리며, 형제와 처자가 헤어져 흩어질 것입니다. 저들이 그 백성을 도탄에 빠뜨립니다.[15]

> 어찌 우리들로 하여금 이렇게 곤궁한 지경에 이르게 하는가? 부자간에 서로 보지 못하며 형제처자가 헤어져 흩어지게 되는구나.[16]

---

13) 『孟子』, 「梁惠王上」, "狗彘食人食而不知檢, 塗有餓莩而不知發."

14) 『孟子』, 「梁惠王上」, "民有飢色, 野有餓莩."

15) 『孟子』, 「梁惠王上」, "彼奪其民時, 使不得耕耨以養其父母, 父母凍餓, 兄弟妻子離散. 彼陷溺其民."

16) 『孟子』, 「梁惠王下」, "夫何使我至於此極也. 父子不相見, 兄弟妻子離散."

> 사슴을 죽인 자의 죄가 사람을 죽인 죄와 같다고 하니 이는 사방 40리로 나라 한가운데에 함정을 만든 것이니, 백성들이 크다고 여기는 것이 또한 마땅치 않습니까?[17)]

> 흉년이 들거나 굶주린 해에 군주의 백성들이 노약자들은 사체가 도랑과 골짜기에 뒹굴고 장성한자들은 흩어져서 사방으로 간자가 몇 천 명이나 된다.[18)]

> 백성들이 학정에 시달려 초췌해진 것이 이때보다 더 심한 적이 있지 않았다.[19)]

이상의 인용문을 통해서 우리는 전국시대의 기층촌락이 붕괴의 위기에 처한 상황 속에서, 특히 흉년이 들었을 때에 백성들의 생활이 부자지간에 서로 보지도 못하고 형제처자가 헤어져 흩어지고 노약자의 시체가 구덩이에 뒹굴고 장성한자들이 흩어지고 백성들을 해치는 풍조가 만연했음을 발견할 수 있다.

그렇다면 이러한 공동체붕괴를 발생시키는 까닭은 무엇인가? 맹자는 백성들에 대한 과중한 세금과 노역・전쟁에의 동원 그리고 제후들의 산림과 호수의 자연자원의 독점 때문이라고 하였다. 각 제후들의 이러한 학정은 제후들이 자신의 사리사욕을 추

17) 『孟子』, 「梁惠王下」, “殺其麋鹿者如殺人之罪. 則是方四十里, 爲阱於國中. 民以爲大, 不亦宜乎.”

18) 『孟子』, 「梁惠王下」, “凶年饑歲, 君之民老弱轉乎溝壑, 壯者散而之四方者, 幾千人矣.”

19) 『孟子』, 「公孫丑上」, “民之憔悴於虐政, 未有甚於此時者也.”

구한 결과로서,[20] 만일 “토지를 개척하여 진나라와 초나라에 조회를 받고 중원에 군림하여 사방의 오랑캐를 어루만지는”[21] 등과 같이 큰 야망을 가진 제후일 경우 백성들에 대한 착취의 정도는 “집의 높이가 몇 길이나 되고 서까래 머리가 몇 자되고 …… 음식이 사방 한길 정도로 진열되며 시중드는 사람이 수백 명”[22]인 경지에 이르렀다.

맹자는 각 국의 제후들이 자행한 ‘학정’이 두 가지의 결과를 초래한다고 생각했다. 첫째 맹자는 이러한 제후들이 백성들을 희생시켜 만든 번영은 매우 취약한 것이라고 날카롭게 지적했다. 맹자는 추목공鄒穆公에게 다음과 같이 경고한다.

> 흉년이 들거나 기근이 든 해에 임금의 백성들이 노약자들은 도랑과 골짜기에 뒹굴고 장성한자들은 흩어져서 사방으로 간자가 몇 천 명이나 되는데도 임금님의 창고는 차있으며 재화를 넣어두는 창고는 가득하나 관리 가운데 그 사실을 보고한 자가 없었으니, 이는 윗사람들이 태만해서 아랫사람들을 해친 것입니다. 증자는 “경계하고 경계하라! 너에게서 나온 것은 너에게로 돌아간다.” 하였으니 대저 백성들은 지금 이후에야 갚을 수 있었습니다.[23]

20) 葉經柱,『孟子之民本主義』, 臺北, 正中書局, 1990년, 38쪽 참조.

21)『孟子』,「梁惠王上」, “欲辟土地, 朝秦楚, 蒞中國而撫四夷.”

22)『孟子』,「盡心下」, “堂高數仞, 榱題數尺, …… 食前方丈, 侍妾數百人.”

23)『孟子』,「梁惠王下」, “凶年飢歲, 君之民, 老弱轉乎溝壑, 壯者散而之四方者, 幾千人矣. 而君之倉廩實, 府庫充, 有司莫以告, 是上慢而殘下也. 曾子曰: ‘戒之! 戒之! 出乎爾者, 反乎爾者也.’ 夫民今而後得反之也.”

또한 맹자는 백성들을 잔인하게 학대하는 국가 역시 멸망하게 된다고 힘주어 주장을 한다.

> 자신의 백성에게 난폭하게 하는 것이 심하면 자신이 시해 당하고 나라가 망하며, 심하지 아니하면 자신이 위태롭게 되고 나라가 축소된다. 이름 붙이기를 유幽나 여厲라고 하게 되면 비록 효자와 자손이라도 영원히 고칠 수 없다. 『시경』에 "은나라가 거울삼아야할 것은 멀리 있지 않다. 하나라 시대에 있는 것이다."하였으니, 이것을 말한 것이다.[24)]

이렇게 백성들이 안심하고 살 수 없는 세태 속에서 맹자는 '왕자'가 곧 나타날 것이라고 확신을 한다.

맹자의 역사관은 왕자王者 → 천자天子 → 폭군暴君으로, 그리고 다시 폭군에서 왕자로 돌아가는 순환적인 구조를 가지고 있다. 맹자는 이러한 순환 속에서 왕자王者의 역할을 발휘하는 사람은 오백 년 만에 한 번 출현한다고 생각했는데, 이를테면 요堯 · 순舜 · 탕湯 · 문文 · 무武를 들었다.

> 요순堯舜으로부터 탕왕湯王에 이르기까지가 오백여 년이니, 우禹와 고요皐陶는 직접 보고서 그 도道를 알았고, 탕은 들어서 알았다. 탕으로부터 문왕에 이르기까지가 오백여 년이니, 이윤伊尹과 내주萊朱는 직접 보고서 알았고, 문왕은 들어서 알았다, 문왕

24) 『孟子』, 「離婁上」, "暴其民甚, 則身弑國亡. 不甚, 則身危國削. 名之曰: '幽厲'. 雖孝子慈孫, 百世不能改也. 詩云: '殷鑑不遠, 在夏后之世.' 此之謂也."

으로부터 공자에 이르기까지가 오백여 년이니, 태공망太公望과 산의생散宜生은 직접 보고서 알았고, 공자는 들어서 알았다. 공자로부터 그 이래로 오늘에 이르기까지가 백여 년이니, 성인聖人의 세대와의 거리가 이와 같이 멀지 않으며, 성인聖人이 거주한 곳과 가까운 것이 이와 같이 심하되, 그런데도 아무것도 없으니, 그렇다면 또한 아무것도 없을 것인가![25]

요순이 이미 별세하시니, 성인의 도가 쇠하여 폭군이 대대로 나와서 백성들의 집을 헐어서 웅덩이와 연못을 만들었으므로 백성들이 편안히 쉴 곳이 없었고, 밭을 버려 동산을 만들어 백성들로 하여금 입고 먹을 수 없게 만들었으며, 비뚤어진 학설과 포악한 행동이 또 일어나고, 동산 · 웅덩이 · 못 · 늪 등이 많아져서 짐승이 이르게 되어, 주紂의 시대에 이르러서는 천하가 또 크게 어지러워 졌다.[26]

맹자가 여기에서 묘사한 상대商代말기의 시대적 상황과 맹자가 직접 목격한 당시의 상황은 거의 비슷하며, 정도가 더 심한 경우에 대해 맹자는 다음과 같이 말했다.

---

25) 『孟子』, 「盡心下」, "由堯舜至於湯, 五百有餘歲. 若禹皐陶則見而知之, 湯則聞而知之. 由湯至於文王, 五百有餘歲. 若伊尹萊朱, 則見而知之, 若文王則聞而知之. 由文王至於孔子, 五百有餘歲. 若太公望散宜生, 則見而知之, 若孔子則聞而知之. 由孔子而來至於今, 百有餘歲, 去聖人之世若此其未遠也, 近聖人之居若此其甚也. 然而無有乎爾! 則亦無有乎爾!"

26) 『孟子』, 「滕文公下」, "堯舜旣沒, 聖人之道衰. 暴君代作, 壞宮室以爲汙池, 民無所安息; 棄田以爲園囿, 使民不得衣食. 邪說暴行又作, 園囿汙池, 沛澤多而禽獸至. 及紂之身, 天下又大亂."

주공周公이 무왕을 도와 주紂를 죽이고 엄奄나라를 정벌한지 3년 만에 그 군주를 죽이고 비렴飛廉을 바다 모퉁이로 몰아내어 죽이니, 멸망시킨 나라가 50개였고, 범 · 표범 · 코뿔소 · 코끼리를 몰아내어 멀리 쫓으니, 천하가 크게 기뻐하였다.[27]

맹자가 언급한 바에 의하면 주공과 무왕이 멸망시킨 나라는 상나라뿐만 아니라 50개국이 더 있었다. 그러므로 맹자의 입장에서 보면 백성들을 학대하는 정치를 하고 천하를 큰 혼란 속으로 빠뜨리는 제후 · 대부大夫들은 모두 반드시 '왕자'에 의해서 소멸될 대상들이었다.

그렇다면 과연 누가 '왕자'가 될 자격이 있는 것인가? 바꿔 말하면 어떠한 정치를 실행해야만 비로소 '왕자'가 될 수 있는 것인가. 이러한 물음에 대해 맹자의 대답은 매우 간단하다. 즉 왕도정치를 실행하는 자이다. 왕도정치는 '인정仁政'이라고 말할 수 있다. 그럼 도대체 맹자가 제창하는 '인정'이란 과연 어떠한 정치형태를 의미하는 것인가?

4. 구체적인 개혁방안

맹자의 정책 시행에 관한 청사진은 「양혜왕」 · 「공손추」 등 여러 곳에서 찾아볼 수 있는데, 맹자와 양혜왕 · 제선왕의 대화 속

27) 『孟子』, 「滕文公下」, "周公相武王, 誅紂伐奄, 三年討其君, 驅飛廉於海隅而戮之, 滅國者五十; 驅虎豹犀象而遠之, 天下大悅."

에서 다음의 세 가지 방향으로 귀납할 수 있다.

> 제선왕이 맹자에게 "제환공과 진문공의 일을 들을 수 있겠습니까?"라고 묻자, 맹자가 "중니의 제자들은 제환공과 진문공의 일을 언급하지 않습니다. 이 때문에 후세에 전해지는 것이 없으니, 소신이 아직 듣지 못했습니다. 그만두지 말라고 하신다면 왕도를 말하겠습니다."라고 대답했다. 다시 제선왕이 "덕이 어떠하면 왕도를 실행할 수 있습니까?"라고 묻자, 맹자가 "백성을 보호하고 왕도를 실행한다면 이를 막을 수 있는 사람이 없습니다."라고 대답했다.[28]

> 농사철을 어기지 않게 하면 곡식을 이루 다 먹을 수 없으며, 촘촘한 그물을 웅덩이와 연못에 넣지 않으면 물고기와 자라를 모두 다 먹을 수 없으며, 도끼를 알맞은 때에 산림山林에 들여놓으면 재목을 모두 다 쓸 수 없을 것입니다. 곡식과 물고기와 자라를 모두 다 먹을 수 없으며, 재목을 모두 다 쓸 수 없으면 이는 백성으로 하여금 산사람을 봉양하고 죽은 사람을 장사 지내는데 유감이 없게 하는 것이니, 산사람을 봉양하고 죽은 사람을 장사 지내는데 유감이 없도록 하는 것이 왕도의 시작입니다.[29]

> 집 주변 다섯 무의 토지에 뽕나무를 심으면 50세 된 자가 비

28) 『孟子』, 「梁惠王上」, "齊宣王問曰: 齊桓晉文之事, 可得聞乎? 孟子對曰: 仲尼之徒, 無道桓文之事者, 是以後世無傳焉, 臣未之聞也. 無以, 則王乎. 曰: 德何如, 則可以王矣? 曰: 保民而王, 莫之能禦也."

29) 『孟子』, 「梁惠王上」, "不違農時, 穀不可勝食也; 數罟不入洿池, 魚鼈不可勝食也; 斧斤以時入山林, 材木不可勝用也. 穀與魚鼈不可勝食, 材木不可勝用, 是使民養生喪死無憾也. 養生喪死無憾, 王道之始也."

단옷을 입을 수 있으며, 닭·돼지·개·큰 돼지를 기르는데 번식시기를 놓치지 않으면 70세 된 자가 고기를 먹을 수 있으며, 백무의 밭에 농사지을 시기를 빼앗지 아니하면 몇 식구의 집안이 굶주림을 피할 수 있으며, 상서庠序의 가르침을 신중히 하고, 거듭하기를 효제孝悌의 도리로써 한다면, 머리가 반백이 된 자가 도로에서 지거나 이지 않을 것입니다. 70세 된 자가 비단옷을 입고 고기를 먹으며, 일반백성들이 굶주리지 않고 춥지 않게 되고서도 왕도정치를 하지 못하는 자는 있지 않습니다.[30]

위에 서술된 내용의 핵심은 다음과 같다.

① 전쟁의 재해로부터 백성들을 보호함. -保民[31]
② 백성들의 주식住食을 보장하여 촌락공동체를 재생시킴. -養民[32]
③ 백성들을 교화시켜 이상적인 공동체를 창조함. -教民[33]

먼저, 보민保民에 대하여 살펴보도록 하겠다.

맹자는 당시의 제후들이 일으킨 전쟁에 의해 죽은 백성들에 대해 매우 동정적인 태도를 갖는다. 그래서 그는 제후들에게 경

30) 『孟子』, 「梁惠王上」, "五畝之宅, 樹之以桑; 五十者可以衣帛矣; 雞豚狗彘之畜, 無失其時, 七十者可以食肉矣; 百畝之田, 勿奪其時, 數口之家, 可以無飢矣. 謹庠序之教, 申之以孝悌之義, 頒白者不負戴於道路矣. 老者衣帛食肉, 黎民不飢不寒, 然而不王者, 未之有也."

31) 劉鄂培, 『孟子大傳』, 北京, 清華大學出版社, 1998년, 202쪽 참조.

32) 蔡仁厚, 『孔孟荀哲學』, 臺北, 學生書局, 1990년, 313~314쪽 참조.

33) 許宗興, 『孟子的哲學』, 臺北, 臺灣商務印書館, 1989년, 268쪽 참조.

고를 할 뿐만 아니라 학정 속에서 신음하고 있는 백성들에게 제후들에 대하여 반항할 수 있는 가능성을 언급함과 동시에 "타인의 불행을 보고 참지 못하는 마음不忍人之心"을 새롭게 정의하는 것으로부터 즉 '인仁'의 관점으로부터 제후들에게 생명의 소중함을 일깨운다.

> 양혜왕이 "과인은 마음을 편안히 해서 가르침을 받들기를 원합니다."라고 하자, 맹자가 "사람을 죽임에 몽둥이와 칼날을 사용하는 것이 차이가 있습니까?"라고 물었다. 양혜왕이 "차이가 없습니다."라고 대답했다. 다시 맹자가 "사람 죽이기를 칼과 정치를 가지고 하는 것에 차이가 있습니까?"라고 묻자, 양혜왕이 "차이가 없습니다."라고 대답했다. 그러자 맹자가 "(왕의)푸줏간에는 살진 고기가 있고, 마구간에는 살찐 말이 있으면서, 백성들은 굶주린 기색이 있고 들에는 굶어 죽은 시체가 있다면, 이것은 짐승을 몰아서 사람을 잡아먹게 한 것입니다. 짐승끼리 서로 잡아먹는 것도 사람들은 미워하는데, 백성들의 부모가 되어 정치를 행하되 짐승을 몰아서 사람을 잡아먹게 하는 것에서 벗어나지 못한다면 백성들의 부모라고 할 수 있겠습니까? 중니仲尼께서 말씀하시기를 처음으로 토용俑을 만든 자는 후손이 없을 것이다. 하셨으니, 사람을 본떠서 사용하였기 때문입니다. 그런데 도대체 무엇 때문에 백성들을 굶어 죽게 만듭니까?"라고 했다.[34)]

34) 『孟子』, 「梁惠王上」, "梁惠王曰: 寡人願安承教. 孟子對曰: 殺人以挺與刃, 有以異乎? 曰: 無以異也. 以刃與政, 有以異乎? 曰: 無以異也. 曰: 庖有肥肉, 廏有肥馬; 民有飢色, 野有餓莩; 此率獸而食人也! 獸相食, 且人惡之; 爲民父母行政, 不免於率獸而食人, 惡在其爲民父母也? 仲尼曰: '始作俑者, 其無後乎!' 爲其象人而用之也. 如之何其使斯民飢而死也?"

맹자는 제선왕이 희생에 쓰일 소를 동정하는 것을 찬양하며 "소신은 본래 왕이 차마 그렇게 하지 못한 것을 알고 있습니다." 라고 언급한 후에, 다시 제선왕을 일깨워 "지금 은혜가 금수에게까지 미치지만 그 효과가 백성에게 이르지 아니하는 것은 도대체 무슨 이유 때문입니까?"[35] 라고 했다. 또한 양혜왕의 '불인不仁'에 대해서 맹자는 매서운 비판을 한다.

> 불인不仁하도다 양혜왕이여! 인자仁者는 그 사랑하는 것으로써 그 사랑하지 아니하는 것에까지 파급시키고, 불인한 사람은 그 사랑하지 아니하는 것으로써 그 사랑하는 것에까지 파급시킨다. 공손추가 "무슨 말씀이십니까?"라고 묻자, 맹자가 "양혜왕이 토지 때문에 그 백성을 썩어문드러지게 하면서 싸우게 하였다가 크게 패하고는, 곧 복수하려고 하되, 이기지 못할까 두려워하였기 때문에 그 사랑하는 자제를 전쟁터로 내몰아서 죽게 했으니, 이것을 그 사랑하지 아니하는 것으로써 그 사랑하는 것에까지 파급시킨다고 하는 것이다."라고 대답했다.[36]

맹자는 진일보하여 제후들에게 임의로 전쟁을 일으키지 말 것을 호소하는데, 그는 양혜왕의 "천하가 어떠한 상태에서 안정되겠습니까?"라는 질문에 대해 "사람 죽이기를 좋아하지 아니하는 자가 하나로 통일할 수 있을 것입니다."라고 대답하며, 또한

35) 『孟子』, 「梁惠王上」, "今恩足以及禽獸, 而功不至於百姓者, 獨何與?"

36) 『孟子』, 「盡心下」, "不仁哉, 梁惠王也! 仁者以其所愛, 及其所不愛; 不仁者以其所不愛, 及所愛. 公孫丑曰: 何謂也? 梁惠王以土地之故, 糜爛其民而戰之, 大敗, 將復之, 恐不能勝, 故驅其所愛子弟以殉之. 是之謂以其所不愛, 及其所愛也."

「고자하」, 「이루상」의 두 곳에서 말하기를 "백성을 가르치지 아니 하고서 (전쟁에)쓰는 것을 백성에게 재앙을 입히는 것이라고 한다.", "땅을 다투어 싸워서 사람들을 들에 가득하게 죽이며, 성을 다투어 싸워서 사람을 성에 가득하게 죽이는 것에 있어 서랴! 이는 이른바 토지를 거느려 사람의 고기를 먹게 하는 것이다." 즉 맹자는 양나라와 제나라를 '전국칠웅戰國七雄'중의 강대국으로 여기고 양혜왕 및 제선왕에게 주동적으로 전쟁을 일으키지 말 것을 권고하여 천하에 평화가 회복되는 가운데 보민保民의 목적을 이룰 수 있다고 보았다.[37]

그렇다면 약소국의 상황은 어떠한가? 그들이 주동적으로 전쟁을 일으키지 않는다고 하여도 늘 임전태세를 갖추어야 하는데 그것은 강대국이 수시로 약소국을 침략할 가능성이 있기 때문이었다. 송나라・등나라 등과 같은 약소국의 우려는 바로 이점에 있었던 것이다. 이러한 약소국 제후들의 우려에 대해 맹자는 세 가지의 처방을 내놓는다. 이때 우리는 이러한 처방들 사이에 첨예한 긴장관계가 존재함을 발견할 수 있다.

첫째는 왕도정치를 지속적으로 펴나가는 것이다. 우리는 잠시 맹자와 만장萬章의 대화를 살펴보지 않을 수 없다. 만장이 "송나라는 약소국입니다. 이제 장차 왕도정치를 행하려하니, 제나라와 초나라가 그것을 싫어하여 공격하면 어떻게 합니까?"[38]라고 한 질문은 매우 당연한 문제 제기였다. 이에 대하여 맹자는 우

37) 郎擎霄, 『孟子學案』, 上海, 商務印書館, 1928년, 98쪽 참조.

38) 『孟子』, 「滕文公下」, "宋, 小國也. 今將行王政, 齊楚惡而伐之, 則如之何?"

선 탕왕이 갈백葛伯을 정벌한 이야기를 인용한 후에 충만한 자신감으로 다음과 같이 말한다.

> 왕도정치를 하지 않는다고 하면 그 뿐이거니와, 진실로 왕도정치를 행한다면 사해四海 안의 모든 사람들이 머리를 들고 우러러 볼 것이며 군주를 삼고자 할 것이니, 제나라와 초나라가 비록 크지만 무엇을 두려워하겠는가![39]

위의 인용문을 통해서 알 수 있듯이 맹자는 만장의 질문에 정면으로 대답하지 않는다. 만장이 한 질문의 핵심은 "만약 제나라와 초나라가 송나라를 공격한다면 어떻게 합니까?"에 있었으며, 맹자의 대답은 "왕도정치를 실행하기만 한다면 제나라와 초나라의 공격을 두려워 할 필요가 없다"는 것이었다. 이러한 맹자의 대답은 양혜왕과 제선왕에게 말한 것과 같은 맥락으로 매우 낙관적인 가설에 기초한 것으로 약소국이 처한 곤경을 직시한 것이 아니라고 할 수 있는 것이다.

둘째는 왕도정치를 시행하면서 한편으로는 강대국에 순종하는 것이다.

> 천하에 도道가 있을 때는 덕이 작은 사람이 덕이 큰 사람에게 부림을 받고 조금 현명한 사람이 크게 현명한 사람에게 부림을 받는다. 천하에 도가 없을 때는 작은 사람이 큰 사람에게 부림

39) 『孟子』, 「滕文公下」, "不行王政云爾. 苟行王政, 四海之內, 皆擧首而望之, 欲以爲君; 齊楚雖大, 何畏也!"

> 을 받고 힘이 약한 사람이 센 사람에게 부림을 받는다. 이 두 가지는 하늘天이니, 하늘을 따르는 자는 살고 하늘을 거스르는 자는 죽는다. 제경공이 말하기를 "이미 명령할 수 없으니, 또한 명령을 받지 아니하면 이는 남과의 관계를 끊는 것이다."하고는 눈물을 흘리면서 오나라에 딸을 시집보냈다. 지금 약소국이 강대국의 소행을 본받으면서 명령받는 것을 부끄러워 하니, 이는 제자이면서 스승에게 명령받는 것을 부끄러워하는 것과 같다. 만일 그것을 부끄러워한다면 문왕을 본받는 것만 못하니, 큰 나라는 5년, 작은 나라는 7년이면 반드시 천하에서 다스리게 될 것이다.[40]

위의 인용문에서 맹자가 언급한 "문왕의 정치文王之政"를 "약소국이 강대국에게 순종하는 한편, 다른 한편으로는 왕도정치를 실행하면 7년 후에는 천하에서 호령할 수 있다."로 해석할 수 있는데, 이는 왕도정치를 시행하고 다시 강대국에게 복종한다는 것이기 때문에, 이러한 정책의 청사진은 첫 번째 청사진과 비교할 때 약간은 실제적인 요소가 있다고 할 수 있다. 그러나 "왕도정치를 시행하는 한편 강대국에게 복종한다."면 과연 강대국의 침략을 피할 수 있는 것인가? 등문공은 왕도정치를 시행해야 하는 한편 강대국에게 복종해야만 하는 어려움 속에서 어쩔 수 없음을 통감하면서, 맹자에게 "등나라는 약소국입니다. 힘써 강대

40) 『孟子』, 「梁惠王下」, "天下有道, 小德役大德, 小賢役大賢; 天下無道, 小役大, 弱役强, 斯二者, 天也. 順天者存, 逆天者亡. 齊景公曰: '旣不能令, 又不受命, 是絶物也.' 涕出而女於吳. 今也, 小國師大國, 而恥受命焉, 是猶弟子而恥受命於先師也. 如恥之, 莫若師文王. 師文王, 大國五年, 小國七年, 必爲政於天下矣."

국을 섬기지만 침략을 면할 수 없으니, 어떻게 해야 합니까?"[41] 라고 묻자, 맹자는 즉시 영토를 버리고 도주하라고 대답했다.

> 적인狄人들이 원하는 것은 우리의 토지다. 내가 들으니 군자는 사람을 기르기 위한 것을 가지고 사람을 해치지는 아니한다고 하였다. 여러분들은 임금이 없다고 무슨 걱정이겠는가? 나는 장차 떠나리라.[42]

셋째로 맹자는 등문공에게 무력으로서 강대국의 침략에 대항할 것을 건의한다. 위의 인용문에 이어서 맹자는 다음과 같이 말했다.

> 어떤 이는 말하기를, "대대로 지켜오는 것이므로 자신이 마음대로 할 수 있는 것이 아니니, 죽음을 바치더라도 떠나지 말라." 하니, 임금께서는 이 두 가지 중에서 선택하소서.[43]

위의 인용문에서 "죽음을 바치더라도 떠나지 말라"에 관해서 맹자는 그 구체적인 내용을 설명한다.

---

41) 『孟子』, 「梁惠王下」, "滕, 小國也. 竭力以事大國, 則不得免焉. 如之何則可?"

42) 『孟子』, 「梁惠王下」, "狄人之所欲者, 吾土地也. 吾聞之也, 君子不以其所以養人者害人, 二三子何患無君, 我將去之."

43) 『孟子』, 「梁惠王上」, "或曰: '世守也, 非身之所能爲也, 效死勿去.' 君請擇於斯二者."

> 등문공이 물었다. "등나라는 작은 나라로 제나라와 초나라 사이에 끼여 있으니, 제나라를 섬길까요? 초나라를 섬길까요?" 맹자께서 대답했다. "이러한 계책은 내가 미칠 수 있는 바가 아닙니다. 그만두지 말라고 한다면 하나의 방법이 있으니, 성벽 주위에 해자를 파고 성벽을 높게 쌓아 백성과 함께 지켜서 죽음을 바치더라도 백성들이 떠나가지 않는다면 이는 해볼 만합니다.[44]

결국 강대국의 침략을 방어하기 위해서 약소국의 제후는 반드시 백성을 동원하여 국가를 방위해야만 하는 까닭에 백성들은 역시 전쟁터로 내몰려 죽게 된다. 비록 이러한 것이 맹자가 지적한 '침략전쟁'은 아닐 지라도, 우리가 '보민保民'의 관점을 고려한다면 맹자 왕도정치사상 중에 있어서 '보민'이상은 곧 중대한 딜레마에 빠지게 된다. 맹자의 '보민'이상의 딜레마는 이곳에만 있는 것은 아니다. 우리는 맹자가 철저한 '반전주의자'가 아니라는 사실을 주의해야만 한다. 즉 맹자는 상나라 탕왕·주나라 무왕의 정복전쟁을 적극적으로 긍정했다는 것이다. 다시 말하면 맹자가 주공周公이 50개국을 멸망시킨 정복전쟁을 "천하가 크게 기뻐했다"고 찬양한 사실이 그것이다. 그러나 물론 전쟁을 일으킨 대의大義가 어떠하던 지간에 이러한 큰 전쟁이 발생한다면, 결국은 맹자가 제창한 '보민'은 하나의 공허한 구호에 불과한 것으로 변하게 된다.

---

44) 『孟子』, 「梁惠王下」, "滕文公問曰: 滕, 小國也, 閒於齊楚. 事齊乎? 事楚乎? 孟子對曰: 是謀非吾所能及也. 無已, 則有一焉: 鑿斯池也, 築斯城也, 與民守之, 效死而民弗去, 則是可爲也."

맹자의 '양민養民'이상의 구체적인 내용은 다음과 같이 세 가지로 나누어볼 수 있다. 즉 토지제도의 확립과 산림·호수자원에 대한 개방 및 상업의 진작과 교통의 활성화이다.

일반적으로 맹자의 토지정책은 맹자의 '양민'이상의 핵심부분일 뿐만 아니라 전체 유가정치사상의 정화로 이해되어진다. 특히 그 정책의 청사진을 '정전제도井田制度'라고 부르는데, 이는 이후의 역대왕조의 정책 가운데 영원히 실현되지 않은 이상 속의 토지제도로 되었다.

춘추시대이전의 맹자가 언급한 정전제도의 존재여부 문제에 관해서는 일찍이 많은 학자들이 언급 하였으나 현재에 이르기까지 아직 정론이 없는 상황이다. 이러한 문제에 대한 학자들의 견해는 대략 세 가지로 귀납될 수 있는데, 하나는 맹자가 언급한 정전제도가 맹자 이전에 확실히 존재했었다는 견해(전목錢穆·양관楊寬)이고, 다른 하나는 일정한 조건 속에서 정전제도는 이미 존재할 수 있었다고 하는 견해(후가구侯家駒)이고, 또 다른 하나는 정전제도의 대부분은 맹자 자신이 구상한 것이라는 견해(제사화齊思和)이다.[45] 여기에서는 맹자 이전에 정전제도가 존재했었는지의 문제에 대하여 서주시대 전체의 토지제도를 어떻게 평가해야 하는 것에 관련된 큰 문제이기 때문에 언급을 피하겠으며, 다만 정전제도의 주요한 내용인 '양민'이상이 어떻게 당시

---

45) 錢穆, 『國史大綱』, 卷上, 臺北, 臺灣商務印書館, 1991년, 58~65쪽; 楊寬, 『古史新探』, 北京, 中華書局, 1965년, 111~134쪽; 侯家駒, 「井田叢考」, 『大陸雜誌』, 卷67, 第3期, 臺北, 1972년 11~30쪽; 齊思和, 『中國史探研』, 臺北, 弘文館, 1985년 169~183쪽 참조.

의 사회문제에 반영되는지, 그리고 맹자가 내놓은 이러한 이상의 목적이 어떤 것인가의 문제에 관해서만 논급하겠다.

정전제도는 맹자가 등문공이 제기한 '위국爲國'의 질문에 대한 대답으로 내놓은 정책의 청사진이다. 당시 맹자가 이러한 정책의 청사진을 내놓은 목적은 첫째 "일정한 재산을 가지지 아니한 자는 일정한 마음을 갖지 못하는 것이니, 진실로 일정한 마음을 갖지 못하면, 방자함·편벽됨·사악함·호화스러움을 하지 아니하는 것이 없다."[46]와 둘째 "폭군과 더러운 관리들은 반드시 그 경계를 다스리는 일을 게을리 한다."[47] 등의 문제를 해결하기 위해서와 농민들이 "죽거나 이사를 하더라도 고향을 벗어남이 없게 되면 고향 땅의 정지를 함께 하는 자들이 출입할 때 서로 벗하며, 지키고 망볼 때 서로 도우며 질병이 있을 때 서로 돌볼 것이다."[48]와 같은 생활을 실현하여 "백성들이 친목하게 되는" 이상을 달성하기 위해서 이다. 이러한 정전제도의 내용에 대하여 맹자가 내놓은 정책의 청사진은 다음과 같이 매우 분명하다.

> 사방 1리가 되면 정지가 되는 것이니, 9백무를 정자로 나누어 그 가운데가 공전이 된다. 여덟 집에서 모두 백무씩을 사전으로 받는데, 함께 공전을 가꾸어 공전의 일이 끝난 뒤에 감히 사전의 일을 다스리게 되는 것이니 야인을 구별하기 위한 것이다.[49]

---

46) 『孟子』, 「滕文公上」, "無恒産者, 無恒心, 苟無恒心, 放辟邪侈無不爲已."
47) 『孟子』, 「滕文公上」, "暴君汙吏, 必慢其經界."
48) 『孟子』, 「滕文公上」, "死徙無出鄉, 鄉田同井, 出入相友, 守望相助, 疾病相扶持."

위에서 서술한 맹자 정전제도의 목적과 내용을 분석하면 다음과 같은 사실을 발견할 수 있다.

첫째로 정전제도가 의도하는 바는 여덟 가구를 기층 단위로 한 촌락공동체를 회복하여 농민의 기본생활을 확보한다는 것이다.

둘째로 "여덟 식구의 집", "여덟 가구 모두 백무의 땅을 소유함", "남는 이십오 무"의 문구에서 맹자의 정전제도는 한 부부의 소가족을 전제로 하여 설계되었다는 사실이다.

이와 같이 보면 우리는 맹자 정전제도의 최종목표가 소가족위주의 촌락공동체를 회복하는데 있다고 생각할 수 있다. 만일 정전제도의 "사방1리가 되면 정지가 되는", "구백 무를 정자로 나누어"등의 형식적인 문제를 피해 언급하지 않는다면, 우리는 정전제도가 맹자의 허황된 말이 아니고 그가 당시의 소가족제도가 점차 형성되어 가는 역사적인 추세와 긴밀하게 배합하여 내놓은 개혁의 청사진이라고 말할 수 있을 것이다.

맹자의 '양민'이상의 두 번째 내용에 관해서는 그가 양나라와 제나라 등 강대국의 군주들에게 내놓은 이상적인 정책 속에 나타나 있다.

> 제선왕이 물었다. "문왕의 동산이 사방 70리라 하니 그러한 사실이 있습니까?" 맹자께서 대답했다. "전적에 그러한 것이 있습니다." 말하기를 "이와 같이 큽니까?" 말하기를 "백성들이 오히려 작다고 여겼습니다." 말하기를 "과인의 동산은 사방 40리

---

49) 『孟子』, 「滕文公上」, "方里而井, 井九百畝, 其中爲公田; 八家皆私百畝, 同養公田. 公事畢, 然後敢治私事. 所以別野人也."

임에도 불구하고 백성들이 오히려 크다고 여기는 것은 어째서 입니까?" 말하기를 "문왕의 동산은 사방 70리 인데 꼴 베고 나무하는 자들이 거기에 가며 꿩을 잡고 토끼를 잡는 자들이 거기에 가게 되어, 백성과 함께 소유 하였으니 백성들이 작다고 생각하게 된 것도 또한 마땅하지 않습니까? 제가 처음 국경에 이르러 나라에서 크게 금지시키는 것을 물은 연후에 감히 들어왔습니다. 내가 듣기에 교외의 관문 안에 동산 사방 40리가 있는데 그 동산의 사슴을 죽인 죄가 사람을 죽인 죄와 같다고 하니 이는 나라 가운데에 사방 40리의 함정을 만든 것이니, 백성들이 크다고 여기는 것이 당연하지 않습니까?[50]

위의 인용문에서 우리는 제나라의 "크게 금지시키는 것"이 모든 산림자원을 의미하는 것인지를 판단할 수 는 없으나, 당시 제나라가 산림자원의 관리에 대해서 매우 엄격했음을 알 수 있다.[51] 이러한 상황 속에서 백성들의 생활공간과 생계수단은 점차 새롭게 국가의 독점에 의해서 침해되어 가는 지경에 이르러 결과적으로 백성들은 납세와 부역의 고통을 감내 해야 할 뿐만

50) 『孟子』, 「梁惠王下」, "齊宣王問曰: 文王之囿, 方七十里, 有諸? 孟子對曰: 於傳有之. 曰: 若是其大乎? 曰: 民猶以爲小也. 曰: 寡人之囿, 方四十里, 民猶以爲大, 何也? 曰: 文王之囿, 七十里, 芻蕘者往焉, 雉兎者往焉, 與民同之; 民以爲小, 不亦宜乎? 臣始至於境, 問國之大禁, 然後敢入. 臣聞郊關之內, 有囿方四十里, 殺其麋鹿者, 如殺人之罪. 則是方四十里, 爲阱於國中; 民以爲大, 不亦宜乎?"

51) 「梁惠王下」에서 맹자가 "못이나 통발로 물고기 잡는 도랑에 대해 금지시키는 것이 없으며"라고 한 말을 고려한다면, "금지시키는 것이 없는"다는 말은 '사슴' 등 큰 동물을 포함할 뿐만 아니라 또한 마땅히 많은 산림자원을 포함 시켜야한다.

아니라 산림자원을 이용할 수 있는 권리마저도 박탈당하게 된다. 그러므로 농사에 의지하는 농민들은 흉년이 들게 되면 당연히 노약자들이 굶어죽어 구덩이에 뒹구는 상황이 발생하게 되는 것이다. 맹자는 군주들이 산림자원을 독점하여 백성들이 동산에 들어가는 것을 제한하는 것은 함정과 다르지 않다고 생각한 것이다.

'양민'이상의 세 번째 내용은 곧 상업정책에 관련된 것이다. 맹자가 상업정책에 관하여 언급한 부분은 많지는 않지만 상업사상에 관계되는 것으로 보여 지는 부분은 다음과 같다.

> 시장에서 점포 세만 받고 물품 세를 받지 않거나 관리만 하고 점포세도 받지 않으면 천하의 상인들이 모두 기뻐하여 그 시장에 장사하기를 원할 것이다. 관문에서 살피기만 하고 통관세를 받지 않으면 천하의 여행자들이 모두 기뻐하여 그 도로를 이용하고자할 것이다.[52)]

여기에서 맹자는 상인의 증가는 국가발전에 장애가 되지 않는 것으로 생각한 것처럼 보여 진다. 만일 맹자의 이러한 생각을 '자유경제사상'[53)]이라 하고 당시의 상업을 천시하던 사회적 풍조와 비교해 본다면 그 관점은 당시의 사회경제 전반에 대한 종합적인 판단을 통해서 체득한 결과라고 할 수 있다. 맹자의 상

---

52) 『孟子』, 「公孫丑上」, "市, 廛而不征, 法而不廛, 則天下之商, 皆悅而願藏於其市矣; 關, 譏而不征, 則天下之旅, 皆悅而願出於其路矣."

53) 侯家駒, 『先秦自由經濟思想』, 臺北, 聯經出版事業公司, 1985년, 63쪽 참조.

업에 대한 중시는 당시 머물렀던 제나라의 수도인 임치臨淄가 상업발달의 중심지였던 것과 관련 있다.

'교민教民'이상 역시 맹자 왕도정치사상의 중요한 내용의 하나인데 이러한 이상이 후대에 더욱 발전하여 '교화사상'이 되며 동시에 백성을 교화시키는 효과로 인해서 역대왕조에서 선정善政을 실행하는 중요한 지표로 평가되어 왔다.

맹자가 언급한 '교민'이상의 부분은 다음과 같다.

> 그 농사지을 때를 빼앗지 아니하면 몇 식구의 집안이 굶주림이 없을 수 있으며, 상서의 가르침을 신중히 하고 거듭나기를 효제의 의리로써 한다면 머리가 반백이 된 자가 도로에서 지거나 이지 않을 것입니다.[54]

> 상庠과 서序 학學과 교校를 설치하여 가르쳤으니, 상은 기른다는 뜻이고, 교는 가르친다는 뜻이며, 서는 활을 쏜다는 뜻입니다. 하나라에서는 교라 하였으며, 은나라에서는 서라 하였으며, 주나라에서는 상이라 하였으며 학은 삼대三代가 공통이었으니 모두 인륜을 밝히기 위한 것이었습니다. 인륜이 위에서 밝아지면 백성들이 아래에서 한마음이 됩니다. 왕자가 나타남이 있으면 반드시 와서 법을 취할 것이니, 이는 왕자의 스승이 되는 것입니다.[55]

---

54) 『孟子』, 「梁惠王上」, "勿奪其時, 數口之家可以無飢矣. 謹庠序之教, 申之以孝悌之養, 頒白者不負戴於道路矣."

55) 『孟子』, 「滕文公上」, "設爲庠序學校以教之 庠者, 養也. 校者, 教也. 序者, 射也. 夏曰校, 殷曰序, 周曰庠, 學則三代共之, 皆所以明人倫也. 人倫明於上, 小民親於下. 有王者起, 必來取法, 是爲王者師也."

백성을 가르치지 아니하고서 (전쟁에)쓰는 것을 백성에게 재앙을 입히는 것이라고 한다.[56)]

좋은 정치善政는 백성들의 재물을 얻고 좋은 교화善教는 백성들의 마음을 얻는다.[57)]

군자가 가르치는 방법이 다섯 가지이니, 단비가 내려 일시에 만물을 소생시키듯이 하는 것이 있으며, 덕을 이루게 하는 것이 있으며, 재질을 통달하게 하는 것이 있으며, 물음에 답하는 것이 있으며, (직접 가르치지 않고)사적私的으로 잘 도야하게 하는 것이다. 이 다섯 가지는 군자가 가르치는 방법이다.[58)]

이상과 같이 맹자에게 있어서의 '교教'는 도덕교육의 '교'임을 알 수 있다. 이러한 '교'의 의미는 『논어』에도 있는데, 만일 "공자는 네 가지로 가르친다."는 말을 "공자가 제자들에게 가르치는 네 가지 내용"으로 해석한다면, 공자가 가르치는 주요한 대상은 피통치계층의 백성들을 포함하지 않고 그의 제자들에게만 국한된 것처럼 보인다. 또한 이 문장 속에서는 교육내용 역시 새로운 형태의 국가행정 업무와 관련된 인재의 지식과 행동규범을 배양시키는 것과 관련 있는 것처럼 보인다. 그렇다면 초기유가에서는 모든 백성들에 대한 교육을 부정하는 것인가? 『논어』,

56) 『孟子』, 「告子下」, "不教民而用之, 謂之殃民."
57) 『孟子』, 「盡心上」, "善政得民財, 善教得民心."
58) 『孟子』, 「盡心上」, "君子之所以教者五. 有如時雨化之者, 有成德者, 有達財者, 有答問者, 有私淑艾者. 此五者, 君子之所以教也."

「술이」에 있는 "속수束脩의 예를 행한 자에서부터 그 이상은 내 일찍이 가르쳐주지 않은 적이 없다."라고 하는 언급을 고려한다면 초기유가에서는 농민 등의 피통치계층의 사람들을 받아 들였음을 알 수 있다. 그러나 이러한 사실로써 초기유가가 모든 백성들에게 광범위하게 교육을 확대하려는 의도를 가지고 있었다고 추론할 수 있는 것일까? 설사 우리가 『논어』, 「자로」에서 공자가 염유冉有에게 말한 "그것을 가르친다教之"의 '교教'자가 '교련教鍊'의 의미를 갖고 있을 뿐만 아니라 '도덕교육'의 의미도 포함하고 있다고 인정해도, 역시 초기유가가 진정으로 모든 백성들에게 교육을 확대하려는 의도를 가지고 있었는지에 대해서는 의심의 여지가 남는다. 이러한 문제에 대해 『논어』, 「양화」의 한 장이 단서를 제공한다.

> 공자가 무성武城에 가서 현악에 맞추어 부르는 노래 소리를 들었다. 공자가 빙그레 웃으며 말했다. "닭을 잡는데 어찌 소 잡는 칼을 쓰느냐?" 자유子游가 대답했다. "전에 제가 선생님께 듣자오니, 군자가 도를 배우면 남을 사랑하고, 소인이 도를 배우면 부리기가 쉽다고 하셨습니다." 공자가 말했다. "언偃의 말이 옳다. 좀 전에 한말은 농담이다."

만일 공자와 자유의 대화 내용이 무성에 대한 '교화'(풍속을 개정함)에 관련된 것이라면, 자유가 한 한마디의 말을 주의해야 한다. 즉 "소인이 도를 배우면 부리기 쉽다." 이것뿐 아니라 공자는 자유의 의견에 전적으로 동조하는데, 이는 초기유가가 일반 백성에 대해서 교육을 시행할 때 통치자로서 공리주의적인 성향이 짙었음을 의미한다.

위의 관점에 비춰볼 때 맹자의 '교민'이상에서 주의할만한 가치는, 맹자의 '교'의 대상은 그의 제자나 문인에만 국한되지 않고 가장 기층인 빈궁한 농촌공동체에 까지 확대한 것이라는 사실이다. 이는 곧 맹자의 '교민'이상이 모든 백성들을 교육시키기 위해 설계된 것이라고 말할 수 있다. 그렇다면 맹자의 교육이상이 초기유가의 공리주의적 성향을 완전히 탈피한 것이라고 말할 수 있을까? 사실 우리는 맹자의 교육이상 속에 공리주의적인 요소가 전혀 없다고는 말할 수 없다. 그러나 『맹자』, 「양혜왕상」에 있는 "상서의 가르침을 신중히 하고 거듭하기를 효제의 의리로써 한다면"과 뒤이어 "머리가 반백이 된 자가 도로에서 지거나 이지 않을 것이다."라고 한 언급 속에서 우리는 맹자의 '교민'이상의 주요목적이 도덕을 회복하는데 있으며 또한 붕괴하고 있는 농촌 기층공동체의 윤리질서를 재건하는데 있다고 할 수 있다. 이와 같이 볼 때 맹자가 내놓은 '교민'이상 추진의 정책 청사진은 확실히 시대를 초월한 보편적인 가치가 있는 것이다.

5. 맺는 말

지금까지 살펴본 내용은 유가정치이상의 정수라고 할 수 있는 왕도정치사상 이었다. 맹자에게 있어서의 '왕' 개념은 기본적으로 춘추시대 이래의 '왕' 개념을 계승하여 통치자에게 있어서의 도덕과 행동상의 최고 경계를 말하는 것이며, 또한 이러한 각도에서 본다면 맹자의 '왕'은 곧 일종의 맹자 자신의 사유의 결과라는 것이다.

또한 맹자는 당시의 사회현실을 일반 민중들의 생활 상태를 통해서 분석했는데, 전국시대의 사회는 기층촌락이 붕괴의 위기에 처한 상황으로 특히 흉년이 들었을 때 일반 민중들의 삶이 철저하게 파괴되는 원인을 과중한 세금과 노역 · 전쟁에의 동원 그리고 산림과 호수 등 자연자원의 독점 때문이라고 보았다. 맹자는 이렇게 각 국의 제후들이 자행한 학정은 다음과 같은 결과를 초래한다고 생각했다. 즉 이렇게 제후들이 일반 민중들을 희생시켜 만든 번영은 매우 취약한 것이며 심지어는 국가의 멸망을 가져온다고 지적하였다. 또한 이러한 상황 즉 백성들이 안심하고 살 수 없는 세태 속에서 맹자는 '왕자'가 나타날 것이라고 확신했다.

그리고 맹자는 이러한 시대의 상황을 종식시킬 수 있는 구체적인 정책대안을 내놓는데, 첫째로는 전쟁의 재해로부터 백성들을 보호한다고 하는 '보민'정책으로, 제후들에게 임의로 전쟁을 일으키지 말 것을 역설하여 천하에 평화가 회복되는 가운데 '보민'정책의 목적을 이룰 수 있다고 보았다. 둘째로는 백성들의 주식住食을 보장하여 촌락공동체를 재생시킨다고 하는 '양민'정책으로, 그 구체적인 내용은 토지제도의 확립을 통하여 백성들을 기근으로부터 벗어나게 하고 산림 · 호수 자원을 개방하여 백성들의 생활공간과 생계수단을 국가가 독점하지 않는 것이며 또한 상업의 진작과 교통의 활성화를 통해 사회경제를 발전시키는 것이었다. 셋째로 백성들을 교화시켜 이상적인 공동체를 창조한다고 하는 '교민'정책으로, 도덕의 회복을 통하여 붕괴하고 있는 농촌 기층공동체의 윤리질서를 재건한다는 것이다.

이상과 같이 맹자는 '보민'·'양민'·'교민'의 세 정책의 시행을 통해서 천하를 통일하는 것이 바로 왕도정치의 완성이라고 생각했다. 또한 맹자는 이러한 정책을 시행하여 달성한 제후를 '왕자王者'의 자격을 갖춘 것으로 보았다. 그러나 한 국가 내에서만 인정仁政을 실행해서는 왕도정치를 완성할 수 없는 것이라고 했는데, 이는 곧 '왕자'는 반드시 학정 속에서 고통 받고 있는 천하의 모든 백성들을 해방 시켜야 하기 때문이다. 맹자는 천하의 모든 백성들을 학정에서 해방시키는 것이 진정한 왕도정치의 완성 즉 천하통일天下統一로 보았다.

참고문헌

孫星衍,『尙書今古文注疏』, 平津館叢書本.

朱熹,『四書章句集注』, 海淵閣明刻本.

郎擎霄,『孟子學案』, 上海, 商務印書館, 1928년.

唐迪風,『孟子大義』, 北京, 北平直隷書局, 1931년.

李信言,『孟子政治思想及經濟思想』, 上海, 易社, 1938년.

楊寬,『古史新探』, 北京, 中華書局, 1965년.

侯家駒,『先秦儒家自由經濟思想』, 臺北, 聯經出版事業公司, 1985년.

許宗興,『孟子的哲學』, 臺北, 臺灣商務印書館, 1989년.

葉經柱,『孟子之民本主義』, 臺北, 正中書局, 1990년.

蔡仁厚,『孔孟荀哲學』, 臺北, 學生書局, 1990년.

錢穆,『國史大綱』, 卷上, 臺北, 臺灣商務印書館, 1991년.

黃俊傑 主編,『孟子思想的歷史發展』, 臺北, 中央研究院 中國文哲研究所籌備處, 1995년.

劉鄂培,『孟子大傳』, 北京, 淸華大學出版社, 1998년.

侯家駒,「井田叢考」,『大陸雜誌』, 卷67, 第3期, 臺北, 1972년.

近藤正則,「『讀余隱之尊孟辨』に見える朱子の孟子不尊周への對應」,『日本中國學會報』第33集, 日本中國學會, 1981년.

倉田信靖,「『孟子』の"春秋天子之事也"に就いて」,『日本中國學會報』第38集, 日本中國學會, 1986년.

제4장
순자의 정치사상

1. 시작하는 말

순자는 전국시대 말기의 사회문제 해결과 사회적 환경의 개선 및 사회의 발전을 견인할 수 있는 유일한 방법으로 정치적 조치를 들었다. 순자는 사회와 정치가 서로 영향을 주는 관계에 있는 것으로 보았기 때문에, 순자의 정치사상은 고대 중국의 정치사회학[1] 이론의 한 실마리라고 볼 수 있다.

순자가 세운 이론체계는 이성적 사유와 경험적 검증을 동시에 중시하는 것으로 목적과 수단이 하나로 녹아져 있기 때문에 그가 논의한 정치는 이론과 실천이 서로 대칭되어 있으며 이상과 실용이 함께 병행되어 있는 것이라고 할 수 있다. 그렇기 때문에 순자의 정치사상 속에는 유가와 법가의 사상이 하나로 관통

1) 沙亦群, 『意識形態與社會變遷』, 臺北, 巨流圖書公司, 1983년, 120~121쪽 참조.

되어져 있다고 할 수 있는 것이다.

순자는 먼저 국가의 기원을 현실적인 필요에 의해서 발생한 것으로 보는 한편 국가를 인간 사회가 발전함에 따라 나타나는 고도의 정치적 조직이라고 강조했다. 또한 이러한 정치조직의 실제적인 조처는 인력자원을 효율적으로 이용하여 경제적 이익을 합리적으로 분배하며 사회질서를 확실하게 제어하여 정치와 사회의 상호작용의 효과를 극대화시킴으로써 천하를 안정화 시킨다고 하는 이상을 완수하는 것에 있다고 할 수 있다.

그렇기 때문에 순자는 이러한 정치조직을 이끄는 군주가 올바른 도리에 의거해서 정치를 펼쳐나갈 것을 요구한다. 즉 군주가 수신을 바탕으로 국가를 통치하고, 국가의 이익을 증대하는 한편 손해를 최대한으로 줄여서 백성들 개개인이 충분하게 삶을 영위할 수 있도록 만들어 천하를 안정시켜야 한다는 것이다. 만약 그렇지 않다면 백성들은 '도'가 있는 군주를 선택하여 그에게 귀의할 권리가 있으며, 올바른 도리의 지극한 이치를 분명하게 드러냄으로써 군주를 제어해야 한다고 했다. 그러므로 순자의 사상체계 속에는 비록 혁명의 의미가 담겨져 있기는 하지만, 그 요지는 올바른 도리의 이치를 명확하게 드러내는 것에 있는 것으로 이를 통하여 군주와 백성들 상호작용 관계를 조화롭게 하는 것이 주된 목적이라고 할 수 있다. 즉 군주는 백성을 아끼고 사랑하며 백성들은 군주를 공경하여, 이를 서로가 위배하지 않을 때 '인도人道'의 지극함을 이룩하게 되는 것이다.

순자는 군주가 독재정치를 해서는 안 되고 반드시 신하와 관리들의 보좌를 받아야 만이 통치과업을 완성할 수 있다고 보았기 때문에 관료정치 시스템을 명확하게 계획했다.[2] 즉 순자는 정치조직의 구조적 분화와 업무분화를 기획함으로써 정치운용의 행정적 효율을 제고시키는 것을 통하여 정치이상의 실천적 조치를 실현하고자 했던 것이다.

순자는 만일 성왕에 의한 통치가 분명하게 실천된다면 군주의 자리가 세습되지 않을 것이라고 하는 한편 선양을 기대할 필요도 없다고 했다. 그는 다만 백성들의 마음이 귀의하게 되는 현명한 군주가 천자의 지위를 계승하여 그 통치의 대업을 이어갈 때 혼란은 종식된다고 보았다. 또한 순자는 만일 군대를 일으켜 서로가 분쟁을 일삼는 자들이 발생할 경우, 현명한 군주는 반드시 '인의仁義'의 덕을 근본으로 하여 백성들을 아끼고 사랑하는 마음으로 폭력과 온갖 해악을 금지시켜 성왕의 도를 유지발전시킴으로써 백성들의 평안을 도모한다고 했다.

이러한 성왕의 도는 예의와 법도의 제정에 있는 것이라고 할 수 있는데, 예의와 법도라는 것은 성인의 사고가 누적되어 형성되고 그 시스템이 완성되어진 세상을 통치하는 이치이자 백성들을 평안하게 만드는 제도라고 할 수 있다. 이 가운데 예의라는 것은 통치의 시작이며, 법도라는 것은 통치의 과정이라고 할 수 있으며 군자는 그러한 통치의 중심이라고 할 수 있는 것이다. 법도는 예의에서 기원하는 것이고, 예의는 군자에게서 기원하는 것이라고 할 수 있다. 이와 같은 세 가지가 상호 영향을 주고받는 보완 관계에 있는 것으로, 그러한 관계가 안정적일 때는 타

---

2) 陳鴻瑜, 『政治發展理論』, 西寧, 青海教育出版社, 1995년, 201쪽 참조.

당성을 얻게 되고 실천에 있어서도 실효를 거둘 수 있게 되어 결국은 순자가 언급한 '천생인성天生人成'의 요지에도 부합하는 것이라고 할 수 있다.

이상과 같은 순자의 정치사상에 대하여 본문에서는 국가의 기원과 관료정치체제와 성왕의 통치 및 예의법도의 제정을 중심으로 살펴보도록 하겠다.

2. 국가의 기원

국가의 형성은 사회발전의 필연적인 결과물이라고 할 수 있다.[3] 사회의 형성은 사람들이 삶의 만족을 얻기 위한 방편을 기반으로 하는 것이기 때문에, 사람과 사람 사이의 상호이익의 충돌을 조정하며 또한 사람들을 통솔하여 그들의 능력을 효율적으로 운영하는 것은 국가조직의 정치체제만이 그렇게 할 수 있는 것이다.

> 만물이 같은 우주 안에 있으면서도 형체가 서로 다르고, 사람들에게 특별한 뜻은 없으면서도 사람을 위해 쓰일 곳이 있는 것은 법도이다. 인류가 모두 함께 생활하면서 욕구는 같은데도 그것을 추구하는 방법이 다르고, 욕망이 같은데도 그것에 대한 지혜는 서로 다른 것은 본성이다. 모두가 괜찮다고 인정하는 점에서는 지혜 있는 사람과 어리석은 자가 같지만, 괜찮다고 인정하

3) 朱岑樓, 『社會學』, 貴陽, 貴州人民出版社, 1997년, 91쪽 참조.

> 는 대상이 달라 지혜 있는 사람과 어리석은 자가 갈라진다. 사회적인 지위는 서로 같은데도 지혜는 서로 차이가 나며, 사사로운 이익을 추구하는데도 재난을 당하지 않고, 욕심껏 멋대로 행동하는데도 궁지에 몰리지 않는다면, 곧 민심은 분격하여 서로 다투게 되어 그들을 열복시킬 수가 없다. …… 신하들을 통제할 군주가 없다면, 아랫사람들을 통제할 윗사람도 없다. 천하의 폐해는 욕심을 마음대로 부리는 데서 생겨난다. 사람들이 바라는 것과 싫어하는 대상은 같은데, 바라는 것은 많고 그 대상은 적은 것이 실정이다. 그 대상이 적으면 반드시 서로 다투게 된다.[4]

인성의 욕구를 절제하기 위해서는 충분하게 재화를 공급해줘야 하며, 백성들이 삶을 영위하는데 필요한 것들을 적절하게 분할하기 위해서 국가조직의 정치체제가 성립된 것이다.[5]

> 천하의 땅을 헤아려 제후들의 나라를 세워 주고, 나라의 이익을 헤아려 백성들을 양육하며, 사람들의 능력을 헤아려 할 일을 맡기는 것이다. 사람들이 틀림없이 맡은 일을 잘해 내게 되면, 그들이 하는 일은 반드시 이익을 가져오고, 그 이익이 백성들이 살아가는 데 충분하면 모든 사람들이 입고 먹고 여러 가지 일에 쓰는 데에 지출과 수입의 균형이 잡혀, 반드시 남는 것이 있으면 그때마다 저장하게 될 것이다. 이것을 잘 어울리게 하는 술

---

4) 『荀子』, 「富國」, "萬物同宇而異體, 無宜而有用爲人, 數也. 人倫並處, 同求而異道, 同欲而異知, 生也. 皆有可也, 知愚同; 所可異也, 知愚分. 埶同而知異, 行私而無禍, 縱欲而不窮, 則民心奮而不可說也. …… 無君以制臣, 無上以制下, 天下害生縱欲. 欲惡同物, 欲多而物寡, 寡則必爭矣."

5) 朱岑樓, 『社會學』, 貴陽, 貴州人民出版社, 1997년, 97쪽 참조.

수라 일컫는다.[6)]

위의 인용문에서와 같이 볼 수 있듯이, 순자의 관점 속에서는 국가란 필요한 정치체제로서 백성들의 삶을 영위시켜주고 평안함을 유지시켜주는 것이 그 주된 임무라는 사실을 알 수 있다. 이러한 국가의 성립에는 반드시 그것에 필요한 기본 요건이 충족되어야 한다.

> 토지가 없다면 사람들이 편안히 살지 못한다. 사람들이 없다면 땅을 지키지 못한다. 도와 법이 없다면 사람들이 모여들지 않고, 군자가 없다면 도가 행해지지 않는다. 그러므로 토지와 사람과 도와 법이라는 것은 나라가 이루어지는 근본이다.[7)]

순자는 토지와 백성 및 도와 법 등의 네 가지를 국가 성립의 기본 요건으로 보았다. 국가는 사회발전의 고차원적인 문화현상이라고 할 수 있는데, 이는 반드시 백성들이 그것의 건립을 요구하는 주체가 되어야만 하는 것이다. 또한 백성들의 생활은 반드시 토지의 이용에 의해서만이 유지되는 것이며, 백성들의 평안한 삶은 도와 법률의 시행에 의해서만이 그 효과를 볼 수 있는 것이다. 그렇기 때문에 토지와 백성이 있으면 곧 국가가 성립되고, 도와 법률이 있으면 국가는 다스려지게 되는 것이다. 토

6) 『荀子』, 「富國」, "量地而立國, 計利而畜民, 度人力而授事, 使民必勝事, 事必出利, 利足以生民, 皆使衣食百用出入相揜, 必時臧餘, 謂之稱數."

7) 『荀子』, 「致士」, "無土則人不安居, 無人則土不守, 無道法則人不至, 無君子則道不擧. 故土之與人也, 道之與法也者, 國家之本作也."

지라는 것은 백성들의 삶의 근본이 되고, 도道라는 것은 법률의 근원이 되는 것이다. 그러므로 국가가 힘써야 할 것은 바로 토지를 이용하여 백성들의 삶을 영위시켜 주고 도를 세워서 법률을 제정해야 하는 것에 있는 것이다. 그렇기 때문에 국가를 안정적으로 다스리기 위해서는 군주의 통치력 및 도와 법률의 시행이 그것의 성패여부를 결정짓는 관건의 소재가 되는 것이다.

> 국가란 천하의 제도로서 이로운 공구이고, 군주란 천하의 이로운 권세이다. 올바른 도를 따라 이것을 유지해 나가면 크게 안락할 것이고, 크게 영화로울 것이며, 아름다운 명성이 쌓이는 근원이 된다. 올바른 도를 따르지 않고 이것을 유지하면 크게 위태로워지고 큰 위해가 가해지며, 그것이 있음은 없는 것만도 못하게 되어, 궁극에 가서는 평범한 남자가 되려고 하더라도 때가 늦을 것이다. 제나라 민왕과 송나라 헌왕이 그러한 군주다. 그러므로 군주란 천하의 이로운 권세이지만 스스로 안락하게 지내지 못하기도 하는 것이다. 군주자리에서 안락하게 지내는 사람은 반드시 올바른 도를 지킨 사람이다.[8)]

그렇기 때문에 군주의 도가 되는 것은, 바로 "도를 닦고 의로움을 행하며, 온 천하 사람들에게 다 같이 해로운 일은 없애 준다."[9)]에 있는 것이다. 이러한 도를 바탕으로 국가를 통치하고 백

---

8) 『荀子』, 「王覇」, "國者, 天下之制利用也; 人主者, 天下之利埶也. 得道以持之, 則大安也, 大榮也, 積美之源也. 不得道以持之, 則大危也, 大累也, 有之不如無之; 及其綦也, 索爲匹夫不可得也, 齊湣宋獻是也. 故人主天下之利埶也, 然而不能自安也, 安之者必將道也."

9) 『荀子』, 「正論」, "修其道, 行其義, 興天下之同利, 除天下之同害."

성들을 평안하게 한다는 실질적인 목적을 달성할 수 있는 것이며 더나가 천하를 평안하게 만들 수 있는 대업을 완수할 수 있게 되는 것이다.

순자는 군주를 국가의 주인으로 보고 백성들을 국가의 근본으로 보았다. 그래서 그는 "하늘이 백성들을 낳은 것은 군주를 위한 것이 아니며, 하늘이 군주를 옹립한 것은 백성들을 위한 것이다."[10]라고 언급했던 것이다. 그렇기 때문에 군주의 통치행위는 반드시 백성들이 필요로 하는 것에 도움이 될 수 있는 것이어야 하며, 백성들의 안정적인 삶은 국가통치의 가장 중요한 책무가 되는 것이다.

> 그렇기 때문에 옛날에 땅을 나누어 여러 나라를 세운 것은 그것으로 제후들을 존귀하게 하려던 것은 아니며, 여러 관직을 두고 작위와 녹봉의 차별을 둔 것은 그것으로 대부들을 높여 주려 한 것만은 아니다.[11]

국가의 건국과 정치체제의 형성의 근본적인 의미는 모두가 백성을 위해서인 것이다. 그러므로 순자에게 있어서의 국가 성립의 필요성은 백성들 공동의 복지를 위해서 요청된 것이며, 국가의 정치시스템의 효과적인 운용은 경제적 이익과 합리적인 분배를 수반하게 된다. 또한 이러한 정치체제의 지도자인 군주는 앞

---

10) 『荀子』, 「大略」, "天之生民, 非爲君也; 天之立君, 以爲民也."

11) 『荀子』, 「大略」, "故古者, 列地建國, 非以貴諸侯而已; 列官職, 差爵祿, 非以尊大夫而已."

서 언급한 조건들을 바탕으로 백성들을 교화하고 삶을 보장한다고 하는 국가통치의 소임을 다함으로써 국가사회의 장기적인 안정을 확보해야만 하는 것이다.

이상과 같이 볼 때 순자의 시야에 있어서의 국가는 인류사회의 발전과정 가운데 필요한 존재로 고차원적인 문화현상으로서, 인적자원을 효율적으로 이용하여 그에 수반되는 경제적 이익의 합리적인 분배를 통하여 사회질서를 확실하게 제어하여, 결국에는 천하를 안정되게 만들어주는 역할을 하는 것이라고 할 수 있는 것이다.

3. 관료정치체제

춘추전국시대는 봉건제도가 이미 와해되어가고 있는 시기임과 동시에 관료정치체제가 점진적으로 형성되어 가고 있는 시기였다.[12] 순자는 이러한 관료정치체제의 발전을 심도 있게 인지하고 있었다. 그는 당시 사회에 형성되어 유행하기 시작한 정치적 분업시스템을 필연적 추세라고 생각하는 한편 그러한 시스템이 행정적 효율을 제고시키는 데에 있어서 꼭 필요한 조치임을 깊이 인식하고 있었다.

순자는 관료정치체제가 가장 커다란 효과를 발휘할 수 있는 방법으로는 현명하고 유능한 사람이 그에 걸맞은 지위에 있어야

12) 黃俊傑, 『春秋戰國時代尙賢政治的理論與實際』, 臺北, 問學出版社, 1977년, 29쪽 참조.

하는 것으로 생각했다. 그러므로 순자의 현명한 사람을 숭상하고 능력 있는 사람을 등용한다는 언급의 의미는 관료정치체제의 필요성에 대한 입론의 근거와 상응하는 것이라고 할 수 있다. 또한 순자는 사람들이 각자가 지니고 있는 재질이 차이가 있다고 보아서 인재를 적재적소에 배치하여 운용한다고 하는 관념을 관직임명의 참고 기준으로 삼았다. 또한 순자는 비록 주나라의 제도를 정치체제의 근간으로 삼기는 했지만, 서주에서 시행되었던 관직세습제도에 대해서는 분명하게 반대 했다. 그리고 그는 모든 관직은 정확한 검증을 거쳐서 승진시키거나 강등을 시키거나 혹은 해임시킬 것을 정해야함을 강조함으로써 정치체제에 새로운 활력과 실제적인 효과를 발휘시킬 수 있도록 해야 한다고 했다.

그들은 사람을 고르는 데 도가 있었고, 사람을 등용하는 데 법이 있었다. 사람을 고르는 도란 예의로써 그를 따져 보는 것이고, 사람을 등용하는 법이란 사회 계급으로써 그의 직위를 한정하는 것이다. 그들이 의로움을 행하는 거동을 예의를 바탕으로 헤아리고, 그들의 지혜와 생각으로 일을 처리하는 능력을 이루어 놓은 성과를 참조하여 평가하고, 그들이 오랜 세월 쌓아 놓은 성과를 참조하여 평가하고, 그들이 오랜 세월 쌓아 놓은 업적은 공적을 근거로 하여 평가한다. 그러므로 신분이 낮은 자가 신분이 높은 사람 위에 군림할 수가 없고, 직분이 가벼운 사람이 직분이 무거운 사람을 비판할 수가 없으며, 어리석은 자가 지혜 있는 사람의 생각을 아는 체할 수가 없었다. 그렇기 때문에 만 가지 일을 해도 한 번의 잘못도 없었다. 그러므로 기용할 사람을 예의로써 평가하여 그가 공경한 몸가짐으로 편안할 수 있는가를 살펴보며, 그와 더불어 여러 가지 일을 해보고 행동을 해보아 그가 여러 가지 변화에 잘 대응할 수 있는가를 살펴보며, 그와 함께 놀고 잔치를 벌이면서 그가 지나친 즐김에 빠지지 않는가를 살펴보며, 그를 음악과 여자, 권세와 이익, 분한 일과 노여운 일, 환난과 위험 등을 체험하게 하여 그가 지켜야 할 절조를 잃지 않는가를 살펴보는 것이다. 그들이 진실로 그러한 것들을 몸에 지니고 있는가와 그들이 진실로 그러한 것들을 지니고 있지 않은가를 흰 것과 검은 것을 구별하듯 알 수 있는 것이니, 잘못 판단할 수가 있겠는가? 그러므로 백락은 말에 관한 일로 속일 수가 없고, 군자는 사람을 판단하는 일로 속일 수가 없는 것이다. 이것이 명철한 군주의 도이다.[13)]

그렇기 때문에 현명한 군주는 덕을 인재등용의 기준으로 삼고 예의법도를 사람들을 제어하는 근거로 삼아서, 덕이 있는 사람에게 직위를 주고 능력이 있는 사람을 관리로 등용하여 정치적 분업시스템을 효율적으로 운용했던 것이다.

그러므로 명철한 군주는 사람들의 덕을 판단해 벼슬자리에 차례대로 앉힌다. 이것이 어지러워지지 않는 이유이다. 충성된

---

13) 『荀子』, 「君道」, "其取人有道, 其用人有法. 取人之道, 參之以禮; 用人之法, 禁之以等. 行義動靜, 度之以禮; 知慮取舍, 稽之以成; 日月積久, 校之以功, 故卑不得以臨尊, 輕不得以縣重, 愚不得以謀知, 是以萬擧而不過也. 故校之以禮, 而觀其能安敬也; 與之擧措遷移, 而觀其能應變也; 與之安燕, 而觀其能無流慆也; 接之以聲色,權利忿怒患險, 而觀其能無離守也. 彼誠有之者, 與誠無之者, 若白黑然, 可詘邪哉! 故伯樂不可欺以馬, 而君子不可欺以人, 此明王之道也."

> 신하는 진실로 능력이 있어야만 감히 내리는 직위를 받는다. 이것이 직무를 수행할 때 궁지로 몰리는 일이 없는 이유이다. 위로는 신분의 서열이 어지럽지 않고, 아래로는 직무 수행 능력이 궁지에 몰리는 일이 없게 되니, 이것이 정치의 극치이다.[14]

이처럼 순자는 관리의 도에 대하여 언급할 때, 현명한 이를 숭상하고 능력이 있는 사람을 우선적으로 등용할 것을 주장했으며, 아울러 그에 수반 되는 효과는 뒤로 미룰 것을 강조했다. 또한 그는 덕이 있는 사람에게 직위를 주고 능력이 있는 사람을 등용함으로써 관료정치체제의 가장 큰 효과를 기대할 수 있다고도 했다. 또한 순자는 관료정치체제의 행정시스템을 효율적으로 운용하기 위해서는 행정업무에 밝은 지식인을 기용해야 만이 그 효과를 볼 수 있다고 했다. 그렇기 때문에 순자는 선비의 공적을 숭상했던 것이다.

> 선비란 옛 군주들을 본받고 예의를 존중하며, 신하나 자식들에 대해서는 삼가게 하고 그의 윗사람에 대해서는 매우 존경하도록 하는 사람들입니다. 군주가 그를 등용하면 곧 조정의 직위를 따라 모든 일을 합당하게 할 것이며, 등용치 않으면 물러나 백성들 틈에 끼어 성실히 지내 반드시 순종할 것입니다. 비록 곤궁해 헐벗고 굶주린다 하더라도 절대로 사악한 길에 들어서서 탐욕해지지 않을 것이며, 송곳을 꽂을 만큼의 땅도 가지고 있지 않다 하더라도 국가를 지탱하는 대의에는 밝습니다. 소리

14) 『荀子』, 「儒效」, "故明主譎德而序位, 所以爲不亂也; 忠臣誠能然後敢受職, 所以爲不窮也. 分不亂於上, 能不窮於下, 治辯之極也."

> 쳐 불러도 아무도 응해 주지 않는 위치에 있다 하더라도 만물을 풍부하게 하고 백성들을 기르는 법에는 통달해 있습니다. 권세를 잡아 남의 위에 서면 군주가 될 재목이고, 남의 아래에 있으면 국가의 신하이며 군주의 보배가 될 인재들입니다.[15)]

그러나 순자가 비록 선비를 국가통치와 민생안정에 효율적인 존재로 매우 중시했지만, 선비들 개개인의 유능함과 무능함 및 이상적임과 세속적임의 현실적인 차이에 대해서는 간과했다. 그러므로 현명한 군주는 인재를 구별할 수 있는 명철함으로 능력 있는 선비를 선택하여 등용해야 만이 비로소 자신의 정치이상을 실현할 수 있게 되어 천하를 안정시킬 수 있게 되는 것이다.

순자의 관료정치체제를 세밀하게 관찰하면 관료들 가운데 재상의 지위가 가장 높았으며 직책 역시 가장 막중했다고 하는 점을 발견할 수 있다. 군주는 관료정치체제를 통하여 자신의 국가통치 이념을 관철시키고자 했기 때문에 매우 신중하게 재상을 선택하여 자신을 보좌토록 했던 것이다.

> 군주는 홀로 나라를 다스릴 수 없다고 하는 것이다. 재상과 보좌하는 사람들은 군주에게는 들메끈이나 지팡이 같은 것이다. 그것은 서둘러 갖추지 않으면 안 되는 것이다. 본래 군주란 반

---

15) 『荀子』, 「儒效」, "儒者法先王, 隆禮義, 謹乎臣子而致貴其上者也. 人主用之, 則埶在本朝而宜; 不用, 則退編百姓而愨; 必爲順下矣. 雖窮困凍餧, 必不以邪道爲貪. 無置錐之地, 而明於持社稷之大義. 嘄呼而莫之能應, 然而通乎財萬物, 養百姓之經紀. 埶在人上, 則王公之材也; 在人下, 則社稷之臣, 國君之寶也."

드시 일을 맡길 만한 재상이나 보좌하는 사람들이 있어야만 한다.[16)]

순자가 언급한 관료정치체제는 현대사회의 내각책임제와 매우 유사한 경향을 보이고 있다. 그러므로 군주는 재상에게 명령을 내리고 그것이 시행되는지를 살펴보아서 정책을 결정하는 것이다. 이처럼 국가통치가 원활하게 이루어지면 군주는 안정적이고 순조롭게 권세를 누릴 수가 있게 되는 것이다. 또한 순자는 군주가 재상을 등용할 때는 반드시 명분과 실리에 부합하게 해야 만이 자신이 편안하고 국가를 제대로 통치할 수 있게 되어 공적과 명성을 누릴 수 있다고 했다.

한 사람의 재상을 검토하고 골라서 모든 일들을 아울러 통솔케 하고, 신하들과 여러 관리들이 모두가 도에 뜻을 두어 올바른 방향으로 힘써 일하도록 하는 일이 바로 군주의 직무인 것이다. 그렇게만 되면 천하를 통일하여 요임금이나 우임금과 같은 명성을 얻게 될 것이다. 이런 군주는 스스로 지키는 것이 간략하면서도 자세한 일까지 영향을 미치고, 하는 일은 지극히 편안하면서도 큰 공적을 올리게 될 것이다. 옷자락을 늘어뜨린 채 편한 자세로 앉아 있는 자리에서 내려오지 않고 편히 있어도 온 세상 사람들 모두가 그를 자기네 제왕으로 모시고 싶어 할 것이다. 이러한 것을 두고 지극히 간략하면서도 즐거움은 이보다 더 클 수가 없다고 하는 것이다.[17)]

---

16) 『荀子』, 「君道」, "人主不可以獨也. 卿相輔佐, 人主之基杖也, 不可不早具也. 故人主必將有卿相輔佐足任者, 然後可."

그렇기 때문에 군주는 공적인 일을 처리할 때나 사적인 일을 처리할 때를 막론하고 신중하게 재상을 등용시켜서 모든 관료들을 통솔하게 하고 도를 준수하여 제도를 정비하게 하면, 이로 인하여 신하를 비롯한 모든 백성들이 안정된 삶을 누리게 되어 천하는 제대로 통치될 수 있게 되는 것이다.

순자가 주장한 현명한 사람을 숭상하고 유능한 인재를 등용시킨다고 하는 것은 관료정치체제의 필요에 적극 부응하는 것으로, 군주의 "구분을 분명하게 하고 무리지어 살게 한다."고 하는 지혜를 드러내게 함으로써 그가 국가통치의 도를 이룰 수 있게 하는 첩경이 된다고 할 수 있는 것이다. 그렇기 때문에 성왕의 도는 관료정치체제를 기반으로 하여 정치를 펼쳐나가는 것으로 "구분을 분명하게 하고 무리지어 살게 한다."와 "현명한 사람을 숭상하고 유능한 인재를 등용시킨다."고 하는 시책에 잘 나타나 있으며, 이를 통하여 천하를 안정시킬 수 있는 효과를 낼 수 있게 되는 것이다.

4. 성왕의 통치

순자의 전체적인 정치체제의 청사진 가운데 관료조직은 행정을 집행 운용하는 행정력 분야에 속하는 것이라고 할 수 있고,

---

17) 『荀子』, 「王霸」, "若夫論一相以兼率之, 使臣下百吏莫不宿道鄉方而務, 是夫人主之職也. 若是則一天下, 名配堯禹. 之主者, 守至約而詳, 事至佚而功, 垂衣裳, 不下簟席之上, 而海內之人莫不願得以爲帝王. 夫是之謂至約, 樂莫大焉."

정치권력 분야에 대해서는 천자와 제후를 구분하는데 이는 서주의 정치조직시스템을 그대로 계승한 것으로서 제후를 한 국가의 군주로 보고 천자를 천하의 군주로 보았다. 제후 가운데 만일 예의를 숭상하고 현명한 사람을 존중할 수 있는 자가 있다면 이는 왕자王者가 될 것이고, 법률을 중시하고 백성을 아낄 수 있는 자는 패자霸者가 될 것이다. 패자는 신뢰를 바탕으로 세력을 얻는 반면 왕자는 의로움을 바탕으로 백성을 얻게 된다. 그러므로 왕자의 통치는 패자의 통치보다 훨씬 우월한 것이 되는 것으로, 백성들의 마음을 얻게 되는 것이기 때문에 천하의 왕 즉 천자가 되는 것이다.[18] 이처럼 순자의 정치론은 백성들에 대한 사랑을 기반으로 하여 제후들에게 백성의 마음을 얻는 자가 천하의 왕이 될 수 있다고 하는 관념을 일깨워줌으로써 자신의 정치이상의 실현을 기대하는 것에 그 주된 목적이 있었다고 할 수 있다.

순자가 군주의 도로부터 착수해서 정치이상을 실현하려고 했던 것은, 그 자신이 전국시대 말기라고 하는 혼란한 시기에 생존하면서 사회적 규범이 무너진 상황 속에 노출된 백성들이 자신의 본능적인 욕구에 이끌려 서로가 쟁탈과 분쟁을 통하여 자신의 이익만을 추구하는 현상을 직접적으로 목격했기 때문이다. 이러한 현상을 직접 목격한 순자는 군주의 존엄이 없고 정치적 제어장치가 없게 되면 백성들은 반드시 제멋대로 행동하게 되어 결국에는 천하에 질서가 사라지게 된다고 보았던 것이다.

---

18) 韋政通, 『荀子與古代哲學』, 臺北, 臺灣商務印書館, 1985년, 113~115쪽 참조.

그러므로 옛날에 성왕께서는 사람들의 본성이 악해 음험하고 편벽되어 바르지 못하며, 어지러이 사리를 어겨 다스리지 않는다고 생각했기 때문에 그들을 위해 군주의 권세를 세워서 이들 위에 군림하고, 예의를 밝혀 이들을 교화하고, 올바른 법도를 만들어 이들을 다스렸으며, 형벌을 무겁게 해 이들의 악한 행동을 금하였다. 그렇게 함으로써 온 세상이 모두 잘 다스려지도록 하고 선함으로 모이도록 한 것이다. 이것이 성왕의 다스림이며 예의의 교화이다.[19]

이와 같이 볼 때 순자 정치론의 기본구조는 바로 성왕의 통치를 숭상하는 것에 있는 것으로서, 예의의 교화를 핵심으로 삼고 법률과 형벌로 금지시키는 것을 보완점으로 삼아서 올바른 도리에 의해서 통치되는 사회를 만드는 것이 그의 정치이상이라고 할 수 있는 것이다. 그래서 순자는 "군주란 백성들의 근원이다. 근원이 맑으면 흐름도 맑고, 근원이 흐리면 흐름도 흐리다."[20]라고 하여, 군주가 된 자는 백성들이 삶을 영위하는데 필요한 것들을 관제하고 백성들의 행색을 잘 만들어야할 책임이 있는 사람이기 때문에 그가 백성들에게 끼치는 영향은 실로 지대하다고 할 수 있는 것이다. 그렇기 때문에 순자는 현명한 군주가 당연하게 해야 하는 것과 군주가 마땅히 해야 할 것을 강하게 천명했던 것이다.

---

19) 『荀子』, 「性惡」, "故古者聖人以人之性惡, 以爲偏險而不正, 悖亂而不治, 故爲之立君上之埶以臨之, 明禮義以化之, 起法正以治之, 重刑罰以禁之, 使天下皆出於治, 合於善也. 是聖王之治而禮義之化也."

20) 『荀子』, 「君道」, "君者, 民之原也. 原清則流清, 原濁則流濁."

군주란 무엇인가? 많은 사람들을 잘 돌보는 것을 말한다. 많은 사람들을 잘 돌본다는 것은 무엇을 말하는가? 사람들이 잘 살도록 양육하는 것이며, 사람들을 잘 다스리는 것이며, 사람들을 잘 등용하는 것이며, 사람들에게 제대로 신분에 맞는 옷을 입게 해주는 것이다. …… 수공업에 종사하는 사람과 상인은 줄이고 농부들을 늘리며, 도둑을 없애고 간사한 자들을 물리치는 것, 이것이 사람들을 잘 살도록 해주는 방법이다. 천자는 삼공을 두고 제후는 한 사람의 제후를 두며, 대부들은 관직을 차지하고 사士는 그 직무를 지키는데, 법도에 맞지 않고 공정하지 않은 것이 없도록 하는 것, 이것이 사람들을 잘 다스리는 방법이다. 덕이 있고 없음을 검토하여 서열을 결정하고, 능력을 헤아려 관직을 주어 모든 사람들로 하여금 그의 할 일을 수행하며 각각 모두가 그의 합당한 자리를 차지하게 하며, 가장 현명한 사람은 삼공의 자리를 맡게 하고, 그 다음으로 현명한 사람은 제후가 되게 하며, 하급의 현명한 사람들은 사대부가 되게 하는 것, 이것이 사람들을 잘 등용하는 것이다. 관과 옷은 여러 가지 무늬와 여러 가지 조각을 잘 정리하여 모두 차등이 있도록 하는 것, 이것이 사람들에게 제대로 신분에 맞는 옷을 입도록 해주는 것이다.[21)]

---

21) 『荀子』, 「君道」, "君者, 何也? 曰: 能群也. 能群也者, 何也? 曰: 善生養人者也, 善班治人者也, 善顯設人者也, 善藩飾人者也. …… 省工賈, 衆農夫, 禁盜賊, 除姦邪, 是所以生養之也. 天子三公, 諸侯一相, 大夫擅官, 士保職, 莫不法度而公, 是所以班治之也. 論德而定次, 量能而授官, 皆使人載其事, 而各得其所宜. 上賢使之爲三公, 次賢使之爲諸侯, 下賢使之爲士大夫, 是所以顯設之也. 修冠弁衣裳, 黼黻文章, 琱琢刻鏤, 皆有等差, 是所以藩飾之也."

순자는 이러한 네 가지의 정책을 현명한 군주가 당연히 펼쳐야할 시책 속에 이미 포함된 것으로 보아서, 만일 군주가 이러한 정책을 확실하게 실행할 수 있게 된다면 백성들의 마음은 그에게로 귀의하게 되어 천하의 왕이라고 불릴 수 있게 되는 것이라고 했다. 그러나 순자는 만일 군주가 현명한 지혜가 없어서 구분을 명확하게 하고 무리지어 살게 하지 못하고, 인덕仁德이 없어서 도를 수양하지 않고 의를 행하지 않는다면 천하를 지킬 수 없다고 하였다. 즉 천하를 안정되게 통치할 수 있는 기반을 갖춘 뒤에야 이를 오래토록 보전할 수 있게 된다는 것이다.

> 천하란 지극히 중대한 것이어서 지극히 강력한 사람이 아니면 그것을 책임질 수가 없다. 지극히 큰 것이어서 지극히 분별력 있는 사람이 아니면 그 분수를 따라 질서를 유지할 수가 없다. 지극히 많은 사람들이 있어 지극히 명철한 사람이 아니라면 그들을 화합시킬 수가 없다. 이 세 가지 지극한 능력은 성인이 아니라면 다 갖출 수가 없다. 그러므로 성인이 아니라면 왕자王者가 될 수 없는 것이다.[22]

성인이라는 것은 인륜의 도리를 다 궁구할 수 있는 사람이며, 현명한 군주란 예의와 법도를 모두 제어할 수 있는 사람이다. 예의법도의 제정은 인륜의 도리에 근본을 두고 군주의 도는 인도人道의 지극함이 되는 것이다. 그리고 성인은 도를 두루 갖추

22) 『荀子』, 「正論」, “天下者, 至重也, 非至彊莫之能任; 至大也, 非至辨莫之能分; 至衆也, 非至明莫之能和. 此三至者, 非聖人莫之能盡. 故非聖人莫之能王.”

고 완전한 아름다움을 지닌 사람이어서 천하를 저울질하듯 평화롭게 다스릴 사람인 것이다.[23] 그렇기 때문에 성인이 아닌 사람은 왕자王者가 될 수 없는 것이며, 천하 역시 성인의 도래를 통하여 완벽하게 다스려질 수 있게 되는 것이다. 그러나 과거에는 많은 성왕이 있었는데 현재의 군주는 마땅히 어떤 성인을 본받아야 하는 것인가? 라고 하는 의문이 제기 될 수 있다.

> 성왕이란 백 명도 넘는데, 우리는 누구를 법도로 삼아야 할 것인가? 문물은 오래 되면 없어지고, 음악의 절주(리듬)는 오래 가면 소멸되며, 법도를 지키는 관리들도 오래 예법을 추구하다 보면 지쳐서 해이해진다. 그러므로 성왕의 발자취를 보려 한다면 그 분명한 것을 보아야 할 것인데, 후세 임금이 바로 그분이다.[24]

순자에게 있어서 과거의 성왕들 가운데 가장 본받을 만한 인물은 바로 순임금과 우임금이었다.[25] 그러나 이들은 매우 오래 전의 사람들이었기 때문에 그들이 만든 제도는 이미 다시는 볼 수 없어서 직접적으로 그들을 본받을 수는 없는 것이다. 그렇지만 순임금과 우임금의 후세 임금인 주나라의 문왕과 무왕은 주공의 보좌를 받아서 선왕이 수립한 제도의 요체인 예의법도를 새롭게 계승 발전시켜서 주나라 시기의 찬란한 태평성대를 열었

---

23) 『荀子』, 「正論」, "聖人備道全美者也, 是縣天下之權稱也."

24) 『荀子』, 「非相」, "聖王有百, 吾孰法焉? 曰: 文久而滅, 節族久而絶, 守法數之有司, 極禮而褫. 故曰: 欲觀聖王之跡, 則於其粲然者矣, 後王是也."

25) 『荀子』, 「非十二子」, "上則法舜禹之制."

던 것이다. 그러므로 당시의 군주는 주나라 시기의 성왕을 본받아 과거 성왕의 치세의 도리에 정통하게 됨으로써 그 역시 후세의 군주들이 배우고 본받아야 할 전범이 되는 것이다.

성왕의 통치는 예의법도로서 구분을 명확하게 규정짓고 현명한 사람을 숭상하고 능력 있는 인재를 등용하는 것에 있다. 그러므로 성왕이 재위에 있을 때는 국가는 제대로 통치되고 백성들은 안정적인 삶을 누리게 되고, 성왕이 돌아가시면 그 재위를 이어서 통치하는 사람은 반드시 성왕과 같은 사람이어야만 하는 것이다. 순자는 정권의 이양에 대하여 친족이나 혈연관계에 있는 사람에게 전해지는 것에 반대의 입장을 표명하였으며, 또한 선양과 같은 방식으로 정권이 이양되는 것에 대해서도 분명하게 반대했다.[26] 순자가 이러한 정권의 친족 이양과 선양에 대하여 반대한 까닭은 정치체제가 명확하게 구분되지 않고 정치교화 시행의 효과가 제대로 나타나지 않기 때문에 있다. 만일 정치체제의 구조가 명확하게 구분되고 그것의 운용이 합당하게 되면 정치교화의 시행이 실천적인 측면에 있어서 효과를 충분하게 나타낼 수 있게 된다. 이와 같은 정치와 교육이 상호 보완해가는 과정 속에서 성왕의 통치를 계승할 수 있는 현명한 군주가 양성되는 것이며, 백성들의 마음을 얻어서 천자의 지위를 계승할 수 있게 되는 것이다.

순자는 정권의 이양에 대하여 언급할 경우에는 반드시 객관적인 판단을 근거로 해야 한다고 주장했다. 객관적인 판단은 정치

---

26) 党晴梵, 『荀子研究』, 西安, 陝西人民出版社, 1953년, 139쪽 참조.

적인 측면에 있어서는 예의법도에 의한 판단이 되는 것이다. 성왕이 예의법도를 제정하여 백성들을 통치한 것은 바로 예의법도를 지킴으로써 그 통치대업을 완성할 수 있기 때문이었다. 그렇기 때문에 성왕 역시 마땅히 예의법도의 공적인 의의에 편승하여 그 정권을 예의법도에 의해서 위대한 통치를 이룩할 수 있는 현명한 군주에게 이양함으로써 그가 천자의 직무를 계승하게 해야 한다는 것이다. 바꿔 말하자면, 천자와 제후로 구성된 권력 분산형 정치시스템 속에서 제후들 가운데 인의仁義를 실천할 수 있으며, 예의법도를 제정하여 그것을 준수해서 올바른 도리로 천하를 안정되게 통치할 수 있는 사람은, 자연히 백성들의 신뢰를 얻게 되어 천자로 받들어지게 될 수 있는 것이다. 그렇기 때문에 성왕은 스스로가 구하지 않아도 백성들이 자발적으로 현명한 군주를 받들어 옹립시킴으로써 그러한 성왕의 적통을 계승하게 해주는 것이다. 그러므로 순자는 비록 군주를 존중해야 한다고 하는 언급을 했지만, 그것에 담겨져 있는 실질적인 의미를 살펴보면 바로 민심의 향배로써 군주의 권위를 단정하고 있음을 알 수 있게 된다.

> 성왕께서 돌아가시고 권세와 지위를 가지고 있는 자손은 무능해 천하를 평화롭게 할 수 없어 천하에 군주가 없는 상태 일 때, 제후 중에 덕을 밝히고 위엄을 쌓아가는 이가 있게 된다면 세상의 백성들은 모두 그를 모셔다가 군주나 우두머리로 삼기를 원할 것이다. …… 천하가 그에게로 귀복하면 그를 왕자라 하고, 천하가 그에게서 떠나가면 그는 망할 자라고 한다.[27]

성왕의 권위에 불복하여 군대를 일으켜 혼란을 야기 시키고자 하는 사람도 있지만, 왕자王者는 반드시 인의仁義덕을 근본으로 하여 백성을 아끼고 사랑하기 때문에 포악함을 막아 폐해를 없애 그들을 평정하는 것이다. 그렇기 때문에 왕자王者가 군대를 동원하는 것은 싸워서 빼앗으려는 것이 아니고, 모든 백성들의 안정된 삶을 유지시키기 위한 안보의 차원에서 동원하는 것으로 그의 정치이상을 전면적으로 실현하는 실천 방법론인 것이다.

5. 예의법도의 제정

순자는 후세의 왕을 본받는다고 하는 의미로부터 선왕이 예의법도를 제정하여 치세의 도리로 삼았다는 사실을 연역해 내고 있다. 이러한 치세의 도리는 성인의 사유가 쌓여서 만들어진 것이며, 예의법도가 귀결되는 곳이며 근본원리의 도를 터득한 것이 되는 것이다.

> 성인은 자기의 기준으로 일을 헤아린다. 본래 사람을 기준으로 사람을 헤아리고, 실정을 기준으로 실정을 헤아리며, 같은 종류를 기준으로 그 종류를 헤아리고, 논리를 기준으로 일들을 헤아리며, 도를 기준으로 모든 이치를 살피기 때문에, 옛날이나 지금이나 헤아리는 기준이 한결같은 것이다. 사물의 종류가 어

27) 『荀子』, 「正論」, “聖王沒, 有埶籍者罷不足以縣天下, 天下無君; 諸侯有能德明威積, 海內之民莫不願得以爲君師. …… 天下歸之之謂王, 天下去之之謂亡.”

긋나지 않는 이상 비록 오랜 세월이 지나도 이치가 같은 것이다.[28]

성인은 자신의 기준으로 헤아려 파악한 것으로써 근본원리의 도를 터득하는데, 그러한 근본원리의 도는 바로 예禮이다. 그래서 순자는 "예는 법도의 근본이며 여러 가지 일에 관한 규정이다."[29]라고 말한 것이다. 순자는 역대의 전장제도와 의식절차 그리고 법도들을 덜고 더하는 가운데 영원히 변치 않는 원리를 통괄하여 관통한 결과 선왕의 예禮가 바로 법도를 창조하는 원칙이며, 사물의 이치를 추리하는 기준이라는 사실을 도출해냈다. 이러한 예禮는 인문세계의 최고의 도덕규범이며 인간사회의 각종 사물들의 구체적인 규범이 되는 것으로 모든 이론을 통섭하고 일체의 행위의 법도가 되는 것이다.[30] 그러므로 선왕은 예禮에 의해서 의義를 실천했으며 법도를 수립하고 제도를 정비하여 태평성대를 이룩할 수 있었던 것이다. 그렇기 때문에 선왕의 도를 탐구하고자 한다면 인의仁義의 근본을 조사해야 하는데, 이는 예禮로부터 착수하는 것이 가장 정확한 방법이라고 할 수 있다.

여러 옛 임금들의 도는 후세 임금들의 도가 되기도 한다. 군자가 후세 임금들의 도를 잘 살핀 다음에 여러 옛 임금들의 전 일들에 대해 논한다면, 팔짱을 끼고 앉아 논의하는 것처럼 쉬운

28) 『荀子』, 「非相」, "聖人者, 以己度者也. 故以人度人, 以情度情, 以類度類, 以說度功, 以道觀盡, 古今一也. 類不悖, 雖久同理."

29) 『荀子』, 「勸學」, "禮者, 法之大分, 群類之綱紀也."

30) 李滌生, 『荀子集釋』, 臺北, 學生書局, 1986년, 12~13쪽 참조.

> 일이 될 것이다. 예의의 기본 규범을 밀고 나가 옳고 그른 분별을 분명히 하고, 천하의 중요한 일들을 총괄해 세상 사람들을 다스린다면, 한 사람을 부리는 것처럼 쉬울 것이다. 그러므로 지키는 행동 규범이 간략할수록 하는 일이 더욱 위대해지는 것은, 다섯 치의 굽은 자를 가지고 온 천하의 네모꼴을 올바로 가늠할 수 있는 것과 같다.[31)]

그러므로 군주는 성왕의 통치를 본받아 그 근본원리의 예禮를 밝혀서 변화의 상황에 대응할 수 있는 조치를 취함으로써 자신의 통치력을 상실하지 않아야만 하는 것이다.

> 예의는 국가를 다스리는 규범이며, 강하고 굳건해지는 근본이며, 위세를 펴는 길이며, 공적과 명성을 올리는 요체이다. 군주가 예의를 따르면 천하를 얻는 방법이 될 것이며, 예의를 따르지 않으면 나라를 망치는 근거가 될 것이다.[32)]

그렇기 때문에 예禮는 국가를 세우는 최고의 준칙이 되는 것이다.

> 나라에 예의가 없으면 바르게 다스려지지 않으니, 예라는 것은 나라를 바르게 다스리는 근본이다. 그것은 마치 저울이 무겁

---

31) 『荀子』, 「不苟」, "百王之道, 後王是也. 君子審後王之道, 而論百王之前, 若端拜而議. 推禮義之統, 分是非之分, 總天下之要, 治海內之衆, 若使一人. 故操彌約, 而事彌大. 五寸之矩, 盡天下之方也."

32) 『荀子』, 「議兵」, "禮者, 治辨之極也, 强固之本也, 威行之道也, 功名之總也. 王公由之所以得天下也, 不由所以隕社稷也."

고 가벼운 것을 가늠하는 근본이 되고, 먹줄이 곧고 굽은 것을 가늠하는 근본이 되며, 그림쇠와 굽은자가 네모와 동그라미를 가늠하는 근본이 되는 것과 같다. 이미 그런 근본이 놓여 있으니 사람이라면 아무도 그것을 속일 수가 없는 것이다.[33]

성왕은 예禮를 추종하고 의로움에 의거하여 실천함으로써, 예禮의 객관적 가치를 강화시키고 예禮의 정치적 입지를 더욱 공고히 하는 것이다. 예의가 정해진 뒤에는 어떻게 그것의 실제적인 효과를 나타나게 할 수 있는 것일까? 성왕은 법률제도를 건립하여 합리적인 예의의 관리를 통한 합법적인 법률제도를 이룩함으로써 예의를 실행하는데 있어서 미진한 부분을 보완하려 했다. 또한 이를 통하여 예의교화의 실제적인 효과를 공고히 했다. 예禮라고 하는 것은 인간의 내재적인 도덕의 기준을 만들어서 선한 덕성을 드러나게 하고 악한 생각을 금지시킨다. 법도라고 하는 것은 인간의 외재적인 행동거지의 근거를 만듦으로써 선한 의지를 더욱 굳건하게 만들고 악행을 제어한다. 순자는 선악의 분별을 언급할 때, 인간사회의 사람들 상호간에 영향을 주는 관계 위에서 구분을 했다. 그렇기 때문에 예의법도의 시행은 인간사회의 현실적인 삶을 염두에 두고 만든 규범적 제약으로서 예의를 내적인 것으로 하고 법률제도를 외적인 것으로 한 것이다.

성인이 예의를 건립하고 법률을 제정한 것은 예禮를 법을 실행하는 근본으로 삼고, 법을 예의에 의한 통치를 보완하는 수단

---

33) 『荀子』, 「王覇」, "國無禮則不正. 禮之所以正國也, 譬之猶衡之於輕重也, 猶繩墨之於曲直也, 猶規矩之於方圓也, 旣錯之而人莫之能誣也."

으로 삼기 위해서였다. 그러므로 법의 의의는 예禮를 밝히는 것에 있고, 법의 장점은 예禮를 지키는 것에 있기 때문에 법이 없으면 그것은 예禮가 아닌 것이다. 또한 법의 의의를 알 수 있고 그것의 장점을 실행할 수 있어서 돌발 상황에 대응함으로써 혼란을 종식시킬 수 있는 사람은 오직 군자만이 가능하다.

> 그러므로 법이란 독립할 수 없는 것이며, 유례란 그 자체로써 행해질 수는 없다. 합당한 사람이 있으면 실행이 되지만, 합당한 사람이 없으면 실행되지 않고 없어지는 것이다. 법이란 다스림의 시작이고, 군자란 법의 근원이다. 그러므로 군자가 있으면 법이 비록 생략되었다 하더라도 충분히 두루 퍼질 것이다. 군자가 없으면 법이 비록 갖추어져 있다 하더라도 앞뒤로 시행할 순서를 잃고 일의 변화에 적응하지 못하여 충분히 어지러워질 것이다. 법의 뜻을 알지 못하면서 법의 조문만을 바로 지키는 사람은 비록 널리 안다 하더라도 일을 당하면 반드시 혼란을 일으킬 것이다.[34]

이상과 같은 순자의 뜻을 미루어 보면 인치人治와 예치禮治 및 법치法治의 구별이 조화롭게 되어 있으며, 이들 셋의 상호 작용의 관계가 모두 병렬적인 양상을 띠고 있음을 알 수 있다.[35] 그러므로 순자는 "예의를 숭상하고 법도를 이룩하면 나라의 표준

---

34) 『荀子』, 「君道」, "故法不能獨立, 類不能自行; 得其人則存, 失其人則亡. 法者, 治之端也; 君子者, 法之原也. 故有君子, 則法雖省, 足以遍矣; 無君子, 則法雖具, 失先後之施, 不能應事之變, 足以亂矣. 不知法之義, 而正法之數者, 雖博臨事必亂."

35) 魏元珪, 『荀子哲學思想』, 臺北, 谷風出版社, 1987년, 193~196쪽 참조.

이 있게 된다. 현명한 사람을 숭상하고 능력 있는 사람을 부리면 백성들이 나아갈 방향을 알게 된다."[36]라고 언급했던 것이다. 그렇기 때문에 성왕의 도를 계승함으로써 천하의 평안을 회복할 수 있는 사명을 완성할 수 있게 된다는 것이다.

예의라는 것은 통치의 출발점이 되는 것이고, 법도라는 것은 통치의 방법론이 되며, 군자는 통치의 중심축이 되는 것이다. 법도는 예의에 근원을 두고 예의는 군자에 근원을 둔다. 이와 같이 법도·예의·군자 셋이 상호 영향을 주고 의지하게 되면 안정을 얻게 되어 그것의 실행에 있어서의 효과를 이룩할 수 있게 되어 결국에는 순자의 '천생인성天生人成'의 요체에도 부합하게 되는 것이다.

6. 맺는 말

이상과 같이 순자의 정치사상에 대하여 국가의 기원과 관료정치체제와 성왕의 통치 및 예의법도의 제정을 중심으로 논의를 진행해보았는데, 이를 정리하면 다음과 같다.

순자의 관점 속에서는 국가란 필요한 정치체제로서 백성들의 삶을 영위시켜주고 평안함을 유지시켜주는 것이 그 주된 임무라는 사실을 알 수 있다. 순자는 국가의 성립에는 반드시 기본적인 요건이 충족되어야 한다고 생각했는데, 바로 토지와 백성 및

36) 『荀子』, 「君道」, "隆禮至法則國有常, 尙賢使能則民知方."

도와 법 네 가지가 국가 성립의 기본적인 요건이다. 토지는 백성들의 삶의 근본이 되고, 도는 법률의 근원이 되는 것이기 때문에 국가가 힘써야 할 것은 바로 토지를 이용하여 백성들의 삶을 영위시켜 주고 도를 세워서 법률을 제정해야 하는 것에 있는 것이다. 결국 순자에게 있어서의 국가 성립의 필요성은 백성들 공동의 복지를 위해서 요청된 것이며, 국가의 정치시스템의 효과적인 운용은 경제적 이익과 합리적인 분배를 수반하게 된다.

순자는 관료정치체제가 가장 커다란 효과를 발휘할 수 있는 방법으로는 현명하고 유능한 사람이 그에 걸맞은 지위에 있어야 하는 것으로 생각했다. 그러므로 순자의 현명한 사람을 숭상하고 능력 있는 사람을 등용한다는 언급의 의미는 관료정치체제의 필요성에 대한 입론의 근거와 상응하는 것이라고 할 수 있다. 또한 순자는 사람들이 각자가 지니고 있는 재질이 차이가 있다고 보아서 인재를 적재적소에 배치하여 운용한다고 하는 관념을 관직임명의 참고 기준으로 삼았다. 또한 순자는 군주가 공적인 일을 처리할 때나 사적인 일을 처리할 때를 막론하고 신중하게 재상을 등용시켜서 모든 관료들을 통솔하게 하고 도를 준수하여 제도를 정비하게 하면, 이로 인하여 신하를 비롯한 모든 백성들이 안정된 삶을 누리게 되어 천하는 제대로 통치될 수 있게 된다고 했던 것이다.

순자 정치론의 기본구조는 바로 성왕의 통치를 숭상하는 것에 있는 것으로서, 예의의 교화를 핵심으로 삼고 법률과 형벌로 금지시키는 것을 보완점으로 삼아서 올바른 도리에 의해서 통치되는 사회를 만드는 것이 그의 정치이상이라고 할 수 있는 것이다.

순자가 생각했던 성왕의 통치는 예의법도로서 구분을 명확하게 규정짓고 현명한 사람을 숭상하고 능력 있는 인재를 등용하는 것이었다. 그렇기 때문에 성왕이 재위에 있을 때는 국가는 제대로 통치되고 백성들은 안정적인 삶을 누리게 되고, 성왕이 돌아가시면 그 재위를 이어서 통치하는 사람은 반드시 성왕과 같은 사람이어야만 한다고 했던 것이다.

순자는 성왕이 법률제도를 건립하여 합리적인 예의의 관리를 통한 합법적인 법률제도를 이룩함으로써 예의를 실행하는데 있어서 미진한 부분을 보완하려 했다고 주장했다. 또한 순자는 성왕이 이를 통하여 예의교화의 실제적인 효과를 공고히 했다고 생각했다. 아울러 순자는 예의라는 것은 통치의 출발점이 되는 것이고, 법도라는 것은 통치의 방법론이 되며, 군자는 통치의 중심축이 되는 것이라고 했으며, 법도는 예의에 근원을 두고 예의는 군자에 근원을 둔다고 생각했다. 그래서 순자는 이와 같이 법도・예의・군자 셋이 상호 영향을 주고 의지하게 되면 안정을 얻게 되어 그것의 실행에 있어서의 실질적인 효과를 이룩할 수 있게 되는 것이라고 보았던 것이다.

■

참고문헌

王先謙,『荀子集解』, 北京, 中華書局, 1992년.

李滌生,『荀子集釋』, 臺北, 學生書局, 1986년.

王忠林,『荀子讀本』, 臺北, 三民書局, 1996년.

党晴梵,『荀子研究』, 西安, 陝西人民出版社, 1953년.

魏元珪,『荀子哲學思想』, 新店, 谷風出版社, 1987년.

韋政通,『荀子與古代哲學』, 臺北, 臺灣商務印書館, 1985년.

黃俊傑,『春秋戰國時代尙賢政治的理論與實際』, 臺北, 問學出版社, 1977년.

沙亦群,『意識形態與社會變遷』, 臺北, 巨流圖書公司, 1983년.

陳鴻瑜,『政治發展理論』, 西寧, 青海教育出版社, 1995년.

朱岑樓,『社會學』, 貴陽, 貴州人民出版社, 1997년.

제5장
묵자의 정치사상

1. 시작하는 말

묵자의 천지론天志論은 하늘의 의지가 준칙의 의미에서부터 관념의 의미가 되는 것에 이르기까지의 과정 속에서 묵자학파가 주장한 주요한 가치 관념이 의탁한 소재가 된다고 할 수 있다. 아울러 묵자는 하늘의 의지에 법칙의 의미를 부여하여 그러한 천지 관념의 내용에 '겸애'로써 정치와 사회를 비판하고 평가하는 판단기준이 되게 만들었다고 할 수 있다. 그러나 왕공대부가 정치를 행할 때 및 백성들이 일상생활 속에서 이러한 기준을 위반하거나 혹은 하늘의 의지에 따라서 행하지 않을 때 과연 어떻게 할 것인가? 라고 하는 문제가 제기될 수 있다.

이상과 같은 문제에 관하여 현실 정치적 관점에서 천지의 목적을 탐구해볼 것인데, 그것은 바로 묵자가 공리공담만 일삼는 이론가가 아닌 실천을 중시하는 실천가였기 때문이다. 또한 이러한 천지의 관념은 과연 어떻게 현실 정치 속에서 그것의 관철과 시행이 보증되었을까? 라고 하는 문제, 즉 천지의 관념이 현실 정치 가운데에서 발생하게 되고 작용하려고 하는 시점에서 천지에 어떠한 형태의 의미와 작용을 부여해야 만이 타당한 것인가? 라고 하는 문제와 서로 관련된 묵자학파의 이론은 또 어떻게 연결시켜야만 하는 것인가? 바로 이러한 문제들이 묵자가 심각하게 고민하고 관심을 가졌던 문제들이라고 할 수 있다.

2. 천지의 상선벌악

묵자가 제기한 천지 관념의 적극적인 의미는 이상적인 사회 실현의 가능성을 제기한 것에 있다고 할 수 있으며, 소극적인 의미는 하늘의 의지가 시행하는 것을 권면하고 이상이 현실 속에 산재하는 다양한 형태의 폐단을 구제하고 시행하지 않게 되는 것을 방지시키는 것을 제기한 것에 있다고 할 수 있다. 묵자는 윗자리에 있는 사람이 만일 하늘의 의지를 따르지 않고 겸애와 이익을 백성들에게 베풀지 않을 경우 하늘은 그에게 징벌을 내릴 것이라고 생각했다. 그래서 묵자는 겸애를 적극적으로 시행하는 것 이외에 하늘이 상선벌악賞善罰惡을 할 수 있다고 하는 주장을 제기하여 천하의 사람들이 분별하여 서로 미워하는 세태와 전란이 빈번한 상황을 바꿔보고자 했던 것이다. 아울러 묵자는 윗자리에 있는 사람이 되어서 겸애의 이상으로 천하를 구제하고자 하지 않으려고 하는 잘못을 바로잡는다고 하는 소극적인 측면에 대해서도 언급을 했다. 그렇기 때문에 묵자는 역사적인 반성 속에서 사회적 전통에 대한 고찰 및 실제적인 필요 가운데 특별히 하늘의 의지天志에게 상선벌악의 특성을 부여했던 것이다. 묵자는 이러한 견해를 견지하면서 노양魯陽의 문군文君이 하늘의 의지에 가탁하여 정나라를 공격하려고 한 것에 대하여 비판을 제기했던 것이다.

> 노양의 문군이 정나라를 공격하려 하였다. 묵자는 그 말을 듣고서 이를 말리려고 노양의 문군에게 말했다. 지금 만약 노양 땅 경계 안에서 큰 도시가 작은 도시를 공격하고 큰 집안이 작은 집안을 공격하여 거기에 사는 사람들을 죽이고, 그들의 소·말·개·돼지·무명·비단·쌀·조 및 재물들을 빼앗아 간다면, 곧 어떻겠습니까? 노양의 문군이 말하였다. 노양 땅 사방 경계 안 사람들은 모두가 나의 신하들이오. 지금 큰 도시가 작은 도시를 공격하고 큰 집안이 작은 집안을 공격하여 그들의 재물을 빼앗는다면, 곧 나는 무거운 형벌을 내릴 것이오. 묵자가 말했다. 하늘이 온 세상을 아울러 지니고 있는 것도 역시 임금님께서 사방 경계 안을 갖고 있는 것이나 같은 일입니다. 지금 군사를 일으켜 정나라를 공격한다면 하늘이 처벌을 내리지 않겠습니까? 노양의 문군이 말하였다. 선생께선 어찌하여 내가 정나라를 공격하려는 것을 막는 거요? 내가 정나라를 공격하는 것은 하늘의 뜻을 따르는 것이오. 정나라 사람들은 삼대에 걸쳐 그들의 임금을 죽였고, 하늘은 벌을 내리시어 3년 동안 농사가 온전히 되지 않게 하였지요. 나는 하늘이 벌하시는 것을 도우려는 것이오. 묵자가 말했다. 정나라 사람들이 삼대 걸쳐 자기 아비를 죽여 하늘이 벌을 내리시어 3년 동안 농사가 온전히 되지 않았다면 하늘의 처벌로 충분한 것입니다. …… 그의 아버지가 매

질을 하니까 그의 이웃집 영감이 몽둥이를 들고서 치면서 말하기를, 내가 애를 치는 것은 그의 아버지의 뜻을 따르는 것이다. 라고 말하는 것과 같은 일입니다. 어찌 도리에 어긋나지 않겠습니까?[1)]

위의 인용문에서와 같이 볼 수 있듯이, 노양의 문군은 본래 사사로운 욕심에 의해서 정나라를 침략하고자 하면서도 그 침략의 당위성을 하늘을 대신하여 도를 세운다고 하는 허울 좋은 명분을 세웠지만, 묵자는 적절한 비유를 들어서 노양과 정나라가 같은 하늘아래서 만일 서로가 침략전쟁을 벌인다면 반드시 하늘로부터 징벌을 받게 될 것이라고 주장했다. 하늘의 의지라고 하는 관점에서 보았을 때 노양과 정나라의 지위는 상호 대등한 관계였기 때문에 만일 침략전쟁을 시작하게 될 경우 스스로는 반드시 하늘의 징벌을 받게 될 것은 자명한 사실이라고 할 수 있다. 하늘의 의지는 서로가 사랑해야 하고 관용해야 한다고 하는 관점 아래에서 각 나라들 사이의 정의를 유지시키기 위해서는 각국의 국제정의를 초월하는 존재가 필요하게 되는 것이다.

---

1) 『墨子』, 「魯問」, "魯陽文君將攻鄭, 子墨子聞而止之, 謂魯陽文君曰: 今使魯四境之內, 大都攻其小都, 大家伐其小家, 殺其人民, 取其牛馬狗豕布帛米粟貨財, 則何若? 魯陽文君曰: 魯四境之內, 皆寡人之臣也. 今大都攻其小都, 大家伐其小家, 奪之貨財, 則寡人必將厚罰之. 子墨子曰: 夫天之兼有天下也, 亦猶君之有四境之內也. 今擧兵將以攻鄭, 天誅亓不至乎? 魯陽文君曰: 先生何止我攻鄭也? 我攻鄭, 順於天之志. 鄭人三世殺其父, 天加誅焉, 使三年不全. 我將助天誅也. 子墨子曰: 鄭人三世殺其父而天加誅焉, 使三年不全. 天誅足矣, …… 其父笞之, 其鄰家之父擧木而擊之, 曰: 吾擊之也, 順於其父之志, 則豈不悖哉?"

문제는 각국 사이에 발생하게 되는 정치적 행태가 어떠한 상황 속에서 하늘의 의지에 순응하거나 혹은 위배 하냐는 것이다. 그리고 하늘의 포상과 징벌은 어떻게 알 수가 있게 되는 것일까?

> 하늘의 뜻을 따른다는 것은 모두를 아울러 사랑하는 것이며, 하늘의 뜻에 반한다는 것은 차별을 두어 모두를 사랑하지 않는 것이다. 모두를 아울러 사랑하는 길은 의로운 다스림으로 가게 되고, 차별을 두어 모두를 사랑하지 않는 길은 힘에 의한 다스림으로 가게 된다. 그런데 의로운 다스림 이라는 것은 어떤 것인가? 그것은 큰 자는 작은 자를 공격하지 않고, 강한 자는 약한 자를 업신여기지 않으며, …… 그리하여 천하의 여러 나라들은 물이나 불과 독약과 무기로써 서로를 해치는 일이 없게 되는 것이다. …… 그러므로 천하의 좋은 명칭은 모두 주워 모아 그들에게 붙이게 되는 것이다. 그렇게 되는 까닭은 무엇인가? 곧 하늘의 뜻을 따르는 것이기 때문인 것이다. 그러면 힘에 의한 다스림 이라는 것은 어떤 것인가? 그것은 크면 작은 자를 공격하고, 강하면 약한 자를 업신여기며, 수가 많으면 적은 자들을 해치고, …… 그리하여 천하의 여러 나라들은 물이나 독약과 무기로써 서로를 해치게 되는 것이다. …… 그러므로 천하의 악한 명칭은 다 주워 모아 그들에게 붙이게 되는 것이다. 이것은 그 까닭이 무엇인가? 곧 하늘의 뜻에 반하는 것이기 때문이다.[2)]

---

2) 『墨子』, 「天志下」, "曰順天之意者, 兼也; 反天之意者, 别也. 兼之爲道也, 義正; 别之爲道也, 力正. 曰: 義正者何若? 曰: 大不攻小也, 强不侮弱也, 衆不賊寡也, …… 是以天下之庶國, 莫以水火毒藥兵刃以相害也. …… 故凡從事此者, 聖知也, 仁義也, 忠惠也, 慈孝也, 是故聚斂天下之善名而加之. 是其故何也? 則順天之意也. 曰: 力正者何若? 曰: 大則攻小也, 强則侮弱也, 衆則賊寡也, …… 是以天下之庶國, 方以水火毒藥兵刃以相賊害

하늘의 뜻을 따른다고 하는 것은 바로 천지의 관념 속에서 모두를 사랑하는 도리를 실천하는 것이며, 모두를 사랑하는 도리를 실천한다고 하는 것은 바로 의로운 다스림을 천하에 펼치는 것이다. 이처럼 의로운 다스림을 천하에 펼치게 되면 천하에는 전쟁과 거짓되고 기만하는 일이 없어지게 되는 것이다. 이러할 경우 하늘과 산천의 귀신은 마땅히 받아야 할 제사를 받을 수 있게 되고 백성들은 응당 누려야할 행복을 누릴 수 있게 되는 것이다. 제후국의 군주가 이와 같이 하늘의 뜻을 얻게 될 경우 그는 성인답고 자애롭고 지혜가 있으며 충성되고 효성스러운 사람이라고 불리어지게 되는 것이다.

반대로 하늘의 뜻을 거스르게 되면 바로 차별을 두어 모두를 사랑하지 않게 되는 길을 걷게 되어 결국에는 강력한 무력에 의해 천하를 정복하려 들게 된다. 이럴 경우 천하의 수많은 나라들이 상호간에 전쟁과 침략을 일삼게 되는 상황이 조성되어 결국에는 하늘과 산천의 귀신은 마땅히 받아야 할 제사를 받을 수 없게 되고 백성들은 응당 받아야할 보살핌을 받을 수 없게 되는 것이다. 이와 같이 하늘의 덕을 해치는 사람은 도적이나 반란과 혼란의 무리에 속하는 사람으로 불리어지게 되는 것이다.

그렇기 때문에 하늘의 뜻을 따른다고 하는 것은 여러 제후국들에게 있어서 각국의 군주들이 백성들을 모두 사랑하고 이롭게 할 수 있게 되는 것이며 하늘의 뜻을 따라 천하를 잘 통치하게 되는 것이다. 하늘의 뜻을 거스르게 되면 각국의 군주들이 서로

也. …… 是故聚斂天下之惡名而加之. 是其故何也? 則反天之意也."

를 해치기 위해 전쟁을 벌여서 결국에는 백성들에게 어떠한 이로움도 없게 만들며 강력한 무력으로 천하를 정복하려고 하게 되는 것이다. 결국 묵자의 주장의 핵심은 바로 각국의 군주들이 하늘의 의지를 이상으로 삼는 한편 하늘의 뜻을 따라 백성들을 통치해야 만이 하늘로부터 포상을 받을 수 있다고 하는 것에 있다고 할 수 있다. 물론 만일 하늘의 뜻을 거스르게 되면 곧 하늘로부터 징벌을 받을 수 있다고 하는 사실 역시 부연했다.

> 하늘이 천하를 차지하고 있는 것도 이것과 다를 바가 없는 것이다. 지금 만약 큰 나라라 하여 곧 작은 나라를 공격하고, 큰 고을 사람이라 하여 곧 작은 고을을 정벌하면서 그런 방법으로 하늘의 복과 혜택이 내려지기를 바란다면, 복과 혜택은 끝내 받지 못하고 재난을 반드시 당하게 될 것이다. …… 그러므로 옛날 성인다운 임금들은 하늘과 귀신이 복을 내려주는 까닭을 분명히 알고, 하늘과 귀신의 미움을 피하여 천하의 이익을 증진시키고, 천하의 해를 없애려 하였다. 그래서 하늘은 추위와 더위를 절기에 맞도록 해주고, 사계절이 조화 되도록 해주며, 날씨와 비와 이슬이 때에 알맞도록 해주고, 오곡이 잘 익도록 해주며, 여러 가축들이 잘 자라게 해주고, 질병과 전염병 및 흉년과 굶주림이 닥치지 않도록 해주었다. 그러므로 묵자가 지금 천하의 군자들이 진실로 도를 따라 백성들을 이롭게 해주려 한다면, 어짊과 의로움의 근본에 대하여 근본적으로 살피어 하늘의 뜻을 따르지 않으면 안 되는 것이라고 말했다.[3]

---

3) 『墨子』, 「天志中」, "夫天之有天下也, 將無已異此. 今若處大國則1攻小國, 處大都則伐小都, 欲以此求福祿於天, 福祿終不得, 而禍祟必至矣.

하늘이 천하를 차지하고 있는 것이 임금이나 제후들이 사방 국경 안의 땅을 차지하고 있는 것과 같기 때문에 당연히 모든 군주들은 자신의 백성들이 모두 서로 이롭게 되기를 희망할 것이다. 만일 자신의 국가 내의 각 도시 혹은 성읍의 백성들이 서로를 공격한다면 군주가 된 자로서 사회의 안녕과 질서를 유지하기 위해서 그들에게 징벌을 가해야 한다. 묵자는 이와 같은 비유를 들어서 하늘의 의지에는 상벌을 내리는 기능이 있다고 하는 사실을 설명하고 있으며, 군주가 만일 하늘이 하고자 하는 백성들을 모두 사랑하고 이롭게 해야 하는 것을 하지 않을 경우에 하늘은 즉시 질병과 재앙을 내려 징벌을 한다는 사실 및 하늘과 귀신의 비호를 받을 수 없다고 하는 것에 대해서도 역설하고 있다. 이는 묵자가 당시의 사람들이 하늘을 경외하는 심리를 이용하여 천하의 사람들을 위하여 이로움을 주고 해악을 제거하기를 염원하는 바램을 담고 있는 것이라고 할 수 있다. 이와 같이 집권자 개인이 이로움을 얻을 뿐만 아니라 하늘의 포상을 받게 되면 천하의 백성들 역시 그러한 축복을 같이 누릴 수 있게 되는 것이다.

결국 묵자가 하늘의 의지는 상선벌악賞善罰惡을 할 수 있다고 생각한 것은 역사적인 전통과 하늘의 자연현상을 통하여 증명할 수 있을 뿐만 아니라, 진일보 하여 포상과 징벌이라고 하는 신

…… 故古者聖王明知天鬼之所福, 而辟天鬼之所憎, 以求興天下之利, 而除天下之害. 是以天之爲寒熱也節, 四時調, 陰陽雨露也時, 五穀孰, 六畜遂, 疾災戾疫凶饑則不至. 是故子墨子曰: 今天下之君子, 中實將欲遵道4利民, 本察仁義之本, 天意不可不愼也."

앙심 즉 귀신의 의지에 의거한 것이라고 할 수 있는 것이다. 그렇다면 귀신과 하늘의 의지는 어떤 관계를 가지고 있는 것일까? 묵자가 언급한 하늘의 의지와 귀신의 관계에 대하여 좀 더 구체적으로 언급하자면, 이는 천지 관념 속에서의 공포의식과 관련지어 논의할 필요가 있다고 생각한다.

3. 천지 관념 속에서의 공포의식

옛날부터 절대적 권위를 가지 초월자 즉 신에 대한 믿음체계가 존재해 왔는데, 그러한 것의 주요한 목적은 바로 백성들이 초월적 존재에 대하여 갖고 있는 신앙심을 이용하여 사회질서의 안정을 도모하기 위해서였다고 할 수 있다. 묵자는 제왕의 존폐나 농사의 풍년 흉년을 통하여 하늘의 의지가 군주에 대하여 상벌을 내리는 것을 설명하는 것 이외에 귀신에 관한 논의 혹은 민간에서 믿고 있는 귀신 신앙에 대한 것으로써 하늘의 의지와 사회정의 및 상벌의 관련성을 설명한다.

> 옛날 삼대의 성왕들이 돌아가신 뒤로 천하는 의로움을 잃고 제후들은 힘으로 정치를 하게 되었다. 그리하여 임금과 신하와 윗사람과 아랫사람들이 은혜롭고 충성되지 않은 이가 있게 되었으며, 아버지와 자식과 형과 아우들이 자애롭고 효성스럽지 않으며, 공경하고 우애롭고 바르고 훌륭하지 않은 이가 있게 되었고, 지도자들은 정사를 처리하는 데 힘쓰지 않고 천한 사람들은 종사하는 일에 힘쓰지 않게 되었다. 백성들이 난폭하고 반란

> 을 일삼고 도둑질을 하며, 무기와 독약과 물과 불로써 한길이나 골목길에서 죄 없는 사람들을 가로막고, 남의 수레와 말과 옷가지를 약탈하여 자기의 이익으로 삼는 자들이 한꺼번에 생겨난 것은 이로부터 비롯된다. 그리하여 천하는 어지러워졌다. 이렇게 된 까닭은 어째서인가? 곧 모두가 귀신이 있고 없는 분별에 의혹을 지니어 귀신이 현명한 사람에게는 상을 주고, 난폭한 자에게는 벌을 줄 수 있음을 분명히 알지 못했기 때문이다. 지금 천하의 사람들에게 귀신이 현명한 사람들에겐 상을 주고, 난폭한 자에겐 벌을 줄 수 있음을 믿게 한다면, 천하가 어찌 어지러워지겠는가?[4)]

위의 인용문을 통해 알 수 있듯이, 묵자는 주로 정치와 사회 및 도덕의 타락과 혼란으로써 사회정의에 대한 왜곡에 관하여 언급하고 있다. 즉 사람들이 타인의 삶과 죽음을 돌보지 않고 오직 자신만의 개인적 이익만을 추구하기 때문에, 천하가 정치적 사회적으로 혼란한 상황에 빠져들게 된다고 하는 것을 언급하고 있다. 사회적으로 정의를 상실하게 되는 주요한 심리적 요인은 바로 사회적으로 불공정함의 범람과 정치적으로 불의함의 횡행에 있는 것이라고 할 수 있다. 즉 사람들의 마음이 오랜 시

---

4) 『墨子』, 「明鬼下」, "逮至昔三代聖王旣沒, 天下失義, 諸侯力正, 是以存夫爲人君臣上下者之不惠忠也, 父子弟兄之不慈孝弟長貞良也, 正長之不强於聽治, 賤人之不强於從事也, 民之爲淫暴寇亂盜賊, 以兵刃毒藥水火, 退無罪人乎道路率徑, 奪人車馬衣裘以自利者並作, 由此始, 是以天下亂. 此其故何以然也? 則皆以疑惑鬼神之有與無之別, 不明乎鬼神之能賞賢而罰暴也. 今若使天下之人, 偕若信鬼神之能賞賢而罰暴也, 則夫天下豈亂哉?"

간동안 불의함과 불공정한 상태에 노출되어 있을 경우 인간의 심리는 점진적으로 비뚤어지게 되어, 결국에는 폭력적이고 음란하게 되어 개인의 사적 이익만을 추구하게 되어 두려워하는 것이 없게 것이다. 이러한 것을 종교적인 측면에서 본다면 곧 귀신의 권능과 상선벌악賞善罰惡을 인정하지 않게 됨을 의미하는 것이다. 그 결과 옛날부터 이미 존재했던 제도적 장치나 백성들의 음란과 폭력을 방지하기 위한 종교적 장치는 더 이상 사회적으로 통제력을 발휘하지 못하게 되는 것이다. 그렇기 때문에 묵자는 천하의 정치적 안정과 사회적 질서를 회복하고자 한다면, 이미 유명무실화 되어버린 귀신의 상선벌악의 권능을 다시 부활시켜야 한다고 생각했다. 그래서 묵자는 귀신의 존재를 밝힌다고 하는 이론을 제기하여 천지 관념을 보완하였던 것이다.

그렇다면 도대체 귀신이란 존재는 정말로 있는 것인가? 아니면 없는 것인가? 이러한 물음 역시 묵자가 적합한 대답을 해야만 하는 사항이라고 할 수 있으며, 만일 귀신이 정말로 있다고 한다면 그에 부합하는 적절한 증명 역시 반드시 필요한 사안이라고 할 수 있을 것이다. 귀신의 존재가 있다고 하는 증명은 바로 귀신이 포상과 징벌을 내릴 수 있다고 하는 것에서 찾아볼 수 있다. 이러한 문제에 대해서 묵자는 자신의 경험 및 역사적 성찰을 거쳐 제기한 삼표법三表法을 통하여 귀신의 존재를 증명했다.

> 그것은 천하에 있고 없는 것을 살피어 알게 되는 도리를 따르고, 반드시 여러 사람들의 귀와 눈이 듣고 본 실상을 근거로 하

여, 그것이 있고 없는 것을 아는 법도로 삼아야 할 것이다. 정말로 누가 그것을 듣고 보았다면, 반드시 그것은 있는 것이라 여길 것이다. 아무도 듣지도 못하고 보지도 못한 것이라면, 반드시 그것은 없는 것이라 생각할 것이다. 그렇다면 어찌하여 한 고을이나 한 마을로 들어가 거기에 대하여 물어보지 않았는가? 옛날부터 지금에 이르기까지 사람들이 생겨난 이래로, 귀신이라는 물건을 본 사람이 있고, 귀신이 내는 소리를 들은 사람이 있다면, 귀신이 없다고 어찌 말할 수 있겠는가? 만약 아무도 들은 사람이 없고, 아무도 본 사람이 없다면 귀신이 있다고 말할 수가 있겠는가?[5)]

어떠한 사물이 존재하거나 존재하지 않거나 라고 하는 것에 대하여 알고자 한다면, 그것의 존재유무를 증명하는 방법은 바로 그것에 대하여 보거나 들은 적이 있는 사람을 찾아보는 것이다. 그러나 만일 어떠한 사람도 귀신에 대하여 보거나 들어본 사실이 없을 때에는 귀신을 어떻게 증명해야 하는가? 라고 하는 문제에 직면할 수밖에 없게 된다. 이러한 문제에 대한 묵자의 증명은 기본적으로 일반 사람들의 입과 귀를 통하여 전달된 지식에 의지한다. 즉 그러한 존재는 사람들이 목격한 적이 있고 사람들이 들어본 적이 있기 때문에 귀신이 존재한다고 여겨지게 되는 것이다. 민간사회에서 전해지는 전설 이외에 묵자는 각국

---

5) 『墨子』, 「明鬼下」, “是與天下之所以察知有與無之道者, 以衆之耳目之實, 知有與亡爲儀者也. 請惑聞之見之, 則必以爲有. 莫聞莫見, 則必以爲無. 若是, 何不嘗入一鄕一里而問之? 自古以及今, 生民以來者, 亦有嘗見鬼神之物, 聞鬼神之聲, 則鬼神何謂無乎? 若莫聞莫見, 則鬼神可謂有乎?”

의 역사적 자료와 문헌들을 통하여 귀신의 존재를 설명하기도 한다. 예를 들자면, 주나라의 『춘추』에 기록되어져 있는 두백의 귀신 이야기나 연나라의 『춘추』에 기록되어져 있는 장자의의 귀신 이야기 및 『하서夏書』나 『상서商書』 및 『주서周書』에 기록되어져 있는 삼대 성왕의 귀신에 관한 언급 등과 같은 역사문헌의 역사적 기록에 나타나 있는 귀신을 보았거나 들었던 사실들을 근거로 귀신의 존재를 증명했다.

묵자가 인용한 역사문헌의 기록을 통해서 보면 귀신은 하늘의 의지가 하는 포상과 징벌을 집행할 수 있는 것으로 묘사되어 있기 때문에 귀신은 존재하는 것이며, 이러한 것 외에도 옛날부터 전해져 내려온 제사의식을 통해서도 귀신의 존재를 증명한다.

> 만약 진실로 옛날 삼대의 성왕들을 법도로 삼을만하다면, 곧 위로 성왕들의 일에 관하여 살펴보기로 합시다. 옛날에 무왕이 은나라를 공격하여 주를 징벌했을 적에, 제후들로 하여금 제각기 그들의 제사를 지내도록 하시었소. 곧 주나라 왕실과 핏줄이 가까운 이들은 궁전 안의 사당 제사를 받들고, 핏줄이 먼 사람들은 궁전 밖의 제사를 받들라는 것이었소. 그러니 무왕은 반드시 귀신은 존재하는 것이라 여겼던 것이오. 그렇기 때문에 은나라를 공격하여 주왕을 징벌했을 적에 제후들로 하여금 제각기 그들의 제사를 지내도록 했던 것이오. 만약 귀신이 없는 것이라면 무왕이 무엇 때문에 제사를 제각기 지내도록 했겠소? 다만 무왕의 하신 일만이 그러한 것이 아니다. 옛날의 성왕들은 공이 있는 사람들에게 상을 줄 적에는 반드시 조상의 묘당에서 하였고, 죄 있는 자를 처형할 적에는 반드시 사에서 하였다. 조상의

묘당에서 상을 준 것은 무엇 때문이었는가? 상을 주는 것이 공평함을 알리기 위해서였다. 사에서 처형을 한 것은 무엇 때문이었는가? 재판이 공정했음을 알리기 위해서였다.[6)]

기본적으로 묵자가 반복해서 증명하고자 하는 것은 사람들이 귀신의 존재를 받아들일 수 있도록 설득하는 것에 있다고 할 수 있다. 그래서 묵자는 만일 일반 사람들의 증언을 믿을 수 없을 경우 삼대 성왕들의 사례까지 들었던 것이다. 삼대의 성왕들은 모든 행위의 법도로 삼을 수 있는 전범을 가진 존재들이기 때문에 그들이 행하였던 모든 것들은 신뢰할 만하다고 할 수 있다. 그렇기 때문에 무왕이 제후들에게 제사를 지내게 했다고 하는 명령을 내린 역사적 사실에서 귀신이 반드시 존재했다고 하는 것을 알 수 있게 된다. 그렇지 않았다면 군주가 공신들에게 포상을 내릴 때에 그것을 왜 조상의 묘당에서 거행했겠으며, 징벌을 내릴 때에 왜 사社에서 거행했겠는가! 더욱 중요한 것은 천하의 백성들에게 귀신이 상선벌악을 한다고 하는 사실을 널리 알려서 악행을 하지 못하도록 한 것과 다른 한편으로 군주 된 사람들에게 포상과 징벌을 사리에 맞고 정의에 부합하게 행하라고 하는 메시지가 담겨져 있으며, 만일 군주가 포상과 징벌을 정의에 부합하지 않게 시행했을 경우 귀신의 체벌을 피할 수 없음을

---

6) 『墨子』, 「明鬼下」, "若苟昔者三代聖王, 足以爲法, 然則姑嘗上觀聖王之事. 昔者武王之攻殷誅紂也. 使諸侯分其祭曰: 使親者受內祀, 疏者受外祀. 故武王必以鬼神爲有. 是故攻殷伐紂, 使諸侯分其祭. 若鬼神無有, 則武王何祭分哉? 非惟武王之事爲然也, 故聖王其賞也必於祖, 其僇也必於社. 賞於祖者何也? 告分之均也. 僇於社者何也? 告聽之中也."

경고하고 있다는 사실이다.

그러므로 옛날의 성왕이 천하를 다스림에 있어서 반드시 귀신들을 먼저 위하고 사람들은 뒤에 생각한 것은 이 때문이다. 그러므로 나라의 관청에서 갖추는 물건은 반드시 먼저 제기와 제복 같은 것이었으며, 이런 것들을 모두 창고에 잘 저장해 두었다. 축과 종 같은 제사를 맡은 관리들이 모두 조정에 있었으며, 제물로 바치는 가축은 일반 가축과 함께 기르지 않았다. 본래 옛날 성왕들의 정치 방법은 이와 같았던 것이다. 옛날 성왕들은 반드시 귀신이 있다고 하였고, 귀신을 위하여 성실히 힘썼다. 또 후세 자손들이 알 수 없게 될까 두려워해서 죽간과 비단에 그것을 써서 후세 자손들에게 전하여 주었다. 어떤 이는 그것이 썩거나 좀먹어 없어져서 후세 자손들이 알 수 없게 될까 두려워하여 쟁반이나 그릇 같은 데 새기거나 쇠나 돌에 새김으로써 그것을 소중히 하였다. 그리고도 후세 자손들이 공경하고 두려워하지 않아서 그 복을 받지 못할까 두려워하였다. 그러므로 옛 임금의 책이나 성인들의 말을 보면, 한 자 길이의 비단이나 한 편의 책을 펼쳐 보아도 귀신이 있다는 말이 자주 나오며, 그것을 소중히 또 소중히 하고 있는 것이다. 이러한 까닭은 무엇인가? 곧 성왕들이 거기에 힘썼기 때문이다. 지금 귀신이 없다고 주장하는 자들은 말하기를, 귀신은 본래부터 있지 않은 것이다. 라고 한다. 곧 이것은 성왕들이 힘쓰던 일에 반하는 것이다. 성왕들이 힘쓰던 일에 반하는 것은 군자의 도가 될 수 없다.[7)]

---

7) 『墨子』, 「明鬼下」, "故古聖王治天下也, 故必先鬼神而後人者此也. 故曰官府選效, 必先祭器祭服, 畢藏於府, 祝宗有司, 畢立於朝, 犧牲不與昔聚

삼대 성왕들이 천하를 다스리던 때에는 귀신을 믿는 것과 사회정의 사이의 관계를 알고 있었기 때문에 귀신이 백성들의 음란과 악행 그리고 무례함을 방지할 수 있다고 하는 사실을 적극적으로 제창했었다. 그래서 사람들 사이에 불공정한 일이 발생할 수 있는 여지를 사전에 막을 수 있었던 것이다. 그렇기 때문에 그들이 귀신과 관련된 사안에 대하여 그만큼 중시했던 것이다. 이뿐만 아니라 그들은 후손들이 이러한 사실을 알 수 없게 될까 염려하여 죽간이나 백서에 기록하거나 금문이나 석문으로 남겨 소중히 보전하려 했던 것이다.

이상과 같은 언급에서 알 수 있는 사실은 귀신에게 상선벌악을 내릴 수 있는 권능이 있다고 하는 사실의 의의는, 하늘의 의지에 현명한 자에게 포상을 내리고 폭정을 일삼는 자에게 징벌을 내린다고 하는 권능이 있다고 하는 것과 마찬가지로, 현실정치 속에서 통치자 및 세상 사람들에게 경고의 메시지를 담고 있는 것에 있다고 할 수 있다. 그래서 묵자는 "나라가 음란하고 무례하다면, 그들에게 하늘을 높이고 귀신을 섬길 것을 먼저 말해주어야 한다."[8]라고 역설했던 것이다. 예의에는 규범이라는 의미가 담겨져 있기 때문에, 예의가 없다면 바로 법도가 없는 것

群. 故古者聖王之爲政若此. 古者聖王必以鬼神爲, 其務鬼神厚矣, 又恐後世子孫不能知也, 故書之竹帛, 傳遺後世子孫. 咸恐其腐蠹絶滅, 後世子孫不得而記, 故琢之盤盂, 鏤之金石以重之. 有恐後世子孫, 不能敬䇦以取羊. 故先王之書, 聖人一尺之帛, 一篇之書, 語數鬼神之有也, 重有重之. 此其故何? 則聖王務之. 今執無鬼者曰: 鬼神者, 固無有. 則此反聖王之務. 反聖王之務, 則非所以爲君子之道也."

8) 『墨子』, 「魯問」, "國家遙僻無禮, 則語之尊天事鬼."

이며 질서가 없게 되어 규범을 상실하게 되는 것이란 의미가 담겨져 있는 것이다. 그렇기 때문에 하늘을 높이고 귀신을 섬기는 것은 무지몽매한 미신이나 광적인 종교 신념이 아닌 것으로, 이는 묵자가 사회의 법도 및 규범을 재건하기 위해서 운용한 수단이었던 것이라고 할 수 있다. 그러한 것들이 가지고 있는 작용은 마치 오늘날의 징계조례가 현재의 사회 속에서 작용하는 것과 같은 것이라고 할 수 있다. 그러나 하늘을 높이고 귀신을 섬긴다고 하는 것에는 초월적인 힘에 의해서 세속사회를 제약한다고 하는 전통적인 관습이 남아 있으며, 특히 왕공대인 등 권력자들에 대한 제약이 핵심을 이루고 있다고 할 수 있다. 묵자는 천지와 명귀의 권위로써 현실생활 속에서의 제재와 제약을 삼고자 하였으며, 사람들이 서로를 두루 사랑하고 서로가 차별하지 않기를 염원했던 것이다.

4. 천지 관념 속에서의 인심 속박의 해방

묵자 학설의 전반적인 의미에서 말하자면, 천지 혹은 귀신 및 국가차원의 상벌은 모두가 인간 스스로의 행위에 의해서 비롯되는 것이라고 할 수 있다. 즉 인간이 하는 선행과 악행에 따라서 하늘과 귀신의 포상과 징벌을 받게 되는 것이다. 대체적으로 말하자면, 인간 행위의 선악에 따라서 외부적인 포상과 징벌이 초래 되는 것으로, 비록 하늘의 의지나 귀신의 존재를 밝히는 것과 같이 외재적인 요인도 있지만, 궁극적으로는 인간이 자신의 주동적인 행위를 포기하고 귀신의 비호에 의지하지 않는다는 것을 의미한다.

> 계손소와 맹백상은 함께 노나라의 정사를 다스리고 있었는데, 서로 믿지 못하고 있어서 사당에 가서 빌었다. "진실로 우리를 화목하도록 하여 주십시오." 하고 그것은 마치 그들이 "눈은 가리고 사당에 가서 빌기를 우리를 다 볼 수 있게 하여 주십시오." 하고 비는 거나 같은 것이니, 어찌 잘못이 아니겠는가?[9)]

> 질비가 와서 물었다. "선생님께서는 귀신은 밝아서 사람에게 화와 복을 내릴 수 있으며, 착한 자에게는 상을 주고 착하지 않은 자에게는 벌을 내린다 하셨습니다. 지금 선생님은 성인이신데, 어찌하여 병이 나셨습니까? 생각건대, 선생님의 말씀이 착하지 않았다는 것입니까? 귀신이 밝게 알지 못한 것입니까?" 묵자가 말하였다. "비록 네게 병이 났다 하더라도 귀신이 어찌 갑자기 밝지 않아졌겠느냐? 사람이 병을 얻게 되는 이유는 여러 가지 있으니 추위나 더위 때문에 얻는 경우도 있고, 수고나 괴로움 때문에 얻는 경우도 있어 백 개의 문 가운데 한 문을 닫았다 하더라도 도적이 어찌 갑자기 들어갈 데가 없겠는가?"[10)]

---

9) 『墨子』, 「耕柱」, "季孫紹與孟伯常治魯國之政, 不能相信, 而祝於叢社, 曰: 苟使我和. 是猶弇其目, 而祝於叢社曰: 苟使我皆視. 豈不繆哉?"

10) 『墨子』, 「公孟」, "跌鼻進而問曰: 先生以鬼神爲明, 能爲禍福, 爲善者賞之, 爲不善者罰之. 今先生聖人也, 何故有疾? 意者先生之言有不善乎? 鬼神不明知乎? 子墨子曰: 雖使我有病, 何遽不明? 人之所得於病者多方, 有得之寒暑, 有得之勞苦, 百門而閉一門焉, 則盜何遽無從入?"

이러한 하늘의 의지나 귀신은 외부세계에 존재하면서 사람들에게 포상과 징벌 및 재앙과 축복을 내려 줄 수 있다고 하는 견해는 묵자가 생존하던 당시에도 마찬가지로 항상 사람들의 오해와 의문제기에 봉착했었다. 이러한 사례는 위의 인용문을 통해서 충분히 알 수 있다. 물론 묵자의 의도는 단지 하늘과 귀신이 상벌을 내린다고 하는 주장에 머물러 있지 않고 사람들이 하늘과 귀신이 결정한 인간의 행위를 방임함으로써 발생하게 되는 범죄행위의 예방에 초점이 맞춰져 있었던 것이다. 하늘과 귀신이 기획한 것은 제도와 심리적인 측면의 필요에 착안한 일종의 감시 시스템이었던 것으로, 사람은 반드시 스스로가 선한 행위와 악한 행위를 구별하여 종사해야만 하는 것이다. 이와 같이 알 수 있듯이 묵자의 하늘과 귀신은 이미 상고시대의 인류가 복을 기원하고 신령함이 강림하는 종교적인 의미의 하늘과 귀신의 성격을 탈피한 형태의 존재였던 것이다. 즉 묵자가 언급한 하늘과 귀신은 인간의 주동적인 행위에 의해서 서로 반응하는 존재로써, 인간이 선한 행위를 할 때에 만이 비로소 하늘과 귀신의 포상을 받을 수 있는 것이며, 인간 자신의 미래는 스스로가 창조할 수 있게 되는 것이다. 다시 말하자면, 하늘과 귀신의 포상과 징벌은 결코 운명적으로 결정된 것이거나 선천적으로 혹은 기원해서 얻어지는 것이 아니라는 것이다.

만일 인간의 모든 행위가 선천적으로 결정되었고 진정으로 운명으로 결정된 존재가 있다고 한다면, 인간의 선한 행위나 악한 행위는 무의미한 것으로 변하게 될 것이다. 선한 행위를 하였을 때 좋지 않은 결과가 발생하게 되거나 악한 행위를 했을 때 오히려 좋은 결과가 발생하게 되는 것과 같이 선행과 악행의 결과가 모두 운명적으로 정해져 있다고 한다면, 결국에는 사람들은 힘써 자신의 생업에 종사하지 않을 것이다. 또한 사람들은 자신의 행위에 대하여 어떠한 형태의 책임도 지지 않으려고 하는 사회적인 풍조가 사회 전체에 만연하게 될 것이다.

> 운명이 부유하게 되어 있으면 부유하게 되고, 운명이 가난하게 되어 있으면 가난하며, 운명이 많아지게 되어 있으면 많아지고, 운명이 적어지게 되어 있으면 적어지며, 운명이 다스려지게 되어 있으면 다스려지고, 운명이 혼란하게 되어 있으면 혼란해지며, 운명이 장수하게 되어 있으면 장수하고, 운명이 요절하게 되어 있으면 요절한다. 힘이 비록 세다 한들, 무슨 도움이 되겠는가?[11]

> 윗사람이 상을 주는 것은 운명에 본래부터 상을 받도록 되어 있기 때문이지, 현명하기 때문에 상을 받는 것은 아니다. 윗사람이 벌을 주는 것은 운명에 본래부터 벌을 받도록 되어 있기 때문에 벌을 받는 것이지, 포악하기 때문에 벌을 받는 것은 아니다.[12]

그렇기 때문에 묵자는 이러한 운명론에 대하여 상고시대를 사례로 들어 적극 반박하는 주장을 제기한다.

---

11) 『墨子』, 「非命上」, "命富則富, 命貧則貧; 命衆則衆, 命寡則寡; 命治則治, 命亂則亂; 命壽則壽, 命夭則夭; 力雖强勁, 何益哉?"

12) 『墨子』, 「非命上」, "上之所賞, 命固且賞, 非賢故賞也. 上之所罰, 命固且罰, 不暴故罰也."

옛날 하나라와 상나라와 주나라의 포악한 임금들은 그들의 귀와 눈의 지나친 욕망을 바로잡지 않고, 그들 마음이 끌리는 일을 삼가지 않으며, 밖으로는 말 달리며 사냥하여 새와 짐승을 잡고, 안으로는 술을 마시고 즐기는 일에 빠져서, 그의 나라와 백성들을 다스리는 일은 거들떠보지도 않았다. 쓸데없는 일만을 많이 하고 백성들에게 포악한 짓만을 하여 아랫사람은 그의 윗사람들에게 친해지지 않도록 하였다. 그러므로 나라는 망하여 텅 비게 되고, 그 자신은 처형을 당하게 된다. 그런데도 내가 무력하고 못나서 정치를 잘하지 못하였기 때문이라고는 말하지 않고, 반드시 내 운명이 그렇게 되었기 때문에 망한다. 라고 말하였다. 또 옛날 하나라와 상나라와 주나라의 그릇된 백성들도 역시 그러한 생각을 하였다. 안으로는 그의 부모님을 잘 모시지 못하고, 밖으로는 그의 임금과 윗사람을 잘 섬기지 못하였다. 공경스럽고 검소한 것은 싫어하고, 간단히 아무렇게나 행동하기를 좋아하며, 먹고 마시는 일은 탐하면서도 그가 해야 할 일은 게을리 하였다. 그래서 입고 먹을 재물이 부족하여 자신이 굶주리고 헐벗는 것을 걱정할 지경에 이르렀다. 그런데도 결코 내가 무능하고 못나서 내가 해야만 할 일에 힘쓰지 않았기 때문이다. 라고는 말하지 못하고, 언제나 내 운명이 본래부터 궁핍하게 되어 있다. 라고 말하였다. 옛날 하나라와 상나라와 주나라의 거짓을 일삼는 백성들도 역시 그러한 생각을 하였다. 운명이 있다는 말을 번거로이 꾸며내 가지고 여러 어리석고 순박한 사람들에게 가르쳐 온 지 오래된 것이다.[13]

---

13) 『墨子』, 「非命中」, “故昔者三代之暴王, 不繆其耳目之淫, 不愼其心志之辟, 外之敺騁田獵畢弋, 內沈於酒樂, 不顧其國家百姓之政. 繁爲無用, 暴逆百姓, 使下不親其上, 是故國爲虛厲, 身在刑僇之中, 必不能曰我見命焉. 是故昔者三代之暴王, 不繆其耳目之淫, 不愼其心志之辟, 外之敺騁

역사적으로 폭군들의 언행을 중심으로 보았을 때, 그들은 향락을 즐기는 마음을 억제하지 못하고 마음속에 자리 잡은 사악한 생각을 제거하지 못하였기 때문에 백성들의 고통을 돌아볼 겨를이 없이 백성들의 노동력을 오직 자신이 즐기는 향락에 낭비하였던 것이다. 이러한 현상은 군주와 백성이 서로 다른 마음을 품게 만들어 결국에는 국가의 멸망을 초래하게 되고 군주 자신은 죽음을 당하게 되는 재앙을 모면하지 못하게 된다. 폭군은 결코 자성할 줄 모르기 때문에 절대로 자신이 능력이 없어서 정치를 잘하지 못한다고는 말하지 않으며, 반대로 자신의 운명이 천하를 잃게 될 것이라고 말하곤 한다. 이러한 풍조 속에서 삼대시기에 곤궁한 지경에 처했던 백성들 역시 모두가 그렇게 생각하여, 그들이 집에서 부모에게 효도를 다하지 못하는 것이나 군주를 잘 섬기지 못하는 것 및 태만함을 즐기는 것을 좋아하거나 근면하고 검소하게 일을 하는 것을 싫어하여, 결국에는 식량과 재물이 부족하게 되어 굶주리거나 추위에 떨게 되는 지경에 처해서도, 결코 자신이 무능하고 태만하여 그렇게 된 것이 아니고 오히려 운명이 빈궁하게 정해져서 그렇게 된 것 이라고 말한다. 이와 같은 여론이 세상에 만연하게 될 경우 어떠한 결과가 조성될까? 바꿔 말하자면, 묵자가 진정으로 염려한 것은 운명론이 만연하게 되어 사람들의 마음이 도치되어 발생하게 되는 국

田獵畢弋, 內沈於酒樂, 不肯曰: 我罷不肖, 我爲刑政不善, 必曰: 我命故且亡. 雖昔也三代之窮民, 亦由此也. 內之不能善事其親戚, 外不能善事其君長, 惡恭儉而好簡易, 貪飮食而惰從事, 衣食之財不足, 使身至有饑寒凍餒之憂, 必不能曰: 我罷不肖, 我從事不疾, 必曰: 我命固且窮. 雖昔也三代之僞民, 亦猶此也. 繁飾有命, 以教衆愚樸人久矣."

가적 사회적 후폭풍이었던 것이다.

지금 임금이나 장관 자리에 있는 사람들이 만약 운명이 있다고 믿고서 행동하게 된다면 반드시 소송을 처리하고 정사를 다스리는 일을 게을리 하게 될 것이다. 높은 관리들은 반드시 관청 일을 다스리는 일을 게을리 하게 될 것이다. 농부들은 반드시 밭 갈고 씨 뿌리고 심고 가꾸는 일을 게을리 하게 될 것이다. 부인들은 반드시 실 뽑고 길쌈하는 일을 게을리 하게 될 것이다. 임금과 장관들이 소송을 처리하고 정사를 다스리는 일을 게을리 하게 되고, 높은 관리들이 관청 일을 다스리는 일을 게을리 하게 된다면, 우리는 천하가 반드시 어지러워진다고 생각할 것이다. 농부들이 밭 갈고 씨 뿌리고 심고 가꾸는 일을 게을리 하게 되고, 부인들은 실 뽑고 길쌈하는 일을 게을리 하게 된다면, 우리는 천하의 입고 먹을 재물이 반드시 부족하게 될 것이라고 생각할 것이다. 만약 그렇게 천하의 정치를 해나간다면, 위로 하늘과 귀신을 섬긴다 해도 하늘과 귀신이 따르지 않을 것이며, 아래로 백성들을 먹여 살게 해준다 하더라도 백성들에게 이롭지 못하여 반드시 흩어져서 그들을 이용할 수가 없게 될 것이다. 그래서 들어와 나라를 지킨다 해도 견고하지 못하고, 나아가 전쟁을 한다 해도 이기지 못하게 될 것이다. 그러므로 옛날 삼대의 폭군인 걸임금·주임금과 유왕·여왕이 그들의 나라를 잃어버리고 그들 왕실을 망쳐 버리게 되었던 것도 이 때문이었던 것이다.[14)]

---

14) 『墨子』, 「非命下」, "今雖毋在乎王公大人, 蕢若信有命而致行之, 則必怠乎聽獄治政矣, 卿大夫必怠乎治官府矣, 農夫必怠乎耕稼樹藝矣, 婦人必怠乎紡績織紝矣. 王公大人怠乎聽獄治政, 卿大夫怠乎治官府, 則我以爲天下必亂矣. 農夫怠乎耕稼樹藝, 婦人怠乎紡織績紝, 則我以爲天下衣食

즉 사람들 모두가 운명론만을 믿고 주어진 직분을 소홀히 하고 태만하게 한다면 장차 국가는 혼란에 빠지게 되고 백성들은 흩어지게 되어 결국에는 사직의 멸망을 초래하게 될 것이다.

사람들 마음속에 운명론을 굳건하게 자리 잡게 할 수만 있다면 집권자는 백성들을 마음대로 조정하고 부릴 수 있게 된다. 하늘의 의지를 확립시키기 위하여 묵자는 삼표三表의 법도를 세워 운명론을 부정했다. 그것을 이용하는 자의 관점에서 말하자면, 운명론에 집착하는 것은 국가적으로나 백성들의 이로움에 부합하지 않는 것이다. 또한 백성들의 눈과 귀를 통하여 관찰한 관점에서 보았을 때도 역시 운명론은 실체가 없는 허상일 뿐이라는 것이다.

> 우리가 운명이 있고 없는 것을 아는 근거로 여러 사람들의 귀와 눈의 감각을 이용하여 있는 것과 없는 것을 아는 데 의존할 수 있다. 그것을 들은 일이 있고, 그것을 본 일이 있다면, 그것이 있다고 말할 것이고, 아무도 그것을 듣지 못하였고, 아무도 그것을 보지 못하였다면, 그것이 없다고 말할 것이다. 그렇다면 어찌하여 백성들의 실제 경험을 고찰해 보지 않는가? 옛날부터 지금에 이르기까지 백성들이 생겨난 이래로 운명이란 물건을 보았거나 운명의 소리를 들어 본 자가 있었던가? 전혀 그런 일이 없다. 만약 백성들은 어리석고 못났으니 그들의 귀와 눈의 실제 경험은 그것을 근거로 법도를 삼을 만한 것이 못된다고 생

之財將必不足矣. 若以爲政乎天下, 上以事天鬼, 天鬼不使, 下以持養百姓, 百姓不利, 必離散不可得用也. 是以入守則不固, 出誅則不勝. 故雖昔者三代暴王, 桀紂幽厲之所以共抎其國家, 傾覆其社稷者, 此也."

각한다면, 그러면 어찌하여 제후들의 전하는 말이나 유행하는 얘기들을 고찰해 보지 않는가? 옛날부터 지금에 이르기까지 사람들이 생겨난 이래로 운명의 소리를 들었거나, 운명의 실체를 보았다는 이가 있는가? 전혀 그런 일이 없다.[15)]

이와 같이 운명이라고 하는 것이 없다고 하는 사실을 알 수 있게 되는데, 구체적으로 민간에 전해져 내려오는 구비전승 속에서도 어떠한 사람도 운명을 보았거나 들어 본적이 없으며, 지식인 계층에 속하는 제후들이나 선비들마저도 운명의 형체를 보았거나 그것의 소리를 들어본 적이 없기 때문에 묵자는 운명이라고 하는 것은 존재하지 않는다고 주장했던 것이다.

묵자는 진일보하여 고대의 성왕과 관련된 사적 가운데에서도 운명이라고 하는 것이 존재하는 것이 아니라고 하는 사실을 천명한다.

옛날의 성왕들은 효자를 드러내어 백성들에게 어버이를 섬기기를 권하였고, 현명하고 훌륭한 이들을 높이어 백성들에게 착한 일을 하기를 권하였으며, 법령을 반포함으로써 백성들을 가르치고 깨우쳤고, 상과 벌을 분명히 함으로써 백성들에게 권장하고 금하고 하였다. 이렇게 하면 곧 어지러운 것은 다스려지게

15) 『墨子』, 「非命中」, “我所以知命之有與亡者, 以衆人耳目之情, 知有與亡. 有聞之, 有見之, 謂之有, 莫之聞, 莫之見, 謂之亡. 然胡不嘗考之百姓之情? 自古以及今, 生民以來者, 亦嘗見命之物, 聞命之聲者乎? 則未嘗有也. 若以百姓爲愚不肖, 耳目之情不足因而爲法, 然則胡不嘗考之諸侯之傳言流語乎? 自古以及今, 生民以來者, 亦嘗有聞命之聲, 見命之體者乎? 則未嘗有也.”

할 수 있고, 위태로운 것을 편안하게 할 수 있는 것이다. 그대는 그렇지 않다고 생각하는가? 옛날 걸임금이 어지럽히던 것을 탕임금이 다스렸고, 주임금이 어지럽히던 것을 무왕이 다스렸다. 이것은 세상이 바뀌지 않고 백성들이 달라지지 않았는데도 위의 정치가 바뀌어 지고 백성들을 가르치는 것이 달라진 것이다. 탕임금과 무왕에게 맡기면 곧 다스려지고, 걸임금과 주임금에게 맡겨놓으면 어지러워졌다. 편안함과 위태로움 및 다스려짐과 어지러움은 위의 통치자가 정치를 하기에 달려 있으니, 곧 어찌 운명이 있다고 말할 수가 있겠는가? 운명이 있다고 말하는 자들이 있으나 전혀 그렇지 않은 것이다.[16]

고대의 성왕 예를 들자면 탕임금이나 무왕과 같은 경우 부모에게 효도하고 현명하고 유능한 인재를 존중하며 율법을 제정하여 백성들을 교화시키기 위해서 상벌을 엄정하게 밝힘으로써 백성들 모두가 규범을 준수할 수 있도록 격려했다. 이렇게 하여 천하의 혼란을 다스리고 모든 백성들이 안정된 삶을 구가할 수 있게 만들었던 것이다. "세상이 바뀌지 않고 백성들이 달라지지 않았다."고 하는데, 어떻게 백성들이 탕임금과 무왕의 치세에 온순해지고 걸임금과 주임금의 치세에 난리를 일으켰을까? 정치의 안정과 혼란의 관건은 바로 집권자의 자세와 그가 집행하고자 하는 훌륭한 정책에 있는 것이지 운명에 있는 것이 아니다. 그

16) 『墨子』, 「非命中」, "古之聖王, 擧孝子而勸之事親, 尊賢良而勸之爲善, 發憲布令以敎誨, 明賞罰以勸沮. 若此則亂者可使治, 而危者可使安矣. 若以爲不然? 昔者桀之所亂, 湯治之; 紂之所亂, 武王治之. 此世不渝而民不改, 上變政而民易敎. 其在湯武則治, 其在桀紂則亂. 安危治亂, 在上之發政也, 則豈可謂有命哉? 夫曰有命云者, 亦不然矣."

렇기 때문에 모든 운명론 혹은 숙명론의 관념은 맞는 것이 아니라고 하는 주장을 묵자는 했던 것이다.

5. 맺는 말

이상과 같이 묵자의 천지론에 나타난 정치사상에 대하여 천지의 상선벌악과 천지 관념 속에서의 공포의식 및 천지 관념 속에서의 인심 속박의 해방을 중심으로 논의를 진행해보았는데, 이를 정리하면 다음과 같다.

묵자가 제기한 천지 관념의 적극적인 의미는 이상적인 사회 실현의 가능성을 제기한 것에 있다고 할 수 있으며, 소극적인 의미는 하늘의 의지가 시행하는 것을 권면하고 이상이 현실 속에 산재하는 다양한 형태의 폐단을 구제하고 시행하지 않게 되는 것을 방지시키는 것을 제기한 것에 있다고 할 수 있다. 그렇기 때문에 하늘의 뜻을 따른다고 하는 것은 여러 제후국들에게 있어서 각국의 군주들이 백성들을 모두 사랑하고 이롭게 할 수 있게 되는 것이며 하늘의 뜻을 따라 천하를 잘 통치하게 되는 것이다. 하늘의 뜻을 거스르게 되면 각국의 군주들이 서로를 해치기 위해 전쟁을 벌여서 결국에는 백성들에게 어떠한 이로움도 없게 만들며 강력한 무력으로 천하를 정복하려고 하게 되는 것이다. 결국 묵자의 주장의 핵심은 바로 각국의 군주들이 하늘의 의지를 이상으로 삼는 한편 하늘의 뜻을 따라 백성들을 통치해야 만이 하늘로부터 포상을 받을 수 있다고 하는 것에 있다고 할 수 있다. 물론 만일 하늘의 뜻을 거스르게 되면 곧 하늘로부터 징벌을 받게 된다고 하는 사실 역시 언급했다.

묵자는 주로 정치와 사회 및 도덕의 타락과 혼란으로써 사회정의에 대한 왜곡에 관하여 언급했다. 즉 사람들이 타인의 삶과 죽음을 돌보지 않고 오직 자신의 개인적 이익만을 추구하기 때문에, 천하가 정치적 사회적으로 혼란한 상황에 빠져들게 된다고 하는 사실에 대하여 언급했다. 또한 묵자는 사회적으로 정의를 상실하게 되는 주요한 심리적 요인은 바로 사회적으로 불공정함의 범람과 정치적으로 불의함의 횡행에 있는 것이라고 했다. 즉 사람들이 귀신의 권능과 상선벌악을 인정하지 않게 된 결과 옛날부터 이미 존재했던 제도적 장치나 백성들의 음란과 폭력을 방지하기 위한 종교적 장치는 더 이상 사회적으로 통제력을 발휘하지 못하게 된 것이다. 그렇기 때문에 묵자는 천하의 정치적 안정과 사회적 질서를 회복하고자 한다면, 이미 유명무실화 되어버린 귀신의 상선벌악의 권능을 다시 부활시켜야 한다고 생각했다. 그래서 묵자는 귀신의 존재를 밝힌다고 하는 이론을 제기하여 천지 관념을 보완했던 것이다.

하늘의 의지나 귀신은 외부세계에 존재하면서 사람들에게 포상과 징벌 및 재앙과 축복을 내려 줄 수 있다고 하는 묵자의 견해는 단지 하늘과 귀신이 상벌을 내린다고 하는 주장에 머물러 있지 않고 사람들이 하늘과 귀신이 결정한 인간의 행위를 방임함으로써 발생하게 되는 범죄행위의 예방에 초점이 맞춰져 있었다. 하늘과 귀신이 기획한 것은 제도와 심리적인 측면의 필요에 착안한 일종의 감시 시스템이었던 것으로, 사람은 반드시 스스로가 선한 행위와 악한 행위를 구별하여 종사해야만 하는 것이다. 이와 같이 묵자에게 있어서의 하늘과 귀신은 이미 상고시대의 인류가 복을 기원하고 신령함이 강림하는 종교적인 의미의 성격을 탈피한 존재였던 것이다. 즉 묵자가 언급한 하늘과 귀신은 인간의 주동적인 행위에 의해서 서로 반응하는 존재로써, 인간이 선한 행위를 할 때에 만이 비로소 하늘과 귀신의 포상을 받을 수 있는 것이며, 인간 자신의 미래는 스스로가 창조할 수 있게 되는 것이다. 다시 말하자면, 하늘과 귀신의 포상과 징벌은 결코 운명적으로 결정된 것이거나 선천적으로 혹은 기원해서 얻어지는 것이 아니라는 것이다.

참고문헌

孫詒讓,『墨子閒詁』, 北京, 中華書局, 1954년.

呂振羽,『中國政治思想史』, 北京, 人民出版社, 1955년.

謝慶奎,『中國古代政治思想史』, 北京, 北京大學出版社, 1979년.

劉澤華,『先秦政治思想史』, 天津, 南開大學出版社, 1984년.

朱日耀,『中國古代政治思想史』, 長春, 吉林大學出版社, 1988년.

제6장

상앙의 정치사상

1. 시작하는 말

농전農戰[1]사상 혹은 농전이론은 역대로 상앙商鞅의 변법사상을 연구해온 학자들의 주목했던 포인트라고 할 수 있다. 상앙은 일단 군주가 농전이론을 현실정치에 철저하게 실시하게 되면 그 국가는 백성들의 역량을 집중시킬 수 있게 되어, 그들이 농업과 전쟁에 전념하게 만듦으로써 결국에는 부국강병이라고 하는 최종적인 목표를 달성할 수 있다고 생각했다. 그래서 상앙은 국가를 통치하는 군주는 백성들의 역량을 집중시켜 국가를 부유하게 하고 군대를 강하게 하는 것을 농업과 전쟁을 수행할 수 있는 역량에 포함시켰던 것이다. 그렇기 때문에 상앙은 국가가 흥성하는 길은 바로 농업과 전쟁이라고 하여, 농전과 국가의 존망이

1) 농전이란 말은 농업과 전쟁을 유기적 일체로 파악한다는 것을 의미한다. 김용옥, 『맹자 사람의 길』上, 서울, 통나무, 2012년, 83쪽 참조.

매우 밀접한 관계에 있음을 역설했던 것이다.

당단정唐端正 같은 경우 상앙의 농전정책은 농전과 여타의 문화 관련 사안과 평행적인 것으로 보지 않았으며, 수많은 문화 관련 사안들 가운데 농전의 중요성만을 부각시킨 것은 아니고, 농전과 여타의 문화 활동을 대립시켜 농전 이외의 모든 문화 활동을 농전을 방해하는 것으로 보았기 때문에 모두 배척해야 하고 금지해야 한다고 하는 주장이 주류를 이루고 있다고 보았다.[2] 이처럼 당단정은 상앙의 정책이 부국강병이라는 전제아래 모든 백성이 농업과 전쟁에 종사해야 한다는 필요성을 강조한 것이라고 생각했다.

후가구侯家駒의 경우 농전이라고 하는 것은 평시에는 농민이었다가 전쟁이 발발했을 때에는 전사가 되는 시스템(직종)이라고 보았다.[3] 또한 그는 이러한 병농일치兵農一致의 특수한 형식은 사실상 전쟁을 주요한 목적으로 하고 농업을 전쟁을 보조하기 위한 수단으로 삼는 것이라고 보고 있다.[4] 이러한 후가구의 병농일치 주장은 틀렸다고 보기는 어려우나, 농전이라고 하는 것이 꼭 특정한 직업을 지칭하는 것이 아닌 일종의 백성들의 역량을 집중시키는 방식인데, 그는 이러한 점을 간과했기 때문에 농전을 직업으로 보았던 것이라고 할 수 있다. 또한 전쟁을 주요

---

2) 唐端正, 『先秦諸子論叢』續編, 臺北, 東大圖書有限公司, 1983년, 123쪽 참조.

3) 侯家駒, 『先秦法家統制經濟思想』, 臺北, 聯經出版事業公司, 1985년, 145쪽 참조.

4) 侯家駒, 『先秦法家統制經濟思想』, 臺北, 聯經出版事業公司, 1985년, 143쪽 참조.

한 목적으로 하고 농업을 전쟁을 보조하기 위한 수단으로 삼았다는 주장 역시 고려해볼 만한 사안이라고 판단한다.

필자는 상앙의 농전이론에서 전쟁보다는 농업이 우선시 되어야 하고 전쟁보다 더욱 중요한 비중을 차지하고 있다고 생각한다. 그 이유는 백성들이 모두 농업과 전쟁에 집중하게 되면 국가적으로 생산력의 저하가 발생할 것이고 동시에 전쟁이 발생했을 때 농사를 방치하고 전쟁에만 매달린다면 부국강병의 효과를 달성할 수 없을 것이라고 보기 때문에 농업이 전쟁에 우선시 되어야 한다고 생각한다.

2. 농업우선 정책과 법치의 관계

상앙의 사상체계 속에서의 국가의 가장 중요한 기능 가운데의 하나는 바로 농업정책의 확대 추진과 농사일 장려를 가장 우선시하는 것이었다고 할 수 있다.

> 성인은 치국의 요령을 잘 알고 있으며, 그래서 백성들이 농업으로 마음을 되돌리도록 합니다. 마음이 농업으로 되돌아오면, 백성은 순박하여 바로잡을 수 있고, 성실하고 부리기가 쉬우며, 참으로 그들을 써서 적을 방어하고 싸울 수가 있습니다. 백성들이 농업·전쟁에 전일하면 속임수가 줄어들고 살던 곳에 그대로 머무는 것을 중하게 여길 것이며, 백성들이 농업·전쟁에 전일하면 다른 나라와의 전투에 쓸 수 있습니다. 백성들이 군주를 친근하게 여기고 법령을 위해 목숨을 바치는 것은 그들이 아침

> 부터 저녁까지 농업에 종사하기 때문입니다. …… 무릇 국가를 다스리는 자는 백성들이 흩어져서 국력을 집중시킬 수 없는 것을 걱정하나니, 이 때문에 성인은 오직 농업·전쟁 한 방면만을 중시하여 백성들의 힘을 집중시킨 것입니다. 국가가 일 년 동안 농업·전쟁 한 방면에만 전일하면 십년 동안 강성할 수 있고, 십년 동안 농업·전쟁 한 방면에만 전일하면 백 년 동안 강성할 수 있으며, 백 년 동안 농업·전쟁 한 방면에만 전일하면 천년 동안 강성할 수 있고, 천년 동안 강성한 국가는 천하의 왕 노릇을 할 수 있습니다. …… 오직 성인만이 치국에 있어서 농업·전쟁 한 방면에만 전일하고 백성들을 농업에 집중시켰을 따름입니다.[5)]

백성들이 농사일에만 전념할 수 있도록 만든다면 국가생산력에 있어서 많은 장점이 있을 것이다. 즉 농토를 개간하여 농사수확물을 얻는다고 하는 성과 이외에도 백성들이 농사일을 통하여 순박하고 성실하여 군주가 그들을 통치하기 쉬운 장점이 있으며, 또한 군주의 명령에 잘 복종하고 관리들의 지시를 잘 이행하여 국가를 위해 기꺼이 전장에 나설 수 있는 장점이 있다. 그렇기 때문에 군주는 백성들이 농업 이외의 다른 생업에 종사하는 것을 장려해서는 안 되는 것이다. 그렇지 않을 경우 농업

---

5) 『商君書』, 「農戰」, “聖人知治國之要, 故令民歸心於農. 歸心於農, 則民樸而可正也. 紛紛則不易使也, 信可以守戰也. 壹則少軸而重居, 壹則可以賞罰進也, 壹則可以外用也. 夫民之親上死制也, 以其旦暮從事於農. …… 凡治國者, 患民之散而不可摶也, 是以聖人作壹, 摶之也. 國作壹一歲者, 十歲强; 作壹十歲者, 百歲强; 作壹百歲者. 千歲强, 千歲强者王. …… 惟聖人之治國作壹, 摶之於農而已矣.”

을 매개로 한 백성들의 역량을 응집할 수 없게 되어 강성한 국가는 물론 천하의 왕 노릇을 할 수가 없게 되는 것이다. 바로 이러한 점에서 상앙이 농업을 전쟁보다 중요하게 여겼다는 사실을 파악할 수 있게 되는 것이다.

이상의 주장 이외에도 상앙은 농업이 전쟁보다 우선순위에 있음을 다음과 같이 역설하였다.

> 국가를 다스리는 자는 백성들이 농업·전쟁 한 가지 일에 전념하는 것을 귀하게 여기고, 백성들이 농업·전쟁 한 가지에 전념하면 순박해지며, 순박하면 농업에 종사하게 되고, 농업에 종사하면 근면하기 쉽고, 근면하면 부유해집니다. 부유한 자는 작위를 주어서 그들의 부를 소모시키면 빈둥거리지 않게 되고, 하는 일 없이 빈둥거리는 자는 형벌을 사용해서 놀고먹는 짓을 금하면 힘써 농사일에 종사할 것입니다.[6]

즉 상앙은 군주가 백성들을 농사일에 전념케 하면 그에 따라서 수반되는 효과는 바로 백성들은 근면해지고 국가는 부유해지는 것에 있다고 주장했던 것이다.

농사와 전쟁이라고 하는 두 가지 사안은 일반백성들이 상당히 괴로워하고 위험하게 여기는 것이라고 할 수 있다. 상앙은 이러한 점을 매우 분명하게 파악하고 있었기 때문에 군주는 반드시 조심스럽게 백성들이 이익을 계산하는 성향에 영합하여 그들을

---

6) 『商君書』, 「壹言」, "治國者貴民壹, 民壹則樸, 樸則農, 農則易勤, 勤則富. 富者廢之以爵, 不淫; 淫者廢之以刑, 而務農."

통치해야 한다고 했던 것이다.

> 성인이 국가를 다스리면 안으로는 백성들이 농업으로 모여들게 하고, 밖으로는 백성들이 전쟁의 득실을 계산하게 합니다. 농업은 백성들이 괴로워하는 일이고, 전쟁은 백성들이 위험하게 여기는 일입니다. 그들이 괴로워하는 일을 범하고 그들이 위험하게 여기는 일을 수행하는 것, 이것이 바로 계산을 하는 것입니다. 그러므로 백성들은 살아서는 이익을 계산하고 죽어서는 명성을 생각하는 것입니다. 명성과 이익이 나오는 곳은 살피지 않을 수가 없습니다. 이익이 토지에서 나온다면 백성들은 힘을 다 해 농사를 짓고, 명성이 전쟁에서 나온다면 백성들은 목숨을 걸고 싸울 것입니다. 안으로 백성들이 힘을 다 해 농사를 짓도록 한다면 황무지는 거칠지 않게 될 것이고, 밖으로 백성들이 목숨을 걸고 싸우게 한다면 적을 이길 것입니다. 적을 이기고 황무지가 거칠지 않게 된다면, 부강한 국가를 만드는 공적은 앉아서 이룰 수 있을 것입니다.[7)]

이상의 인용문에서와 같이 볼 수 있듯이 군주는 반드시 백성들이 살아서는 이익을 계산하고 죽어서는 명성을 생각하는 성향을 잘 파악하여 그에 맞는 시책을 수립해서 백성들이 괴로워하고 위험하게 여기는 농사와 전쟁에 종사할 수 있도록 인도하고

---

7) 『商君書』, 「算地」, "故聖人之爲國也, 入令民以屬農, 出令民以計戰. 夫農民之所苦; 而戰民之所危也. 犯其所苦, 行其所危者, 計也. 故民生則計利, 死則慮名. 名利之所出, 不可不審也. 利出於地, 則民盡力; 名出於戰, 則民致死. 入使民盡力, 則草不荒; 出使民致死, 則勝敵. 勝敵而草不荒, 富强之功, 可坐而致也."

격려해야만 한다. 이러한 방책을 통하여 백성들이 누구나 이익과 명성을 얻을 수 있다고 하는 확실한 루트를 인식하게 만들어서 그들이 농업과 전쟁에 온힘과 목숨을 바쳐 매달릴 수 있도록 만든다면 군주는 부강한 국가의 염원을 달성할 수 있게 되는 것이다. 그렇기 때문에 상앙은 "국가 정무가 농업·전쟁 한 분야로 통일되면 백성들은 국가의 쓰임에 응할 것이요, 국가사업의 근본이 중점적으로 육성된다면 백성들은 기꺼이 농사를 짓고 즐거이 싸우러 나갈 것입니다."[8]라고 주장하여 백성들이 기꺼이 농사를 짓고 즐거이 전쟁터에 나가게 되고, 농사에 온 힘을 쏟고 병력준비에 모든 역량을 집중하게 되면 국가의 물적·인적자원을 최대한 효율적으로 활용할 수 있게 되어 부국강병을 달성할 수 있게 되는 것이라고 보았던 것이다.

상앙의 농전이론의 농업부분에 관해서 정양수鄭良樹의 경우에는 상앙을 중농주의자로 보았다.[9] 상앙의 사상을 검토해보면 자연히 그가 중농주의를 채택한 이유와 방법 및 어떻게 토지제도를 개혁했는지의 내용을 어렵지 않게 찾아 볼 수는 있으나, 순수한 농업정책에 관한 언급은 어려우며 또한 농업의 구체적인 내용에 관한 언급도 거의 찾아보기 힘든 실정이라고 할 수 있다. 『상군서商君書』, 「간령墾令」 편을 예로 든다면 전편에 걸쳐 언급되어져 있는 것은 거의 농사와 관련된 규정인데, 특히 매 단락 말미에 "황무지는 반드시 개간될 것입니다."라고 기술되어져 있

8) 『商君書』, 「壹言」, "國務壹, 則民應用. 事本摶, 則民喜農而樂戰."

9) 鄭良樹, 『商鞅及其學派』, 上海, 上海古籍出版社, 1989년, 171쪽 참조.

는데, 이는 그만큼 황무지 개간의 절박성을 강조하는 것이라고 할 수 있다. 상앙의 농사에 대한 중시는 「간령」 편에서 볼 수 있는 것처럼 군주의 책무는 백성들을 농업에 집중시켜야만 한다고 하는 기대에서 여실히 드러나고 있음을 발견할 수 있다. 「간령」 편에서 주장하는 여러 종류의 시책과 조치는 황무지를 개간하는 것에 그 초점이 맞춰져 있는데, 이는 농사일에 대한 강조이며 각 항목에 걸쳐 언급하고 있는 황무지 개간 조치는 바로 법치의 정신을 통한 규범의 확립이라고 볼 수 있는 것이다.

편명에서와 같이 볼 수 있듯이 간령墾令은 황무지 개간에 관한 법령으로 농지를 개간하는 것은 농사의 요목이며 기본이 되는 것으로 지체하거나 그르침이 없어야 하는 것이다. 만일 자국 내에 많은 곳에 걸쳐서 아직까지 개간되지 않았거나 개간할 수 없는 황무지가 있을 경우, 군주는 황무지는 반드시 개간한다고 하는 의지를 가지고 백성들이 황무지를 개간하도록 인도하거나 강제해야 하는데, 이때 법령을 보조수단으로 운용해야 하는 것이다.

> 상인 집안에 사람 수에 따라 상인에게 요역을 할당하고, 그들 집안에서 땔나무를 쪼개는 노비와 수레를 끄는 노복과 여러 노예 및 어린 종들도 반드시 관부에 이름을 등록시켜, 그 명부에 근거해서 요역을 하게 한다면 농민은 편안하고 상인은 고달플 것입니다. 농민이 편안하면 좋은 전답이 황폐해지지 않고, 상인이 고달프면 왕래하면서 주는 선물이 여러 현으로 흘러들지 못할 것입니다. 그러면 농민은 굶주리지 않고, 다님에 외관을 형식적으로 꾸미지 않을 것입니다. 농민이 굶주리지 않고 다님에 형식적으로 외관을 꾸미지 않으면, 공적인 일은 반드시 부지런

> 히 하고, 개인적인 일도 방치하지 않을 것입니다. 그러면 농사일은 반드시 잘해낼 것이고, 농사일을 잘해낸다면 황무지는 반드시 개간될 것입니다.[10]

위의 인용문은 상앙의 중농억상重農抑商 경향을 잘 보여주는 것이라고 할 수 있다. 상앙이 상인을 억압하는 이유는 그들이 농업생산에 방해가 되고 백성들을 안일하게 만들어 농지개간 작업에 종사하기를 꺼려하여 농사에 전념하지 못하게 하는 분위기를 조성할 수 있기 때문이었다.[11]

> 민간의 여관을 철폐하신다면 간사하고 교활한 자, 본업에 안심하지 못하는 자, 사사로이 결탁하는 자, 농민을 미혹시키는 자가 여행을 떠나지 못할 것입니다. 여관을 운영하는 백성들도 밥벌이할 것이 없게 되면, 반드시 농사를 지을 것입니다. 이들이 모두 농사를 짓게 되면, 황무지는 반드시 개간될 것입니다.[12]

> 형벌을 엄중하게 하고 사람들의 죄를 연좌하여 같이 처벌하신다면 속이 좁고 성미가 급한 사람이 싸우지를 않고, 흉악하고 난폭한 사람이 언쟁을 벌이지 않으며, 게으른 사람이 빈둥거리

---

10) 『商君書』, 「墾令」, "以商之口數使商, 令之厮輿徒重者必當名, 則農逸而商勞. 則良田不荒, 商勞則去來賫送之禮無通於百縣, 則農民不饑, 行不飾. 農民不饑, 行不飾, 則公作必疾, 而私作不荒, 則農事必勝. 農事必勝, 則草必墾矣."

11) 王曉波, 『先秦法家思想史論』, 臺北, 聯經出版事業公司, 1991년, 172~173쪽 참조.

12) 『商君書』, 「墾令」, "廢逆旅, 則姦僞躁心私交疑農之民不行. 逆旅之民無所於食, 則必農, 農則草必墾矣."

지 않고, 돈을 물쓰듯하는 사람이 낭비하지 않으며, 달콤한 말로 아첨하고 나쁜 마음을 품은 사람이 속이지 않게 됩니다. 이 다섯 종류의 사람들이 국내에 존재하지 않는다면, 황무지는 반드시 개간될 것입니다.[13)]

백성들이 마음대로 이사하지 못하게 하신다면 백성들은 무지몽매하게 될 것입니다.(백성들이 무지몽매하고 사는 곳에 안주하여 다른 곳으로 옮기기를 어려워하면) 농민을 미혹시키는 사람들은 밥벌이할 곳이 없을 것이며, 그래서 농사를 지을 것입니다. 마음이 어리석고 다른 일을 하고자 하는 사람들이 한결같은 마음으로 농사를 짓는다면, 농민들은 사는 곳에 안주하여 농사일에 전념할 것입니다. 농민들이 사는 곳에 안주하여 농사일에 전념하고, 무지몽매하다면, 황무지는 반드시 개간될 것입니다.[14)]

농지개간은 백성들의 자체적인 일이고, 그 외에 농지를 개간하지 않는 백성들을 농지개간에 힘쓸 수 있도록 영향력을 발휘하는 일은 군주의 몫인데, 그러한 때에 군주는 황무지 개간 명령을 통하여 백성들을 압박하는 것이다.

「간령」 편의 내용을 통해서 상앙의 농사이론과 법치의 연관을 볼 수 있는 것 외에 「래민徠民」 편에 제기되어진 "선왕들이 토지

---

13) 『商君書』, 「墾令」, "重刑而連其罪, 則褊急之民不鬥, 很剛之民不訟, 怠惰之民不游, 費資之民不作, 巧諛惡心之民無變也. 五民者不生於境內, 則草必墾矣."

14) 『商君書』, 「墾令」, "使民無得擅徙, 則誅愚亂農之民無所於食而必農. 愚心躁欲之民壹意, 則農民必靜. 農靜, 誅愚亂農之民欲農, 則草必墾矣."

를 구획하고 백성을 안배한 규율"이라고 하는 언급 역시 군주가 농지와 국토를 중시하는 것 위에 백성들의 노동력을 결합시켜 이용하는 것을 중시한 점을 드러내고 있다고 볼 수 있다.

> 진나라가 근심하는 것은 군대를 일으켜 정벌에 나서자니 국가가 빈궁해지고, 국내에 안주하며 농업에 힘쓰자니 적국이 휴식을 취할 수 있다는 점입니다. 이것은 왕께서 두 가지를 동시에 성취할 수 없는 것이며, 그렇기 때문에 4대에 걸쳐 선왕께서 전쟁에는 승리했지만 천하의 국가들이 굴복하지 않은 것입니다. 지금 진나라 원래의 백성들을 이용하여 적을 대비하고, 새로 귀순해오는 백성들은 농업 생산에 종사토록 한다면, 군대가 비록 국외에서 백날을 보낸다 해도, 국경 안에는 잠시도 농사시기를 놓치지 않을 것이니, 이것은 부유함과 강함 두 가지를 동시에 성취하는 공입니다.[15]

위의 인용문은 상앙이 당시 진나라가 직면한 현실문제에 대한 해결의 방안인데, 상앙은 농지의 개간과 군대의 비축 두 사안은 반드시 동시에 고려해야 할 것이라고 생각했다. 또한 상앙은 이와 같은 두 사안을 실행할 수 있는 가장 적절한 방법으로 진나라 주변국의 백성들에게 확실하게 좋은 조건을 내세워 다른 국가들의 백성들을 진나라로 귀순시켜 그들이 농지개간에 종사할 수 있도록 여건을 만들어 줄 것을 제시한 것이다.

---

15) 『商君書』, 「徠民」, "夫秦之所患者, 興兵而伐, 則國家貧; 安居而農, 則敵得休息, 此王所不能兩成也. 故四世戰勝, 而天下不服. 今以故秦事敵, 而使新民作本, 兵雖百宿於外, 境內不失須臾之時, 此富强兩成之效也."

당시의 진나라는 지리적 여건과 자연환경이 다른 나라에 비하여 좋았으며, 게다가 법률로 "토지를 구획하고 백성을 안배한 규율"을 보장하고 있었기 때문에 다른 나라의 백성들을 충분히 끌어들일 수 있는 흡인력을 가지고 있었다. 진나라는 이러한 타국 출신의 수많은 이민자들을 농지개간에 종사시켰기 때문에 본래 진나라 출신의 백성들로 구성된 병사들은 더 이상 농사일까지 겸해서 할 필요가 없었다. 그래서 진나라의 군대는 오직 국가수호와 적국에 대한 공격에만 전념할 수 있었던 것이다. 상앙이 "진나라 원래의 백성들을 이용하여 적을 대비하고, 새로 귀순해오는 백성들은 농업 생산에 종사토록 한다."고 한 것에서 농업 생산을 가장 근본이 되는 것으로 언급한 것은, 농사가 국가에 대하여 얼마나 중요한 것인지를 알 수 있게 해주는 것이다.

「일언壹言」 편에 "성인은 법령을 세우고 백성들의 습속을 교화하여 백성들을 아침부터 저녁까지 농업에 종사시켰다는 것을 살피지 않을 수 없습니다."[16]라고 언급되어 있는 것처럼, 군주가 농사에 지대한 관심을 갖고 법령을 이용하여 백성들을 아침부터 저녁까지 농사에 종사시키게 되면, 이러한 법령은 농사의 촉진제라고 할 수 있으며 또한 백성들이 군주를 도와서 부국이라고 하는 목적을 달성할 수 있도록 만들어주는 역할을 해주는 보완제라고 할 수 있는 것이다.

---

16) 『商君書』, 「壹言」, "夫聖人之立法化俗, 而使民朝夕從事於農也, 不可不知也."

3. 전쟁과 작록의 관계

농전이론은 상앙의 사상체계를 구성하는 관건적인 이론 가운데의 하나라고 할 수 있다. 그러나 상앙의 사상 가운데 농사이론에 관한 서술은 전쟁에 관한 서술에 비하여 극명하게 적은 것은 사실이다. 그러한 이유는 아마도 농사가 실무적인 부분에 치중된 것으로 이는 국가의 생산력 및 부유함의 근본이 되는 것이기 때문에, 군주가 궁극적으로 황무지 개간에 관한 법령을 통하여 백성들을 완전하게 농사일에 전념할 수 있도록 만들면 충분한 것에 그러한 이유가 있는 것으로 판단된다. 농지를 경작하고 황무지를 개간하는 것 등에 관한 것은 순수 이론적인 측면에 속하는 부분이기 때문에 상앙의 관심 소재가 되지를 못했던 것이며, 실질적인 황무지 개간 성과와 농산물 수확이 더욱 중요한 취급을 받았을 것이라고 생각한다.

전쟁 분야에 대한 언급은 농사 분야에 대한 것보다 더욱 복잡한 양상을 보이고 있는데, 그것은 전쟁의 승패에 대한 관건은 지극히 중요한 사안으로 약간의 실수가 있어도 국가가 망하게 되는 결과를 조성할 수 있기 때문에 상앙은 작전의 법칙과 병력의 운용술 및 용병과 법령의 상호관계에 대하여 많은 부분에 걸쳐서 언급했다. 그 외에 상앙은 전쟁과 농사를 서로 비교하여 실제로 전쟁은 매우 고통스럽고 많은 국력이 소모되며 더욱 위험성이 많은 것이라고 보아서 군주가 농업 생산력을 높이기 위해서 황무지 개간 명령을 내려 백성들을 독려하는 것이 전시동원 명령을 내려 백성들을 전쟁에 보내는 것보다 쉬운 일이라고 보았다. 그렇기 때문에 농사와 같이 법령을 이용하여 백성들의 전쟁동원을 독려한다고 하는 것은 그 범위와 방식에 있어서 황무지 개간 명령보다 더욱 광범위한 것이라고 할 수 있다.

「거강去强」 편에 "전쟁을 사전에 계획하고 준비해서 병사를 부린다면 국가는 강해지고, 전쟁 준비가 어수선하고 병사가 태만하면 국가는 약해집니다."[17]라고 언급되어져 있는 것은 바로 전쟁을 벌일 때에 군대를 상비하고 있는 국가는 강하게 되고, 전쟁 준비가 제대로 되어 있지 못하고 국내정세가 혼란한 국가는 전시에 대비하여 급조한 군대가 무용지물이 되어 결국에는 쇠락의 길을 밟을 수밖에 없다는 것을 의미한다. 이처럼 국가가 평소에 전시를 대비하여 군대를 훈련시키는 것과 전력을 비축하는 것은 필수적인 것이다. 국가가 전쟁에 대한 대비를 중시하는 것은 훗날 발생하게 될 적국의 공격에 대한 방비를 위해서라고 할 수 있다.

> 전쟁에서 승리하지 않고도 천하의 왕 노릇을 한다거나 전쟁에서 패배하지 않고도 멸망한 일은 옛날부터 지금까지 없었습니다. 백성이 용감한 국가는 전쟁을 해서 승리하고, 백성이 용감하지 않은 국가는 전쟁을 해서 패합니다. 백성들을 전쟁에 전념 시킬 수 있는 국가는 백성들이 용감하고, 백성들을 전쟁에 전념시킬 수 없는 국가는 백성들이 용감하지 않습니다. 성왕은 천하의 왕 노릇을 하는 것이 전쟁에서 실현된다는 것을 간파하

---

17) 『商君書』, 「去强」, "戰事兵用曰强, 戰亂兵息而國削."

> 였고, 그래서 거국적으로 백성들에게 군인이 될 것을 요구하였습니다. 어떤 국가에 가서 그 통치 상황을 살펴 볼 때, 군대를 군주가 사용하는 국가는 강합니다. 백성들이 군주에게 사용되는 지를 어떻게 알 수 있겠습니까? 백성들이 전쟁을 보는 것이 굶주린 이리가 고기를 보는 것과 같다면 백성들이 군주에게 사용되는 것입니다. 전쟁이라는 것은 백성들이 싫어하는 것입니다. 백성들을 기꺼이 싸우게 할 수 있는 자는 천하의 왕 노릇을 할 수 있습니다. 강대한 국가의 백성은 아비는 자식을 전쟁터로 전송하고, 형은 동생을 전송하며, 아내는 남편을 전송하며 모두들 "승리를 얻지 못하면 돌아오지 마시오."라고 말합니다.[18]

위의 인용문에서 볼 수 있는 것처럼, 군주가 전쟁에서 승리하거나 천하의 왕 노릇을 하고자 하는 마음이 있다면 오직 전쟁에서의 승리를 통해서 그것들을 쟁취할 수 있게 되는 것이다. 그러나 백성들이 싫어하고 피하고 싶어 하는 전쟁을 과연 어떻게 기꺼이 참여하게 만들 수 있는 것일까? 라고 하는 문제가 걸림돌로 작용하는데, 이러한 문제에 대한 해결방법은 바로 보상인 것이다. 즉 전쟁에 참여하여 전공을 세운 백성들에게 작위와 녹봉을 수여하는 것이다. 바꿔 말하면, 전공을 세우는 것이 일반백성들이 작위와 녹봉을 받을 수 있는 유일한 길이 되는 것이다.

---

18) 『商君書』, 「畫策」, "不勝而王, 不敗而亡者, 自古及今, 未嘗有也. 民勇者, 戰勝; 民不勇者, 戰敗. 能壹民於戰者, 民勇; 不能壹民於戰者, 民不勇. 聖王見王之致於兵也, 故擧國而責之於兵. 入其國, 觀其治, 民用者强. 奚以知民之見用者也? 民之見戰也, 如餓狼之見肉, 則民用矣. 凡戰者, 民之所惡也., 能使民樂戰者王. 彊國之民, 父遺其子, 兄遺其弟, 妻遺其夫, 皆曰: 不得, 無返."

그렇기 때문에 상앙은 일반 병사가 전공을 세워 작록을 받을 수 있다는 점을 강조하여 "저들 가운데 전쟁에 능한 자는 부귀의 문을 밟고 올라설 수 있습니다."[19]라고 했던 것처럼 전쟁에서의 전공을 세우는 것이야 말로 부귀영화를 누릴 수 있는 첩경임을 주장했던 것이다.

> 포상을 통일시킨다는 것은 이익·녹봉·관직·작위 등을 오로지 전공에 근거해서 수여하고, 다르게는 시행하지 않는 것입니다. …… 그렇게 하면 부귀로 나아가는 문은 주로 전쟁에 있을 따름입니다. 저들 가운데 전쟁에 능한 자는 부귀의 문을 밟고 올라설 수 있습니다. …… 백성들이 부귀해지고자 하는 마음은 모두 죽어서 관의 뚜껑이 닫힌 후에야 그치게 되지만, 부귀의 문은 반드시 전쟁에서 나옵니다. 이 때문에 백성들은 전쟁이 일어났다는 소식을 들으면 서로 축하를 해주고, 앉으나 서나 먹고 마실 때도 노래하는 것은 전쟁입니다.[20]

상앙은 전쟁에서의 공적 즉 전공을 부귀영화로 들어가는 문으로 보았기 때문에 설사 목숨을 잃더라도 반드시 부귀영화를 추구하려는 백성들에게는 전쟁발발의 소식은 자연히 서로 축하해주고 즐길 기쁜 소식임과 동시에 노래를 지어 부를 정도로 매우 소중하고 즐거운 소식이었다고 보았던 것이다. 그래서 그는 "포

19) 『商君書』, 「賞刑」, "彼能戰者, 踐富貴之門."

20) 『商君書』, 「賞刑」, "所謂壹賞者, 利祿官爵, 摶出於兵, 無有異施也. …… 然富貴之門, 要在戰而已矣. 彼能戰者, 踐富貴之門. …… 民之欲富貴也, 共闔棺而後止. 而富貴之門, 必出於兵. 是故民聞戰而相賀也; 起居飮食所歌謠者, 戰也."

상으로써 백성들을 전쟁에 참여토록 독려하면 죽음도 가볍게 여길 것입니다."[21]라고 했는데, 그 이유는 바로 "백성들이 적극적으로 전쟁에 종사하고 죽음을 두려워하지 않는 것은 작위와 녹봉을 얻고자 하기 때문입니다."[22]에 있는 것이다.

작위와 녹봉을 부여받는 것은 전공의 크고 작음과 관계있는 것인데, 그렇다면 군주가 포상을 시행할 때는 일정한 원칙에 의해서 그러한 것을 집행하는 것일까? 라고 하는 의문이 제기될 수 있다. 이에 대하여 상앙은 "포상을 시행하고 녹봉을 주는 것을 공적에 맞게 하지 않으면 전사는 군주에게 쓰이려고 하지 않을 것입니다."[23]라고 하여 전사의 전공의 크기에 따라 그에 합당한 작위와 녹봉을 주는 것을 군주가 견지해야할 원칙으로 보았던 것이다.

> 상을 시행해서 군대가 강하다는 것은 작위와 녹봉을 말하는 것입니다. 작위와 녹봉은 군대에서 상으로 사용하는 실리입니다. 이 때문에 군주가 작위와 녹봉을 수여할 때는 공명정대한 원칙을 지켜야 합니다. 공명정대한 원칙을 지키면 국가는 날로 강해지고, 불공정한 방법을 적용하면 국가는 날로 약해질 것입니다. 그러므로 작위와 녹봉을 수여할 때 적용하는 원칙은 국가 존망의 관건입니다. 대체로 약한 국가와 망국의 군주는 작위와 녹봉을 상으로 수여하는 것이 없었던 것이 아니었지만, 작위와 녹봉을 수여하는 원칙이 잘못된 것입니다. 삼왕과 춘추오패 그

---

21) 『商君書』, 「弱民」, "以賞戰民則輕死."

22) 『商君書』, 「君臣」, "凡民之所疾戰不避死者, 以求爵祿也."

23) 『商君書』, 「修權」, "行賞賦祿, 不稱其功, 則戰士不用."

> 들이 사용한 원칙은 작위와 녹봉에 불과하였지만 다른 군주들보다 만 배의 공적을 이룬 것은 그들이 적용한 원칙이 공명정대했기 때문입니다. 이 때문에 현명한 군주는 그들의 공에 따라 상을 수여합니다. 공에 따라 상을 주는 원칙이 명쾌하면 백성들은 다투어 공을 세우고자 할 것입니다. 국가를 다스리면서 그 백성들이 전심전력으로 공을 다투게 할 수 있다면 군대는 반드시 강해질 것입니다.[24]

위의 인용문에서 삼왕三王과 춘추오패春秋五覇의 이야기를 언급한 것은 바로 그것으로써 작위와 녹봉을 수여하는 원칙을 명확하게 나타내기 위함이었다고 볼 수 있다. 즉 군주가 포상으로 수여하는 작위와 녹봉에는 반드시 일정한 기준과 원칙이 있어야만이 백성들로부터 신뢰를 받을 수 있게 된다는 것이다. 상앙은 포상을 출정한 횟수와 세운 전공에 의거해서 수여해야 한다고 했다.[25] 또한 그는 군주 개인의 사적인 마음이나 판단 등에 의거해서 포상을 하는 것은 지양해야 한다고 하며 "백성들이 힘을 다하면 작위가 거기에 따르고, 공이 세워지면 상이 거기에 따르며, 군주가 그의 백성들로 하여금 이것이 해와 달처럼 분명하다고 믿게 할 수 있다면 그의 군대는 천하무적이 될 것입니다."[26]

---

24) 『商君書』, 「錯法」, "行賞而兵强者, 爵祿之謂也. 爵祿者, 兵之實也. 是故人君之出爵祿也, 道明. 道明, 則國日强; 道幽, 則國日削. 故爵祿之所道, 存亡之機也. 夫削國亡主非無爵祿也, 其所道過也. 三王五霸, 其所道不過爵祿, 而功相萬者, 其所道明也. 是以明君之使其臣也, 用必出於其勞, 賞必加於其功. 功賞明, 則民競於功. 爲國而能使其民盡力以競於功, 則兵必强矣."

25) 曾振宇, 『前期法家硏究』, 濟南, 山東大學出版社, 1996년, 92쪽 참조.

라고 언급 했던 것이다. 군주가 이러한 작위와 녹봉을 수여하는 원칙을 이용하여 포상에 관한 그의 원칙이 백성들의 신뢰를 얻게 되는 상황이 형성되면, 군대는 작위와 녹봉을 수여하는 원칙 때문에 더욱 굳건하게 되는 것이기 때문에 국가의 무력은 더욱 강력해질 수밖에 없는 것이다. 이처럼 군주가 작위와 녹봉을 수여하는 원칙을 타당하고 합리적으로 운용했을 때 발생하게 되는 효과는 군대가 천하무적이 되는 것에만 그치지 않는다고 할 수 있다.

> 국가가 사람들의 공로에 따라 관직을 주고 작위를 수여한다면, 이것을 일컬어 관직과 작위로써 지략을 늘리고, 관직과 작위로써 용감히 싸우기를 촉진시키는 것이라고 합니다. 관직과 작위로써 지략을 늘리고, 관직과 작위로써 용감히 싸우기를 촉진시킨다면, 그러한 국가는 반드시 대적할 만한 적수가 없을 것입니다.[27]

> 지혜로운 사람과 우둔한 사람, 고귀한 사람과 비천한 사람, 용감한 사람과 겁 많은 사람, 덕 있는 사람과 미련한 사람이 모두 그들 마음속의 지혜를 다하고, 전신의 힘을 다하며, 목숨을 돌보지 않고 군주를 위해 일할 것입니다. 또한 천하의 영웅호걸과 덕망 있고 유능한 인재들이 흐르는 물처럼 군주를 따르고, 그래서 군대는 천하무적이 되고 명령은 천하에 널리 시행될 것

26) 『商君書』, 「錯法」, "夫民力盡而爵隨之, 功立而賞隨之, 人君能使其民信於此明如日月, 則兵無敵矣."

27) 『商君書』, 「靳令」, "國以功授官予爵, 此謂以盛知謀, 以盛勇戰. 以盛勇戰, 以盛知謀, 其國必無敵."

> 입니다. …… 병거 만 대를 보유한 대국 가운데 만약 벌판에서 그의 군대에 대항하는 국가가 있다면 싸워서 그들의 군대를 전복시킬 수 있고, 병거 천 대를 보유한 국가 중에 자신의 성을 방어하는 국가가 있다면 공격하여 그 성을 함락시킬 수 있습니다.[28)]

군대가 천하무적이 되고 국가가 대적할 만한 적수가 없고, 전쟁에서는 반드시 적국의 군대를 전복시킬 수 있으며 적국의 성을 공격하여 함락시킬 수 있는 것처럼, 군대가 강하게 되면 국가 역시 강하게 되는 것이다.

4. 법치와 농전의 결합

법치와 농전의 관련은 다음과 같이 정리할 수 있다. 우선 군주는 백성들의 역량을 충분히 운용하기 위해서 그들을 고통스럽고 위험한 농사와 전쟁에 종사시켜야 한다. 즉 백성들의 역량을 농사와 전쟁에 집중시켜야 한다는 것이다. 이러한 것이 바로 앞서 언급했던 "성인은 오직 농업 · 전쟁 한 방면만을 중시하여 백성들의 힘을 집중시킨다."고 하는 도리인 것이다. 만일 어떻게 한 분야로 백성들의 역량을 집중시킬 수 있는 것인가? 라고 하

28) 『商君書』, 「靳令」, "夫固知愚, 貴賤 · 勇怯 · 賢不肖, 皆盡其胸臆之知, 竭其股肱之力, 出死而爲上用也. 天下豪傑賢良從之如流水. 是故兵無敵, 而令行於天下. …… 萬乘之國, 若有蘇其兵中原者, 戰將覆其軍. 千乘之國, 若有捍城者, 攻將凌其城."

는 문제가 제기 된다면, 법령으로써 백성들의 역량을 한 분야로 집중시킬 수 있다고 하는 것이 바로 답변이 되는 것이라고 할 수 있다. 법령으로써 백성들이 농업·전쟁 한 방면에 역량을 집중시킨다고 하는 것은 바로 법치와 농전이 관련되어 있다는 것을 의미 하는 것이다. 백성들을 농사에 전념하도록 독려하는 것은 개간에 관한 법령을 사용하면 되는 것으로, 이렇게 한다면 국가는 부유해지게 되는 것이다. 백성들이 전쟁에 힘써 참여하도록 만드는 것은 포상으로 작위와 녹봉을 주는 원칙을 세워 시행하면 되는 것으로, 이렇게 한다면 군대는 천하무적이 되는 것이다.

다른 관점에서 본 상앙이 강조한 백성들이 농업·전쟁 한 방면에 역량을 집중시킨다고 하는 것은 표면적으로는 농전이 국가에 대하여 불가분의 관계에 있다는 사실을 천명하고는 있지만, 그 이면에는 더욱 중요한 법치사상의 내용이 담겨져 있는 것이라고 할 수 있다. 이러한 사실과 관련해서는 「외내外內」 편에 잘 나타나 있는데, 즉 "백성들의 대외적인 일로는 전쟁보다 어려운 것이 없으며, 그래서 가벼운 법으로는 그들을 부릴 수 없습니다."[29]와 "백성들의 대내적인 일로는 농사보다 어려운 것이 없으며, 그래서 가벼운 정치 조치로는 그들을 부릴 수 없습니다."[30]라고 한 언급에서 볼 수 있듯이 '가벼운 법'과 '가벼운 정치 조치'는 모두가 무용지물이라는 점을 알 수가 있다.

---

29) 『商君書』, 「外內」, "民之外事, 莫難於戰, 故輕法不可以使之."
30) 『商君書』, 「外內」, "民之內事, 莫苦於農, 故輕治不可以使之."

무엇을 가벼운 법이라고 하겠습니까? 그것은 상이 적고 형벌이 가벼우며, 요사스러운 도리가 막히지 않은 것을 말합니다. 무엇을 요사스러운 도리라 하겠습니까? 언변이 뛰어나고 지혜로운 자가 존귀하고, 외지로 나다니면서 벼슬을 추구하는 자가 임용되며, 경서를 익혀 개인의 명성을 추구하는 자의 지위가 높은 것을 말합니다. 이 세 가지 도리가 막히지 않으면, 백성들이 싸우려 하지 않아서 전쟁에는 패배할 것입니다. 상이 적으면 법에 복종하고 따르는 자가 이익을 볼 수 없고, 형벌이 가벼우면 법을 범하는 자가 피해를 보지 않습니다. 그러므로 요사스러운 도리를 이용하여 백성들을 유인하고, 가벼운 법으로써 그들을 전쟁에 종사시키는 것을 일컬어서 덫을 설치하여 쥐를 잡을 때 고양이를 미끼로 사용하는 격이라고 하며, 아무런 가망도 없을 것입니다. 그러므로 백성들을 전쟁에 종사시키고자 한다면 반드시 엄중한 법을 사용해야 하는 것입니다. 상을 주면 반드시 후해야 하고, 형벌을 집행하면 반드시 엄해야 하며, 요사스러운 도리는 반드시 근절되어야 하고, 언변이 뛰어나고 지혜로운 자가 존귀할 수 없고, 외지로 나다니면서 벼슬을 추구하는 자가 임용되지 못하며, 경서를 익혀 개인의 명성을 추구하는 자의 지위가 높아질 수는 없습니다. 상이 후하고 형벌이 엄중하여, 백성들이 전쟁의 공로에 대한 상이 후하다는 것을 본다면 죽음을 무릅쓰고 싸울 것이며, 싸움을 하지 않아서 받게 되는 형벌의 치욕을 본다면 구차하게 사는 것을 고통으로 여길 것입니다. 상은 백성들로 하여금 죽음도 두려워하지 않게 하고, 형벌은 백성들로 하여금 구차한 삶을 고통으로 여기게 합니다.[31)]

31) 『商君書』, 「外內」, “奚謂輕法? 其賞少而威薄, 淫道不塞之謂也. 奚謂淫道? 爲辯知者貴, 游宦者任, 文學私名顯之謂也. 三者不塞, 則民不戰而事

'가벼운 법'의 쓸모없음은 법령을 따르는 백성들에게 주어지는 포상이 적기 때문에 그러한 법령에 복종하지 않는 것이고, 형벌이 가벼우면 감히 범죄를 저지르는 자가 생기는 것에 기인하는 것이라고 할 수 있다. 또한 백성들은 언변과 지혜가 뛰어난 사람이나 유세하러 다니면서 벼슬을 추구하는 사람 및 경서를 익혀 개인의 명성을 추구하는 사람들만이 포상을 받는다는 것을 인식하게 된다면, 백성들 가운데 그 누구라도 죽음을 무릅쓰고 전쟁에 나가려하지 않을 것이다.

> 무엇을 가벼운 정치 조치라고 하겠습니까? 그것은 농민이 가난하고 상인이 부유한 것, 즉 식량의 가격이 떨어지면 돈이 귀해지는데, 식량의 가격이 떨어져서 농민이 가난해지고, 돈이 귀해져서 상인이 부유해지는 것입니다. …… 그러므로 농업에 의지해서 국가를 부유하게 만들고자 한다면, 국내의 식량 가격이 반드시 오르고, 농업에 종사하지 않는 자에게 부과하는 요역이 반드시 늘어나며, 시장의 이윤에 대한 조세가 반드시 가중될 것입니다. 그렇게 되면 백성들은 농사를 짓지 않을 수가 없고, 농사를 짓지 않는 사람은 식량을 구매하지 않을 수가 없습니다. 식량의 가격이 오르면 농사를 짓는 자들이 유리하고, 농사를 짓는 자가 유리하면 농업에 종사하는 사람이 늘어날 것입니다. 식량의 가격이 오르면, 식량을 사들이는 것이 이롭지 않고, 또한

失矣. 故其賞少, 則聽者無利也; 威薄, 則犯者無害也. 故開淫道以誘之, 而以輕法戰之, 是謂設鼠而餌以狸也, 亦不幾乎! 故欲戰其民者, 必以重法. 賞則必多, 威則必嚴, 淫道必塞, 爲辯知者. 不貴, 游宦者不任, 文學私名不顯. 賞多威嚴, 民見戰賞之多則忘死, 見不戰之辱則苦生. 賞使之忘死, 而威備之苦生."

> 부세와 요역을 가중시키면, 백성들은 상업과 수공업을 버리고 농업 생산에 종사하지 않을 수가 없을 것입니다. 그러므로 백성들은 농업 생산에 모든 역량을 다할 것입니다.[32]

농업으로 국가를 부유하게 하고 식량의 가격을 오르게 하며 농업에 종사하지 않는 사람들에게 징수하는 세금의 양을 늘리고 아울러 상인들에게 대해서는 시장에서 벌어들인 이윤에 가중된 세금을 부과하는 것이, 바로 상앙이 생각했던 농업에 종사하는 백성들의 삶을 보장하고 상인들이 식량과 물류유통을 통하여 축재하는 것을 방지하는 방식으로 이것이 바로 중농억상정책의 요지인 것이다.

상앙은 법령을 무겁게 하여 백성들로 하여금 전쟁에 기꺼이 참여하게 하고 백성들이 전쟁에 참여하지 않고 포상을 받을 수 있는 길을 차단하여 포상은 오직 전쟁에 참여하여 전공을 세운 사람만이 받을 수 있다고 하는 원칙을 수립한다면, 백성들은 죽음을 무릅쓰고 전쟁에 참여하려 할 것이고 그에 따라서 국가는 전력이 매우 강대해질 것이라고 생각했던 것이다. 또한 상앙은 식량의 가격 상승을 주도하고 농사를 짓지 않고 재화를 벌어들인 사람들에게는 그들의 이윤에 대하여 중과세하여 농사에 종사하는 사람들이 유리하게 되면, 즉 농업을 존숭하고 상업을 억압

---

32) 『商君書』, 「外內」, "奚謂輕治? 其農貧而商富, 故其食賤者錢重. 食賤則農貧, 錢重則商富. …… 故曰欲農富其國者, 境內之食必貴, 而不農之徵必多, 市利之租必重, 則民不得無田. 無田,不得不易其食. 食貴則田者利, 田者利則事者衆. 食貴, 糴食不利, 而又加重徵, 則民不得無去其商賈技巧, 而事地利矣. 故民之利盡在於地利矣."

한다면 모든 백성들은 오직 농사에만 집중할 것이라고도 생각했다. 법령을 무겁게 하고 식량의 가격을 상승하게 한다고 하는 주장은 농사에서 이윤을 남기고 전쟁에서 영예를 얻는다고 하는 주장과 상호 보완되는 것이라고 볼 수 있다. 이와 같이 백성들이 반드시 농업에 종사하고 전쟁에 기꺼이 참여하게 할 수 있는 법치 수단은 군주에게 있어서는 "변경에서 얻는 이익은 모두 병사들에게 돌아가도록 하고, 시장에서 얻는 이익은 모두 농민들에게 돌아가도록 해야 합니다."[33]라고 하는 것과 같이 전쟁에서 공을 세우는 병사와 농사에 전념하는 백성들이 제각기 응분의 이윤을 챙길 수 있도록 만들어 주는 수단이 되는 것이다. 그래서 상앙은 "변경에서 얻은 이익이 병사들에게 돌아가는 국가는 강해지고, 시장에서 얻는 이익이 농민들에게 돌아가는 국가는 부유해집니다."[34]라고 언급했던 것이다. 국가가 이미 부강해지고 농전에 종사하는 백성들 모두가 제각기 맡은바 소임을 제대로 하고 군주는 백성들이 농전에 전념할 수 있는 법령을 견지한다면 그러한 국가는 다음과 같이 될 수 있는 것이다.

> 국가에 군주를 원망하는 백성이 없으면 강국이라 합니다. 군대를 일으켜서 다른 나라를 공격함에, 무공에 근거하여 작위를 주고 관직에 임명하면 반드시 승리할 것입니다. 군대를 멈추고 농사를 지음에, 국가에 바치는 식량에 근거해서 작위를 주고 관직에 임명하면 국가가 부유해집니다. 군대를 일으켜서 적을 이

33) 『商君書』, 「外內」, "邊利盡歸於兵, 市利盡歸於農."

34) 『商君書』, 「外內」, "邊利盡歸於兵者强, 市利盡歸於農者富."

기고, 군대를 멈추어서 국가가 부유해진다면 그러한 자는 천하에 왕 노릇을 할 수 있을 것입니다.[35]

이상과 같이 상앙은 부국강병의 중대한 사명을 농전의 실시여부에 기탁했으며, 법치는 백성들이 농전에 전념할 수 있게 만들어주는 유일한 방책이라고 보았던 것이다. 즉 농전이란 국가의 근본이 되는 것이고 법치의 실행은 건국의 수단이 되는 것으로 이는 법치와 농전의 관계를 여실히 보여주는 것이라고 할 수 있는 것이다.

5. 맺는 말

이상과 같이 상앙의 정치사상에 대하여 농업우선정책과 법치의 관계 및 전쟁과 작록의 관계 그리고 법치와 농전의 결합을 중심으로 논의를 진행해보았는데, 이를 정리하면 다음과 같다.

상앙의 사상체계 속에서의 국가의 가장 중요한 기능 가운데의 하나는 바로 농업정책의 확대 추진과 농사일 장려를 가장 우선시하는 것이었다고 할 수 있다. 상앙은 백성들이 농사일에만 전념할 수 있도록 만든다면 국가생산력에 있어서 많은 장점이 있다고 했는데, 즉 농토를 개간하여 농사수확물을 얻는 성과 이외에도 백성들이 농사일을 통하여 순박하고 성실하여 군주가 그들

35) 『商君書』, 「去强」, "國無怨民曰强國. 興兵而伐, 則武爵武任必勝. 按兵而農, 粟爵粟任, 則國富. 兵起而勝敵, 按兵而國富者王."

을 통치하기 쉬운 장점이 있으며, 또한 군주의 명령에 잘 복종하고 관리들의 지시를 잘 이행하여 국가를 위해 기꺼이 전장에 나설 수 있는 장점이 그것이다. 또한 상앙은 백성들이 기꺼이 농사를 짓고 즐거이 전쟁터에 나가게 되고, 농사에 온 힘을 쏟고 병력준비에 모든 역량을 집중하게 되면 국가의 물적・인적자원을 최대한 효율적으로 활용할 수 있게 되어 부국강병을 달성할 수 있게 되는 것이라고 보았던 것이다. 아울러 상앙은 군주가 농사에 지대한 관심을 갖고 법령을 이용하여 백성들을 아침부터 저녁까지 농사에 종사시키게 되면, 이러한 법령은 농사의 촉진제라고 할 수 있으며 또한 백성들이 군주를 도와서 부국이라고 하는 목적을 달성할 수 있도록 만들어주는 역할을 해주는 보완제라고 생각했다.

상앙은 군주가 전쟁에서 승리하거나 천하의 왕 노릇을 하고자 하는 마음이 있다면 오직 전쟁에서의 승리를 통해서 그것들을 쟁취할 수 있다고 했다. 그러나 백성들은 전쟁을 싫어하고 피하고 싶어 하는 경향이 있는데, 상앙은 이러한 문제는 포상으로 해결할 수 있다고 보았다. 즉 전쟁에 참여하여 전공을 세운 백성들에게 작위와 녹봉을 수여하는 것이다. 그렇기 때문에 상앙은 일반 병사가 전공을 세워 작록을 받을 수 있다는 점을 강조하여 전쟁에서의 전공을 세우는 것이야 말로 부귀영화를 누릴 수 있는 첩경임을 주장했던 것이다. 또한 상앙은 군주가 이러한 작위와 녹봉을 수여하는 원칙을 이용하여 포상에 관한 그의 원칙이 백성들의 신뢰를 얻게 되는 상황이 형성되면, 군대는 작위와 녹봉을 수여하는 원칙 때문에 더욱 굳건하게 되는 것이기 때문에 국가의 무력은 더욱 강력해질 수밖에 없는 것이라고 보았다. 아울러 그는 이처럼 군주가 작위와 녹봉을 수여하는 원칙을 타당하고 합리적으로 운용했을 때 발생하게 되는 효과는 군대가 천하무적이 되는 것일 뿐만 아니라 국가 역시 강하게 되는 것이라고 보았던 것이다.

상앙이 강조한 백성들이 농업・전쟁 한 방면에 역량을 집중시킨다고 하는 것은 표면적으로는 농전이 국가에 대하여 불가분의 관계에 있다는 사실을 천명하고는 있지만, 그 이면에는 더욱 중요한 법치사상의 내용이 담겨져 있는 것이라고 할 수 있다. 즉 상앙은 법령을 무겁게 하여 백성들로 하여금 전쟁에 기꺼이 참여하게 하고 백성들이 전쟁에 참여하지 않고 포상을 받을 수 있는 길을 차단한다면, 백성들은 죽음을 무릅쓰고 전쟁에 참여하려 할 것이고 그에 따라서 국가는 전력이 매우 강대해질 것이라고 했다. 또한 상앙은 식량의 가격 상승을 주도하고 농사를 짓지 않고 재화를 벌어들인 사람들에게는 그들의 이윤에 대하여 법령으로 중과세하면, 모든 백성들은 오직 농사에만 집중할 것이라고도 했다. 이처럼 법령을 무겁게 하고 식량의 가격을 상승하게 한다고 하는 주장은 농사에서 이윤을 남기고 전쟁에서 영예를 얻는다고 하는 주장과 상호 보완되는 것이라고 볼 수 있다. 이와 같이 볼 때, 상앙은 부국강병의 중대한 사명을 농전의 실시여부에 기탁했으며, 법치는 백성들이 농전에 전념할 수 있게 만들어주는 유일한 방책이라고 보았던 것이다.

참고문헌

高亨, 『商君書注譯』, 北京, 中華書局, 1974년.

鄭良樹, 『商鞅及其學派』, 上海, 上海古籍出版社, 1989년.

唐端正, 『先秦諸子論叢』續編, 臺北, 東大圖書有限公司, 1983년.

侯家駒, 『先秦法家統制經濟思想』, 臺北, 聯經出版事業公司, 1985년.

曾振宇, 『前期法家研究』, 濟南, 山東大學出版社, 1996년.

王曉波, 『先秦法家思想史論』, 臺北, 聯經出版事業公司, 1991년.

김용옥, 『맹자 사람의 길』上, 서울, 통나무, 2012년.

제7장 육가의 정치사상

1. 시작하는 말

한나라 건국 초기에 한고조의 정권을 공고히 하려는 정책적 필요에 의해서 육가陸賈는 당시 직면한 현실적 문제의 해결책을 제시하는 한편 그러한 주장을 담은 저작을 내놓는다. 한나라 초기에 수립된 치국의 도는 대부분 진나라가 망한 역사적 교훈에 의거한 것들이 주류를 이루고 있었다. 육가는 이러한 문제에 착안하여 매우 정교한 견해를 제시한다. 이러한 견해들은 육가사상의 현실적 기초가 되었으며, 한고조의 무력에 의한 정권유지의 태도를 바꾸는 기점이 되었던 것이다.

이러한 육가의 주장을 담은 저작이 바로 『신어新語』인데, 그것의 주된 목적은 한고조의 치국방략의 요구에 부응하기 위하여 역사적 경험과 교훈을 총결하여 한나라 시기의 치국방침을 수립하기 위함에 있었던 것이다. 그렇기 때문에 그것의 주된 내용은 대부분이 정치사상에 관한 것들이었다. 한나라 초기의 사상계는 백가쟁명이면서 다양한 사상체계가 융합되어가는 추세를 보이고 있었으며, 사회적으로나 경제적으로는 매우 피폐한 상황이었기 때문에 백성들은 휴식의 시간을 절박하게 염원했었다. 육가의 사상은 시대적 상황의 영향을 받았기 때문에 유가와 도가 및 음양가 그리고 법가의 사상이 잡다하게 혼재되어 있었지만 유가와 도가의 사상이 그 주요한 토대를 이루고 있었으며, 이러한 유가와 도가의 사상을 바탕으로 시대적 문제에 대한 해결 방안을 모색했던 것이라고 할 수 있다.

한나라 초기는 진나라가 강력한 법치주의 때문에 망한 사실을 거울삼아서 법가의 사상에 대하여 극단적으로 배척하는 분위기였다. 그렇기 때문에 육가는 유가의 인의仁義관념과 도가의 무위無爲관념을 적절하게 배합하여 자신의 정치사상의 주요한 이슈로 삼는다. 그렇지만 육가는 법가의 법치나 권위 및 권력 등의 관념은 유가사상의 인의를 보조하거나 윤색하는 데에만 사용했었다.

이상과 같은 육가의 사상은 한대 초기의 유학을 이해하는데 있어서 가의賈誼의 사상과 함께 빠져서는 안 될 관건적인 사상이라고 할 수 있다. 한나라 초기 국가의 시스템을 갖추는데 지대한 영향력을 발휘했으며, 한무제 시기의 유가사상의 부흥에 있어서 그 단초의 역할을 했던 것이 바로 육가의 사상이라고 할 수 있다.

2. 무위의 숭상

육가는 도道의 최고 경지가 무위無爲라고 생각했다. 그래서 그는 "치국의 도로 무위보다 큰 것은 없으며, 행동의 원칙으로 삼가고 공경하는 것보다 중요한 것은 없습니다."[1]라고 언급했던 것이다. 이처럼 육가는 무위를 이와 같은 위치로 끌어올렸는데, 이는 당시의 시대적 상황의 요청을 반영한 것이라고 할 수 있다. 당시는 한나라 건국초기로 정권이 아직은 공고히 자리 잡히지 못했기 때문에 천하의 백성들은 애타게 안정된 사회를 염원하고 있었으며, 진나라 시기의 "민중들에게 너무 포악한 조치를 내렸으며, 형벌의 적용이 너무 극단적임."[2]이라고 하는 것과 같은 전철을 또다시 밟지 않기 위하여 육가는 무위의 주장을 가장 먼저 제기하여 이를 한나라 제왕들의 치국의 원칙으로 삼고자 했던 것이다.

육가의 무위는 천지의 도를 본받은 것인데,[3] 그가 언급한 천天은 자연현상이라고 하는 의미의 천이라고 할 수 있으며 인간의 도는 이러한 천도天道를 본받아야 한다고 했다. 무위는 치국의 도의 지극한 원칙이 되기 때문에 당연히 천도에 근원을 둔 것이 되는 것이다. 이러한 천도의 표현은 "만물은 천시를 어기지 않으며, 본성을 침탈하지 않으며, 자기 성정을 감추지 않는다."[4]와 같은 것으로, 만물의 성정性情에 순응하여 그것의 생장을 이루게 하는 것이다. 그래서 육가는 "하늘이 선한 도를 내세우니 성인이 그것을 얻도다."[5]라고 했던 것이며, 군주 역시 마찬가지로 이러

1) 『新語』, 「無爲」, "夫道莫大於無爲, 行莫大於謹敬."
2) 『新語』, 「無爲」, "乃擧措暴衆, 而用刑太極."
3) 賀凌虛, 『中國古代政治思想論集』, 南投, 霧峯出版社, 1970년, 81쪽 참조.
4) 『新語』, 「道基」, "不違天時, 不奪物性, 不藏其情."

한 천도를 본받아서 무위를 해야만 한다는 주장을 했던 것이다.

육가는 역사적 경험과 교훈을 총괄하여 무위의 다스림에 대한 전범을 제시하는데 그것은 바로 순임금과 주공의 사례이다.

> 옛날에 순임금은 천하를 다스리면서 오현금을 타시고 「남풍」이란 시를 노래하셨습니다. 평온하기가 마치 치국할 의사가 없는 듯하였고, 조용하기가 마치 천하를 근심하는 마음이 없는 듯하였으나, 천하는 오히려 대단히 잘 다스려졌습니다. 주공이 예악제도를 만들고, 천지에 제사지내고, 산천에 제를 올리고, 군대를 만들지 않았으며, 형법은 한쪽에 놓아두고 사용하지 않았으나 사해 안 모든 나라들이 몰려와 공물을 바쳤습니다. 머나먼 남해 월상국의 군주까지 통역을 거듭해가며 내조하였습니다. 그러므로 무위는 곧 유위인 셈입니다.[6]

위의 인용문을 뒤이은 단락에서 육가는 진나라 시기의 극단적인 형벌의 적용과 무력에 의한 통치로 인하여 국가의 멸망을 초래하게 된 역사적 사실을 교훈으로 새기고 있다. 이는 순임금과 주공의 무위에 의한 통치와 진나라의 과도한 유위有爲의 통치를 서로 비교하여 그것들의 득실을 나타내고 있는 것이다. 주공의 무위는 예악을 제정하여 예악으로써 나라를 다스린 결과 사방의 국가들에서 사절단이 몰려와 공물을 바치며 찬양하였는데, 이는

---

5) 『新語』, 「明誡」, "天出善道, 聖人得之."

6) 『新語』, 「無爲」, "昔舜治天下, 彈五絃之琴, 歌南風之詩, 寂若無治國之意, 漠若無憂民之心, 然天下治. 周公制作禮樂, 郊天地, 望山川, 師旅不設, 刑格法懸, 而四海之內, 奉供來臻, 越裳之君, 重譯來朝. 故無爲也, 乃有爲也."

덕으로써 사람들을 감복시킨 것이라고 할 수 있다. 또한 순임금과 같은 경우 오현금을 타며 천하를 다스렸는데, 이것 역시 덕으로 천하의 사람들을 감화시킨 사례라고 할 수 있다. 예악제도와 덕에 의한 교화의 주장은 유가의 핵심사상이라고 할 수 있는 것이기 때문에, 육가가 주장한 무위는 이미 원시도가의 사상과는 다른 성격을 띠고 있는 것으로 보아야 할 것이다. 다시 말한다면 이는 유가와 도가의 사상을 종합하여 새로운 의미를 부여한 것이라고 할 수 있는 것이다.

육가가 주장한 무위의 구체적인 내용은 바로 정치의 간소화로서,[7] 이는 곧 국가의 백성에 대한 간섭배제 그리고 재정의 검소함과 절약인데, 이는 번잡하고 가혹했던 진나라 법률의 맹점을 바로잡아 단순하고 안정된 통치의 추구인 것이라고 할 수 있다.

> 형벌이 과중하면 통치자의 마음이 번거로워지고, 사무가 번잡하면 통치자의 몸이 피로해집니다. 마음이 번거로워지는 것은 형벌을 거침없이 운용하고도 아무것도 이룬바가 없기 때문이며, 몸이 피로해지는 것은 가지가지 일들이 도리에 어긋나 무엇 하나 성취함이 없기 때문입니다.[8]

형벌이 과도하게 엄중하고 국가행정업무가 번잡한 결과는 단지 형벌이 범람하게 되고 간사한 무리들이 법망의 허점을 파고

7) 王雲五, 『兩漢三國政治思想史』, 臺北, 臺灣商務印書館, 1969년, 4쪽 참조.
8) 『新語』, 「至德」, "夫形重者則身勞, 事衆者則心煩; 心煩者則刑罰縱横而無所立, 身勞者則百端迴邪而無所就."

들 뿐 통치에는 전혀 도움이 되지 않는 것이다. 그렇기 때문에 육가는 관용과 유연해야 함을 주장했던 것이다.

> 군자는 관용과 원만함을 숭상하여 자기 몸을 덕으로 감싸고, 스스로 중화의 도를 실천하여 머나먼 지역까지 그 영향을 미칩니다.[9]

> 굳센 성격을 가진 사람은 시간이 오래 가면서 좌절을 맞지만, 부드러운 성격을 지닌 사람은 오래오래 유지할 수가 있습니다. 조급하고 안달하는 사람은 빠르게 뒤집히지만, 완만하고 신중한 사람은 장구히 존재할 수 있습니다. 용맹을 숭상하는 사람은 후회가 빠르지만, 온순 돈후한 사람은 행동이 너그럽고 편안합니다. 조급하고 빠른 성격을 지닌 사람은 꼭 모자라는 점이 있습니다만, 부드럽고 유연한 사람은 굳세고 강경한 사람을 제압할 수 있습니다.[10]

강력한 법치는 철저한 개혁조치를 요구하는데, 이는 휴식과 양생의 시대에는 적합하지 않은 것이었다. 그렇기 때문에 육가는 통치자에게 마땅히 정치적 명령을 간소화 할 것을 요구하는 한편 온순 돈후함과 관용과 원만함 및 중화中和의 태도서 백성들을 다스리는 것이야말로 당시의 시대적 요청에 부응할 수 있는 것이라고 했던 것이다.

---

9) 『新語』, 「無爲」, "君子尙寬舒以苞身, 行中和以統遠."

10) 『新語』, 「輔政」, "懷剛者久而缺, 持柔者久而長, 躁疾者爲厥速, 遲重者爲常存, 尙勇者爲悔近, 溫厚者行寬舒, 懷促急者必有所虧, 柔懦者制剛强."

관용과 원만함 및 온순 돈후한 태도 외에도 육가는 군주에게 백성들의 생활을 안정시켜야 한다고 주장했는데, 즉 군주는 반드시 자신의 욕망을 절제하여 결코 백성들과 이익을 다투지 말아야 함을 건의했다.

> 땅을 갖고 백성들을 자식처럼 아끼며 국가와 백성을 다스리는 사람이 사사로운 이익을 도모하거나 자신의 산업을 경영한다면 교화가 행해지지 않을 것이고 어떤 정책법령도 집행되지 않을 것입니다.[11]

통치자가 재물과 이익을 탐하게 되면 그는 반드시 백성들과 이익을 다투게 되어 백성들의 원성을 사게 될 것이며, 그러한 결과 그가 추진하고자 하는 정책법령 역시 집행되지 않게 된다. 그래서 육가는 진나라가 망하게 된 이유가 교만하고 사치스러웠기 때문이라고 했으며, 노나라 장공이 백성들과 이익을 다투었던 것 역시 욕망을 방임한 결과로서 이는 결국 "교만을 부리고 음란한 데 재물을 탕진하고, 불요불급한 일에 인력을 소진했습니다. 결국 위에서 군주는 써야할 재정비용이 모자라고 아래서 백성들은 먹을 것에 굶주리게 되었다."[12]와 같은 상황을 초래하게 되어 노나라는 이때부터 국력이 쇠락하기 시작했던 것이라고 했다. 그렇기 때문에 군주는 우선적으로 재물에 대한 욕구를 절

---

11) 『新語』, 「懷慮」, "據土子民, 治國治衆者, 不可以圖利, 治産業, 則教化不行, 而政令不從."

12) 『新語』, 「至德」, "財盡於驕淫, 人力罷於不急, 上困於用, 下飢於食."

제하고 성인을 본받아야 하는 것이라고 육가는 주장했던 것이다. 군주가 자신의 재물욕구를 줄인 뒤에는 자연히 검약하는 생활을 하며 사치스러움을 사절할 수 있게 되는 것이다. 더나가 육가는 백성들에 대해서도 일일이 간섭하는 것을 배재하는 태도를 취하게 되어 곧 백성들을 번거롭지 않게 만들어 결국에는 백성들이 농업에 집중할 수 있도록 하여 이를 토대로 국력을 회복할 수 있게 되는 것이라고 했다.

백성들의 피로가 쌓이게 만드는 노역이나 군주의 화려하고 사치스러운 사물들에 대하여 육가는 통치자가 마땅히 그러한 것들을 버려야할 것이라고 생각했으며, 백성들을 번거롭지 않게 하고 헛된 토목공사를 일으키지 않거나 백성들에 대한 과도한 수탈을 하지 않는 것이 무위이고 인의仁義의 구체적인 표현이라고 생각했다. 육가의 무위가 최종적으로 귀결되는 곳은 바로 인의의 실천에 있다고 할 수 있다. 그래서 육가는 "나라를 다스림에는 도덕을 최상으로 여겨야 하며 일을 실행함에는 인의를 근본으로 삼아야 합니다."[13]라고 했으며, 한걸음 더나가 "군자는 도를 장악하여 다스리고, 덕에 의거하여 행동하며, 인을 바탕에 깔고 앉고 서며, 의를 지킴으로써 강해집니다. 마음을 텅 비고 적막하게 가지며, 모든 데에 통달하여 막힘이 없습니다."[14], "인은 도의 준칙이며 의는 성인의 학문입니다."[15]라고 했던 것이다. 이

13) 『新語』, 「本行」, "治以德爲上, 行以仁義爲本."

14) 『新語』, 「道基」, "君子握道而治, 德而行, 席仁而坐, 杖義而彊, 虛無寂寞, 通動無量."

15) 『新語』, 「道基」, "仁者道之紀, 義者聖之學."

처럼 무위는 최고의 지도 원칙이 되는 것이고 실질적인 조치를 실현하는 것으로, 이는 정치와 행정을 간소화한 것이면서 백성들에게 편리한 정책인 것으로 결국은 인의仁義에 의거해서 시행되는 덕치德治인 것이다.

육가는 이상적인 치세에 대하여 구체적으로 묘사했는데, 그것은 바로 지극한 덕이 펼쳐지는 세상이었던 것이다.

> 그래서 군자가 정치를 하면 태연자약 아무 일도 없는 듯하며, 고요히 아무 소리도 없는 듯하며, 관청엔 마치 아무 관리도 없는 듯하며, 향촌부락엔 마치 아무 백성도 없는 듯합니다. …… 노인들은 집에서 쉬고, 장정들은 들에서 경작에 종사하며, 조정에 있는 사람들은 군주에게 충성하고 집에 있는 사람들은 부모에 효도하게 됩니다. …… 강한 사람과 약한 사람이 서로 돕고, 큰 사람과 작은 사람이 서로 품어주고, 존귀한 사람과 비천한 사람이 서로 받들어 마치 줄지어 서로를 좇는 기러기처럼 말하지 않아도 군주를 신뢰하고 화내지 않아도 위엄이 서게 됩니다. 어찌 견고한 갑주와 예리한 병기, 깊은 감옥과 각박한 명령, 아침부터 저녁까지 절절히 권면한 뒤라야 정부명령이 이행되는 것이겠습니까?[16)]

지극한 덕이 펼쳐지는 세상의 실현은 절대로 엄격한 형벌과 가혹한 법률로써 도달할 수 있는 것이 아니고 도가의 청정무위

---

16) 『新語』, 「至德」, “是以君子之爲治也, 塊然若無事, 寂然若無聲, 官府若無吏, 亭落若無民. …… 老者息於堂, 丁壯者耕耘於田, 在朝者忠於君, 在家者孝於親. …… 强弱相扶, 小大相懷, 尊卑相承, 鴈行相隨, 不言而信, 不怒而威, 豈恃堅甲利兵, 深刑刻法, 朝夕切切而後行哉?”

와 유가의 인의 교화를 융합한 것을 위주로 해야 하며, 그것에 법가의 법치관념을 보조로 더해야 만이 이룩될 수 있는 것이다. 무위는 바로 그러한 경지를 묘사하고 있는 것이며 실제로 그것을 만드는 것은 유가에 의해서 구체화 되는 것이라고 할 수 있다. 이러한 육가의 무위는 인의를 실행해야 하는 것이며,[17] 지극한 덕이 펼쳐지는 세상에서는 사람들이 제각기 자신의 본분에 맞게 평안한 삶을 구가 하면서 군주와 신하・존귀한 자와 비천한 자・윗사람과 아랫사람・강자와 약자・현명한 사람과 어리석은 사람 등의 인간관계가 모두 조화롭게 유지된다고 할 수 있다. 이러한 조화로운 관계의 유지와 협조는 백성들 스스로 그렇게 하거나 엄혹한 형벌에 의해서 만들어지는 것이 아니고, 교육과 도덕에 의해서 유지되는 것이며,[18] 거기에 적당한 상벌이 보조적인 역할을 해주는 것이다. 바로 이러한 점에서 육가가 유가・도가・법가의 사상을 창조적으로 융합시켜서 한고조를 위해서 구상한 한나라 초기의 정치경제 환경에 부합하는 새로운 정치시스템을 만들었다고 하는 사실을 확인할 수 있게 되는 것이다.

3. 덕치의 제창

육가는 진나라의 폭정을 교훈삼아서 소극적으로는 형벌을 가볍게 할 것을 주장하고 적극적으로는 덕치德治를 주장했다. 그렇

---

17) 任繼愈,『中國哲學發展史-秦漢』, 北京, 人民出版社, 1985년, 139쪽 참조.
18) 金春峰,『漢代思想史』, 北京, 中國社會科學出版社, 1997년, 89쪽 참조.

기 때문에 『신어』 속에는 덕德과 형벌이 병립되어 있는 부분이 매우 많이 보이고 있는 실정인데, 예를 들자면 "형벌이 확립되면 덕이 없어진다."[19], "제나라 환공은 덕을 숭상하여 패업을 달성하였고, 진나라 2세는 형벌을 숭상하여 멸망했습니다."[20]와 같은 것들이 그것이다. 육가는 덕에 의한 통치와 형벌에 의한 통치는 서로 대립되는 것이라고 생각했는데, 그는 역사적 사례를 들어서 형벌을 숭상하면 국가는 멸망하고 덕을 숭상하면 강성해진다고 하는 주장을 펼쳤다. 그렇기 때문에 육가는 덕치를 시행할 것을 강력하게 주장했다. 육가가 덕치를 주장하게 된 또 다른 이유는 바로 정치를 한다는 것은 반드시 백성들의 삶에 대한 체험적 인식을 기반으로 해야 한다고 하는 것에 있다고 할 수 있다.

> 국가를 부유하게 하고 위력을 강화시키며, 토지를 개척하고 먼 지역까지 복종시키려는 사람은 반드시 백성들로부터 지지를 얻어내야 합니다. 공을 세워 명예를 드높이고, 이름을 떨쳐 영화를 후세까지 전하려는 사람은 반드시 제 몸의 수양에 의지해야 할 것입니다.[21]

백성이 근본이라고 하는 민본사상은 유가의 일관된 전통인데, 육가 역시 백성은 국가의 근본이라고 생각하는 한편 국가가 강

---

19) 『新語』, 「術事」, "刑立則德散."

20) 『新語』, 「道基」, "齊桓公尙德以霸, 秦二世尙刑而亡."

21) 『新語』, 「至德」, "夫欲建國彊威, 辟地服遠者, 必得之於民; 欲立功興譽, 垂名流光顯榮華者, 必取之於身."

성해지기 위해서는 반드시 먼저 백성들의 지지를 받아야 한다고 했으며, 이러한 백성들의 지지는 바로 덕치의 실행에서 온다고 생각했다. 또한 육가는 백성들의 지지 여부 즉 민심의 향배에 대하여 직접적으로 알 수 있다고 했다.

> 천지의 본성이든 만물의 온갖 종류 무엇이든 모두가 도덕을 따르는 사람에게 귀의하고, 백성들은 형벌에 의존하는 통치자를 두려워합니다. 귀의해 오면 그 곁에서 붙어살지만, 두려워하면 그 나라에서 떠나게 됩니다.[22)]

육가는 형벌과 덕이 정치적으로 두 종류의 극단적인 효과를 조성할 수 있다고 보았는데, 그가 언급한 "포악한 정치를 시행하면 원한이 쌓이고, 덕에 의한 정치를 펼치면 공적을 이룰 수 있습니다."[23)]와 같은 것들이 바로 그것이다. 육가는 백성들이란 덕치에 의해서 군주에게 기대는 것이라고 생각했기 때문에 덕치를 실시해야 만이 비로소 형벌이 범람하는 폐단을 종식시킬 수 있게 되어 백성들의 지지를 얻게 되는 것이라고 보았다. 백성들의 지지 즉 민심을 얻는 구체적인 방법으로 당시에는 형벌을 가볍게 하고 백성들을 번거롭게 하지 않는다고 하는 구체적인 정책 외에 가장 중요한 것은 군주 자신이 직접 모범을 보이는 것이었다.

---

22) 『新語』, 「至德」, "天地之性, 萬物之類, 儴道者衆歸之, 恃刑者民畏之, 歸之則附其側, 畏之則去其域."

23) 『新語』, 「道基」, "虐行則怨積, 德布則功興."

> 왕의 도읍지에서 남면하고 있는 군주는 모든 백성들이 본받아야 할 모범이므로 일거수일투족이 법도를 잃어서는 안 됩니다. 옛날 주나라 양왕이 계모를 모실 수가 없어 정나라 지역에 나와 살자 그의 아랫사람들 상당수가 제 부모를 배반했습니다. …… 제환공이 여색을 좋아하여 고모 자매들까지 아내로 삼으니 나라 안에 골육간의 간음사례가 빈번하였습니다. 초평왕은 사치하고 방종하여 덕으로 아랫사람을 다스리거나 단속할 수 없었습니다. …… 그래서 초나라 사람들은 날로 사치스러워졌으며 군신간의 구별도 없어졌습니다. 그러므로 윗사람이 아랫사람을 교화시키는 일은 바람이 부는 대로 풀잎이 쏠리는 것과 같습니다. 군주가 조정에서 무력을 숭상하면 농부들이 논밭에서 갑옷이나 병기를 수선하게 됩니다. 따라서 군주는 백성들이 사치하면 절검으로 대응하고, 교만하고 음란하면 인의의 도리로 통제하여 아랫사람들을 다스려야 합니다.[24]

통치자는 신분지위가 높은 사람으로서 그의 일거수일투족은 만백성들의 관심의 대상이기 때문에 행동거지는 반드시 법도에 맞게 하여 모든 백성들이 모범으로 삼게 해야만 하는 것이다. 통치자가 이와 같이 할 때에야 비로소 백성들을 덕으로 교화시킬 수 있게 되는 것이다. 육가의 이러한 사상과 선진유가의 덕

---

24) 『新語』, 「無爲」, "夫王者之都, 南面之君, 臣姓之所取法, 擧措動作, 不可失法則也. 昔者, 周襄王不能事後母, 出居於鄭, 而下多叛其親. …… 齊桓公好婦人之色, 妻姑姊妹, 而國中多淫於骨肉. 楚平王奢侈縱恣, 不能制下, 檢民以德, …… 於是楚國逾奢, 君臣無別. 故上之化下, 猶風之靡草也. 王者尙武於朝, 農夫繕甲於田. 故君之御下, 民奢侈者, 則應之以儉; 驕淫者, 則統之以理."

으로써 백성을 교화시킨다고 하는 사상은 일치한다고 볼 수 있다. 육가는 군주란 최고의 지도자일 뿐만 아니라 백성들의 훌륭한 도덕선생님이 된다고 생각했다. 군주의 말 한마디나 모든 행동거지는 백성들에 대한 영향력이 매우 크기 때문에 "오류가 입에서 한번 발출되기만 하여도 그 혼란은 만 리 밖까지 미치게 됩니다."[25]라고 하는 것이다. 그렇기 때문에 반드시 말을 삼가고 행동을 신중하게 하여 "굽히고 펴는 모든 행동이 법도를 잃어서는 안 되며, 동작 하나하나가 법도를 벗어나서는 안 된다."[26]는 경지에 이르게 되면 비로소 백성들을 덕으로 교화 시킬 수 있게 되는 것이다.

육가는 덕치를 강조하였는데, 이는 그가 덕에 의한 교화의 효과를 매우 깊게 신뢰했기 때문이다. 그래서 그는 "자신이 훌륭한 도를 갖추고 있으면 거리가 멀다고 귀의해오지 않는 사람이 없을 것이며, 제 몸으로부터 악한 행위가 드러나면 아무리 가까운 사람이라도 떠나지 않는 사람이 없을 것입니다."[27]라고 주장했으며, 다만 군주가 "일거수일투족이 법도를 잃지 않는다."[28]라고 할 때에 자연히 윗사람의 행동을 아랫사람이 본받게 되어 "덕이 행하여지면 천하 사람들이 그에 순종하게 된다."[29]라고 언급했던 것이다. 백성들이 주동적으로 선한 정신으로 향하기

---

25) 『新語』, 「明誡」, "謬誤出於口, 則亂及萬里之外."
26) 『新語』, 「明誡」, "屈申不可以失法, 動作不可以離度."
27) 『新語』, 「明誡」, "夫善道存於身, 無遠而不至; 惡行著於己, 無近而不去."
28) 『新語』, 「無爲」, "擧措動作, 不可失法則也."
29) 『新語』, 「愼微」, "德行而其下順之矣."

위해는 덕치의 계발을 통하여야 만이 비로소 가능한 것이라고 육가는 말했다.

> 군자는 관용과 원만함을 숭상하여 자기 몸을 덕으로 감싸고, 스스로 중화의 도를 실천하여 머나먼 지역까지 그 영향을 미칩니다. 백성들은 군자의 위엄을 두려워하여 그의 교화에 따르고, 군자의 덕을 흠모하여 그의 경내로 귀순하며, 군자의 정치를 찬미하여 감히 그의 통치를 거역하지 못합니다. 백성들은 벌을 주지 않아도 죄를 두려워하고, 상을 주지 않아도 즐겁고 기쁘게 여기게 됩니다. 이는 도덕에 물이 들고 중화의 도에 감복당해서 이루어진 결과입니다.[30]

육가는 군주의 위엄은 마땅히 덕치 위에 건립해야 하는 것으로 생각한 반면 형벌과 무력에 의해서 건립되는 것이 아니라고 여겼다. 그래서 육가는 "덕이 왕성한 사람은 위엄이 광대하지만, 힘이 왕성한 사람은 백성들에게 전횡을 부립니다."[31]라고 언급하여 오직 덕으로 위엄을 세워야 만이 백성들이 벌을 주지 않아도 죄를 두려워하게 만들 수 있으며 또한 군자의 정치를 찬미하여 감히 그의 통치를 거역하지 못하게 만들 수 있다고 했던 것이다.

덕치는 내향적인 정치사상으로서 백성들에 대한 도야에 그 중

---

30) 『新語』, 「無爲」, "君子尙寬舒以苞身, 行中和以統遠; 民畏其威而從其化, 懷其德而歸其境, 美其治而不敢違其政. 民不罰而畏罪, 不賞而歡悅, 漸漬於道德, 被服於中和之所致也."

31) 『新語』, 「道基」, "德盛者威廣, 力盛者驕衆."

점이 맞춰져 있다고 할 수 있으며, 통치자 자신이 스스로 모범을 보일 때만이 백성들을 교화시킬 수 있게 되어 안정적으로 통치를 할 수 있는 것이다. 덕성에서부터 정치·사회적 성취 즉 외왕外王에 도달하는 것의 과정은 반드시 내적 수양 즉 내성內聖을 기반으로 해야 하는 것이며, 이러한 내성에서 외왕에 이르는 것은 점진적으로 외부를 향하여 확대해가는 과정이라고 할 수 있다. 그렇기 때문에 그 근본은 자신을 수양하는 것으로 귀결되어야 하는 것이며, 자신을 수양해야 만이 비로소 전범을 수립할 수 있게 되어 스스로 모범을 보일 수 있게 되는 것이다.

육가는 통치자의 모범 외에도 동시에 교육의 중요성을 강조했는데, 이는 교육의 사회적 기능을 긍정한 것이라고 할 수 있다. 또한 그는 좋은 정치는 현명한 사람을 등용시켜 시행해야지 만이 비로소 그 효과가 발휘될 수 있다고 주장했다. 이처럼 육가는 덕치를 언급하면서 현명한 인재를 발탁하여 임용하는 것을 매우 중요하게 여겼다. 그렇기 때문에 육가의 덕치사상은 군주가 스스로 모범을 보여서 백성들을 통솔하는 것 외에도 자기수양·교육·현명한 사람을 존중한다고 하는 것 등의 풍부한 의미를 포함하고 있는 것으로 볼 때, 그의 덕치사상은 유가의 색채가 매우 농후하다고 할 수 있는 것이다.

먼저 자기수양에 대하여 살펴보면, 유가의 덕치라고 하는 정치사상은 군주의 자기수양을 기초로 하는 것이라고 할 수 있다. 육가는 군주가 덕으로 백성들을 교화시켜서 통치해야 한다고 강조하면서, 군주 자신의 행위는 삼가고 경건해야 하는 것이라고 했다. 그러므로 군주는 반드시 도덕적이어야 하는데, 이러한 도덕의 구체적인 내용은 바로 인의仁義라고 할 수 있다. 그래서 육가는 군주란 "인의로 보금자리를 만든다."[32]라고 언급했던 것이다. 또한 육가는 도덕수양은 마땅히 작은 것에서부터 착수해야 한다고 했다.

> 천하에 큰 공로를 세운 사람은 반드시 가정 내에서 먼저 자기 수양을 잘 하고, 만세에 위대한 명성을 드리운 사람은 반드시 미세한 작은 일부터 실천합니다. …… 안에서 수양을 잘하여 밖으로 저명해졌으며, 작은 일을 실천하여 큰 영향력을 발휘하였습니다.[33]

덕성의 수양과정은 점차 누적되는 것이며 점진적으로 확충되어 가는 것이기 때문에 천하를 다스리기 위해서는 반드시 먼저 "집안일을 걱정하지 않음."[34]을 해야 하는 것이며, 백성들을 덕으로 교화시키려고 한다면 군주가 자기수양부터 시작해야 한다는 것이다. 육가는 고대의 성현들 모두가 이러한 과정에 의거해서 태평성대를 이룩했다고 생각했다.

> 군주가 현명하게 덕에 의한 정치를 펼치면 그 영향이 먼 곳까지 미칠 수 있고, 신하들이 돈독히 인의를 실천하면 국가가 강대한 상태에 다다를 수 있습니다. 왜 그렇게 말을 하겠습니까?

---

32) 『新語』, 「輔政」, "仁義爲巢."

33) 『新語』, 「愼微」, "夫建大功於天下者必先脩於閨門之內, 垂大名於萬世者必先行之於纖微之事. …… 修之於內, 著之於外; 行之於小, 顯之於大."

34) 『新語』, 「懷慮」, "憂不存於家."

옛날에 은나라 탕왕은 사방 칠십 리의 봉지로 출발했으나 마침내 제왕의 지위에 올랐으며, 주공은 자신은 삼공의 지위에 있었으나 공덕은 흔히 오제삼왕에 견주어 지는데, 이는 그들이 입으론 항상 선한 말을 뱉고 몸으론 항상 선한 도를 행했기 때문에 그렇게 된 것입니다.[35]

도덕적 세계관 속에서는 군주와 신하가 각자의 직분이 있는데, 군주의 직분은 백성들을 덕으로 교화시키는 것이고 신하의 직분은 의로움으로써 충성을 다하는 것이다. 또한 군주와 신하를 막론하고 누구든지 언행이 도덕에 부합하고 삼가 하여 자신을 수양하기만 한다면 이는 자연히 요순과 주공의 덕에 부합할 수 있게 되는 것이다.

육가는 도덕은 본래 인간의 성정에 근본을 두는 것이며, 또한 인간의 성정에 근원한 근본의 확립으로 인륜도덕의 체계를 마련한 오경五經과 육예六藝를 따르는 것이라고 생각했기 때문에 어렵지 않게 인식할 수 있고 실천에 옮길 수 있는 것으로 보았다. 그러므로 자기수양은 결코 어렵지 않은 것이라고 했던 것이다.

열심히 공부하여 『시경』·『서경』 구절을 외는 것은 보통사람도 할 수 있는 일입니다. 장강·황하를 옮기고 태산을 움직이고자 한다면 이는 인간의 힘으로 할 수 없는 일입니다. 몸과 마음을 잘 조절하고, 악을 지양하고 선을 지향하며, 재물을 탐하지

35) 『新語』, 「明誡」, “君明於德, 可以及於遠; 臣篤於義, 可以致於大, 何以言之? 昔湯以七十里之封, 升帝王之位; 周公以自立三公之官, 比德於五帝三王; 斯乃口出善言, 身行善道之所致也.”

> 않고, 조그만 이익에 구차히 굴지 않으며, 재물을 나눌 때 적게 취하고, 사회에 봉사하며 노고를 아끼지 않는 일 등은 천하 사람들이 쉽게 알 수 있는 도리이며 쉽게 실천할 수 있는 일입니다. …… 눈으로 흑색 백색을 구별할 수 없고, 귀로 청음 탁음을 구별할 수 없고, 입으로 선함 악함을 설명할 수 없다고 하면 이는 할 수 없다는 말입니다. 그래서 도를 세우는 사람은 누구나 쉽게 알아볼 수 있도록 하므로 보통 사람들의 마음에 꿰뚫고 들어가 할 수 없다는 그 행동들을 할 수 있도록 바꿔줍니다. 도란 사람들이 다니는 길입니다.[36)]

도덕의 실천은 본래 앎과 실천 선후의 문제가 아닌 것으로, 본래 마음에서 펼쳐져 도덕에 부합할 수 있게 되는 것이다. 그렇기 때문에 육가는 의로움과 이익의 구별을 특히 강조했는데, 이는 군주가 이익의 유혹을 받지 않게 되어야 만이 비로소 "이익추구 행위가 단절되면 도의가 뚜렷이 드러날 것이고, 무력을 앞세우는 행위가 물러나면 덕이 흥하게 된다."[37)]고 하는 상태에 이를 수 있게 되어, 결국은 군주가 도에 전념하고 행동은 의로움에 부합하게 되는 것이기 때문이다. 육가가 언급한 이익은 물질적인 것을 포함하여 부귀함과 무병장수의 유혹까지도 포함하

---

36) 『新語』, 「愼微」, "夫力學而誦詩・書, 凡人所能爲也; 若欲移江・河, 動太山, 故人力所不能也. 如調心在己, 背惡向善, 不貪於財, 不苟於利, 分財取寬, 服事取勞, 此天下易知之道, 易行之事也. …… 夫目不能別黑白, 耳不能別淸濁, 口不能言善惡, 則所謂不能也. 故設道者易見曉, 所以通凡人之心, 而達不能之行. 道者, 人之所行也. 夫大道履之而行, 則無不能, 故謂之道."

37) 『新語』, 「懷慮」, "利絶而道著, 武讓而德興."

는 것이며, 의로움은 모든 백성의 이익에 부합하는 행위를 의미하는 것이라고 할 수 있다. 그러므로 육가는 군주에게 "한 가지 이익을 보고는 수만의 기회를 잃고, 한 가지 행복을 취하고는 수많은 재앙에 이른다."[38]라고 하는 우를 범하지 말 것을 재삼 권고하고, 군주는 마땅히 "미모의 여색을 멀리하며, 쟁쟁거리는 화려한 음악소리를 내치며, 달콤한 미식을 먹지 않으며, 아양을 떠는 감정표현 따위에 관심이 없다."[39]와 같이 해야 하며, 또한 "의에는 돈독하나 이익은 경시하고, 실천은 민첩히 하나 말에는 신중하다."[40]와 같이 해야 만이 행동이 덕이 부합될 수 있는 것임을 강조했다.

다음은 교육인데, 육가는 덕치에 대하여 언급하면서 통치자가 자기수양을 통하여 스스로 모범을 보이는 것 외에도 반드시 교육의 역량이 필요하다고 주장했다. 육가는 교육의 효과와 공헌에 대하여 매우 강력히 긍정하는 태도를 보여주고 있다.

> 백성들이 법을 두려워할 줄 알면서도 따라야할 예의가 있음을 몰랐습니다. 이에 중고시대의 성인 문왕과 주공이 벽옹·상·서 등 교육기관을 설립하여 상하존비의 의례를 바로잡고 부자간의 예 및 군신간의 의를 밝혀주었습니다. 강한 자가 약한 자를 능멸하지 못하도록 하고, 다수가 소수를 해치지 못하도록 하였습니다. 탐욕스럽고 야비한 마음을 버리고 맑고 깨끗한 행

---

38) 『新語』, 「思務」, "見一利而喪萬機, 求一福而致萬禍."

39) 『新語』, 「輔政」, "君遠熒熒之色, 放錚錚之聲, 絶恬美之味, 踈嗌嘔之情."

40) 『新語』, 「本行」, "篤於義而薄於利, 敏於事而愼於言."

동을 일으키도록 가르쳤습니다.[41]

육가는 백성들이 교육을 받은 이후에야 비로소 자신의 본분을 지키게 되고 장유유서와 상하존비의 의례를 분명하게 알게 될 수 있다고 했다. 이와 같이 될 때에 사람들은 자연스럽게 평화롭고 안정된 삶을 유지시켜 나갈 수 있게 되는 것이다. 그리고 교육의 잠재적인 기능은 형벌과 법률에 의한 징계와 비교했을 때, 그 효과적인 측면은 훨씬 더 광범위하고 심원한 것이라고 할 수 있다. 그래서 육가는 지극한 덕이 펼쳐지는 세상에서는 교육이 매우 중요한 지위에 있음을 특히 강조한다.

> 벽옹·상·서 등 학교를 일으켜 그들을 교육시키고 나면 현명한 사람과 어리석은 사람이 논의를 달리하게 되고, 청렴한 사람과 비루한 사람이 등급을 달리하게 되고, 어른과 아이들이 예절을 달리하게 되고, 윗사람과 아랫사람 사이에 차등이 있게 됩니다. 강한 사람과 약한 사람이 서로 돕고, 큰 사람과 작은 사람이 서로 품어주고, 존귀한 사람과 비천한 사람이 서로 받들어 마치 줄지어 서로를 좇는 기러기와 같습니다.[42]

육가는 교육이 사회를 안정시키고 사회의 질서를 유지시켜주

---

41) 『新語』, 「道基」, “民知畏法, 而無禮義. 於是中聖乃設辟雍庠序之教, 以正上下之儀, 明父子之禮, 君臣之義, 使强不凌弱, 衆不暴寡, 棄貪鄙之心, 興清潔之行.”

42) 『新語』, 「至德」, “興辟雍庠序而教誨之, 然後賢愚異議, 廉鄙異科, 長幼異節, 上下有差, 强弱相扶, 小大相懷, 尊卑相承, 鴈行相隨.”

는 기능에 대하여 깊은 신뢰를 가지고 있었다. 육가는 교육의 효과가 매우 광범위한 것으로 생각하여 "말하지 않아도 군주를 신뢰하고 화내지 않아도 위엄이 서게 된다."[43]고 하는 경지에까지 도달 할 수 있다고 보았다. 또한 육가는 가장 이상적인 교재는 바로 공자가 편찬했다고 하는 오경五經과 육예六藝라고 생각했다.[44]

> 후성 공자께서 오경을 확정하시고 육예를 천명하였습니다. 위로 하늘의 뜻을 계승하고 아래로 땅의 이치를 통섭하였으며, 사리를 따지고 미세한 말절까지 헤아려 사람의 성정에 근원한 근본의 확립으로 인륜도덕의 체계를 마련하였습니다. 천지의 법도를 근거로 책을 편찬하여 후세에 남기니 새나 짐승들도 감화를 받았으며 그로써 혼란스런 세상을 구제했습니다. 천의와 인간사가 하나로 합해져 근본적인 도술이 모두 갖추어지게 되었습니다. …… 사회의 사치풍조를 절제시키고 풍속을 바로잡고 문화적으로 우아한 경지에 다다르게 되었습니다.[45]

육가는 오경과 육예가 교육의 교재가 된다고 한 것은 세상이 혼란해진 후에 인륜관계가 타락하지 않도록 하기 위함이라고 생각했다.[46] 그래서 그는 "성인은 오경과 육예를 가지고 혼란을

---

43) 『新語』, 「至德」, "不言而信, 不怒而威."

44) 王雲五, 『漢唐教學思想』, 臺北, 臺灣商務印書館, 1970년, 7~8쪽 참조.

45) 『新語』, 「道基」, "後聖乃定五經, 明六藝, 承天統地, 窮事微, 原情立本, 以緒人倫, 宗諸天地, 脩篇章, 垂諸來世, 被諸鳥獸, 以匡衰亂, 天人合策, 原道悉備. …… 以節奢侈, 正風俗, 通文雅."

46) 徐復觀, 『兩漢思想史』卷二, 臺北, 學生書局, 1985년, 94쪽 참조.

방지한다."[47]라고 언급했던 것이며, 아울러 예악禮樂의 교육을 통하여 백성들의 도덕과 문화적 소양을 제고시키는 한편 사회의 도덕성을 재건하여 국가가 장기적으로 안정된 상태를 유지할 수 있게 되기를 염원했던 것이다.

끝으로 현명한 사람을 존중하는 것인데, 정치의 도리는 좋은 정책을 만드는 것과 훌륭한 사람을 등용시키는 것에 있다고 할 수 있다. 육가가 말하는 좋은 정책은 바로 인의仁義를 실천하는 것이며, 훌륭한 사람은 바로 현명한 사람을 의미한다.[48] 좋은 정책은 반드시 훌륭한 인재를 통해야만 그 효과를 볼 수 있는 것이기 때문에 육가는 군주가 가장 중요하게 여겨야 하는 일이 바로 인의仁義를 실천하는 것과 현명한 인재를 등용하는 것이라고 생각했던 것이다.

> 성인은 높은 위치에서 있게 되면 인의로 보금자리를 만들고, 위험한 지경에 빠지게 되면 성현을 지팡이로 삼습니다. 그러므로 높아도 추락하지 않고, 위험해도 넘어지지 않습니다. 옛날에 요임금은 인의로 보금자리를 삼았고, 순임금은 직과 설을 지팡이로 삼았습니다. 그래서 높아질수록 편안하였고 움직일수록 견고하였습니다. 그분들은 편안한 높은 지위에 있으면서도 공경과 겸양을 계속하였습니다. 덕은 천지와 짝을 이루었고, 빛은 팔방을 덮었으며, 공적은 무궁히 후세에 드리워졌고, 명성은 영원히 썩지 않고 전해졌습니다. 그건 그분들 인의의 거처가 적절한 보금자리였으며, 이용할 지팡이로 제대로 사람을 얻었기 때

47) 『新語』, 「道基」, "聖人防亂以經藝."

48) 黃錦鋐, 『秦漢思想硏究』, 臺北, 學海出版社, 1979년, 89쪽 참조.

문입니다.[49)]

인의仁義는 군주 자신의 자기수양의 도리이며 현명한 인재는 군주가 나라를 다스리는 데에 있어서 반드시 필요한 도구라고 할 수 있다. 이러한 두 가지가 서로 조화롭게 배합되어야 만이 비로소 무위의 다스림의 치세에 도달할 수 있게 되는 것이다. 진나라는 인재를 제대로 등용하지 못했기 때문에 패망의 길로 들어서 결국은 망해버린 것이며, 은나라의 예를 거울삼아 보더라도 알 수 있듯이 국가의 통치와 혼란은 군주가 현명한 인재를 제대로 등용했는지의 여부에 달려있는 것이다. 그래서 육가는 다음과 같이 엄중한 경고를 했던 것이다.

> 전차 천 대를 낼 수 있는 제후국을 다스리면서 참소하고 아첨하는 신하의 계책을 믿고서도 망하지 않는 경우는 아직 없었습니다. 그래서 『시경』에는 "참소하는 무리 끝없이 날뛰니 온 나라 뒤엉켜 혼란에 빠지네!"라고 말합니다. 수많은 간사한 무리들이 합심하여 한 명의 군주를 뒤엎는다면 나라는 위태로워지고 백성들은 사라지는 것이 당연한 일 아니겠습니까![50)]

이처럼 현명한 인재를 등용하지 않고 참언을 일삼는 무리들의

---

49) 『新語』, 「輔政」, "聖人居高處上, 則以仁義爲巢, 乘危履傾, 則以賢聖爲杖, 故高而不墜, 危而不仆. 昔者, 堯以仁義爲巢, 舜以稷, 契爲杖, 故高而益安, 動而益固. 然處高之安, 乘克讓之敬, 德配天地, 光被四表, 功垂於無窮, 名傳於不朽, 蓋自處得其巢, 任杖得其材也."

50) 『新語』, 「輔政」, "夫據千乘之國, 而信讒佞之計, 未有不亡者也. 故詩云: '讒人罔極, 交亂四國.' 衆邪合黨, 以回人君, 邦危民亡, 不亦宜乎!"

진언을 듣고 그들을 등용하여 국가를 멸망의 길로 접어들게 만드는 것은 전적으로 군주 자신의 선택에 달려있는 것이다. 또한 군주는 인재를 발탁시킬 때 넓은 시야를 가지고 보아야지 국한된 안목으로 발탁해서는 안 되는 것이라고 하였다. 그래서 그는 "좋은 말이 기기만 있는 것은 아니며, 예리한 검이 간장만 있는 것이 아니며, 미녀가 서시만 있는 것은 아니며, 충신이 여망만 있는 것은 아닙니다."[51]라고 했던 것이다. 국가를 다스리기 위해서는 여러 분야에 걸쳐서 인재가 필요하기 때문에 인재의 발탁은 반드시 심도 있고 광범위하게 해야만 하는 것이다.[52] 그리고 육가가 재세하던 당시에는 아직 과거제도가 없었기 때문에 유능한 인재는 단지 군주의 발굴과 중용에 의해서만이 비로소 등용되어 공적을 이룰 수가 있었다. 또한 육가는 도를 품은 유능하고 현명한 인재가 영명한 성군을 만나지 못하는 것은 천리마가 백락伯樂을 만나지 못하는 것과 같아서 이는 국가적으로도 커다란 손실이라고 했다.

현명한 인재를 가까이 하고 참소를 일삼는 무리를 멀리해야 하는 것이 명백한 치국방략의 도리임에도 불구하고 역사적으로 수많은 현자들이 세상에 드러나지 못하고 매몰되는 경우가 비일비재 하였는데, 이는 간신들이 그들의 등용을 막고 군주를 현혹했기 때문이었다. 그래서 육가는 이러한 간신들의 전횡을 막고 유능하고 현명한 인재를 등용시키기 위해서는 군주가 반드시 인

51) 『新語』, 「術事」, "良馬非獨騏驥, 利劍非唯干將, 美女非獨西施, 忠臣非獨呂望."

52) 薩孟武, 『儒家政論衍義』, 臺北, 東大圖書有限公司, 1982년, 79~80쪽 참조.

재를 판별할 수 있는 안목과 명철한 지혜를 갖춰야 한다고 하였다. 아울러 군주가 이러한 자질을 갖추기 위해서는 인의를 실천할 수 있어야 하고 의로움과 이익의 추구를 분명하게 판별 할 수 있어야 함과 동시에 간언을 광범위하게 듣고 그것의 명분과 실리를 심사숙고 하게 되면 자연스럽게 시비를 분명하게 판별하고 현신과 간신을 분별할 수 있게 된다고 하였다.

4. 맺는 말

이상과 같이 육가의 정치사상에 대하여 무위의 숭상과 덕치의 제창을 중심으로 논의를 진행해보았는데, 이를 정리하면 다음과 같다.

육가는 무위를 치국의 도라고 하는 위치로 끌어올렸는데, 이는 당시의 시대적 상황의 요청을 반영한 것이라고 할 수 있다. 당시는 한나라 건국초기로 정권이 아직은 공고히 자리 잡히지 못했기 때문에 천하의 백성들은 애타게 안정된 사회를 염원하고 있었으며, 진나라 시기의 폭압에 의한 통치의 전철을 또다시 밟지 않기 위하여 육가는 무위의 주장을 가장 먼저 제기하여 이를 한나라 제왕들의 치국의 원칙으로 삼고자 했던 것이다. 이러한 무위의 구체적인 내용은 바로 정치의 간소화로서, 이는 곧 국가의 백성에 대한 간섭배제 및 재정의 검소함과 절약인데, 이는 번잡하고 가혹했던 진나라 법률의 맹점을 바로잡아 단순하고 안정된 통치를 추구했던 것이라고 할 수 있다.

백성들의 피로가 쌓이게 만드는 노역이나 군주의 화려하고 사치스러운 사물들에 대하여 육가는 통치자가 마땅히 그러한 것들을 버려야할 것이라고 생각했으며, 백성들을 번거롭지 않게 하고 헛된 토목공사를 일으키지 않거나 백성들에 대한 과도한 수탈을 하지 않는 것이 무위이고 인의仁義의 구체적인 표현이라고 생각했다. 육가의 무위가 최종적으로 귀결되는 곳은 바로 인의의 실천에 있다고 할 수 있다. 이처럼 육가가 주장한 무위는 이미 원시도가의 사상과는 다른 성격을 띠고 있는 것으로 보아야 할 것이다. 다시 말한다면 이는 유가와 도가의 사상을 종합하여 새로운 의미를 부여한 것이라고 할 수 있는 것이다.

육가는 이상적인 치세에 대하여 구체적으로 묘사했는데, 그것은 바로 지극한 덕이 펼쳐지는 세상이었으며, 이러한 세상의 실현은 절대로 엄격한 형벌과 가혹한 법률로써 도달할 수 있는 것이 아니고 도가의 청정무위와 유가의 인의 교화를 융합한 것을 위주로 해야 하며, 그것에 법가의 법치관념을 보조로 더해야 만이 이룩될 수 있는 것이라고 생각했다. 무위는 바로 그러한 경지를 묘사하고 있는 것이며 실제로 그것을 만드는 것은 유가에 의해서 구체화 되는 것이라고 할 수 있다.

육가는 덕에 의한 통치와 형벌에 의한 통치는 서로 대립되는 것이라고 생각했는데, 그는 역사적 사례를 들어서 형벌을 숭상하면 국가는 멸망하고 덕을 숭상하면 강성해진다고 하는 주장을 펼쳤다. 그렇기 때문에 육가는 덕치를 시행할 것을 강력하게 주장했던 것이다. 또한 육가는 백성들이란 덕치에 의해서 군주에게 기대는 것이라고 생각했기 때문에 덕치를 실시해야 만이 비로소 형벌이 남발되는 폐단을 종식시킬 수 있게 되어 결국에는 백성들의 지지를 얻게 되는 것이라 했다. 민심을 얻는 구체적인 방법으로 형벌을 가볍게 하고 백성들을 번거롭게 하지 않는다고 하는 정책 외에 더욱 중요한 것은 군주 자신이 직접 모범을 보이는 것에 있었다.

육가가 이처럼 덕치를 강조한 이유는 그가 덕에 의한 교화의 효과를 매우 깊게 신뢰했기 때문이며, 궁극적으로는 백성들을 선하게 유도하기 위하여 덕치의 계발을 해야 하는 것이라고 했다. 또한 육가는 통치자의 모범 외에도 동시에 교육의 중요성을 강조했는데, 이는 교육의 사회적 기능을 긍정한 것이라고 할 수 있다. 아울러 그는 좋은 정치는 현명한 사람을 등용시켜 시행해야 만이 비로소 그 효과가 발휘될 수 있다고 주장했다.

육가는 군주가 덕으로 백성들을 교화시켜서 통치해야 한다고 강조하면서, 군주 자신의 행위는 삼가고 경건해야 하는 것이라고 했다. 그러므로 군주는 반드시 도덕적이어야 하는데, 이러한 도덕의 구체적인 내용은 바로 인의仁義라고 할 수 있다. 또한 육가는 교육이 사회를 안정시키고 사회의 질서를 유지시켜주는 기능에 대하여 깊은 신뢰를 가지고 있었다. 육가는 교육의 효과가 매우 광범위한 것으로 생각하여 "말하지 않아도 군주를 신뢰하고 화내지 않아도 위엄이 서게 된다."고 하는 경지에까지 도달할 수 있다고 보았다. 게다가 육가는 가장 이상적인 교재는 바로 공자가 편찬했다고 하는 오경五經과 육예六藝라고 주장했다. 그리고 육가는 현명한 인재를 등용하지 않고 참언을 일삼는 무리들의 언론에 의하여 부화뇌동하여 국가를 멸망의 길로 접어들게 만드는 것은 전적으로 군주 자신의 선택에 달려있다고 했다. 그러므로 군주는 인재를 발탁시킬 때 넓은 시야를 가지고 보아야지 국한된 안목으로 발탁해서는 안 되는 것이라고 하였다.

이처럼 육가는 덕치를 언급하면서 현명한 인재를 발탁하여 임용하는 것을 매우 중요하게 여겼다. 그렇기 때문에 육가의 덕치사상은 군주가 스스로 모범을 보여서 백성들을 통솔하는 것 외에도 자기수양 · 교육 · 현명한 사람을 존중한다고 하는 것 등의 풍부한 의미를 포함하고 있는 것으로 볼 때, 그의 덕치사상은 유가의 색채가 매우 농후하다고 할 수 있는 것이다.

참고문헌

王利器,『新語校注』, 北京, 中華書局, 1996년.

王雲五,『兩漢三國政治思想史』, 臺北, 臺灣商務印書館, 1969년.

王雲五,『漢唐教學思想』, 臺北, 臺灣商務印書館, 1970년.

黃錦鋐,『秦漢思想研究』, 臺北, 學海出版社, 1979년.

徐復觀,『兩漢思想史』卷二, 臺北, 學生書局, 1985년.

金春峰,『漢代思想史』, 北京, 中國社會科學出版社, 1997년.

賀凌虛,『中國古代政治思想論集』, 南投, 霧峯出版社, 1970년.

薩孟武,『儒家政論衍義』, 臺北, 東大圖書有限公司, 1982년.

任繼愈,『中國哲學發展史-秦漢』, 北京, 人民出版社, 1985년.

제8장 육가의 군주 통치사상

1. 시작하는 말

선진시기 제자백가의 정치사상 가운데 어떻게 이상적인 정치를 완성할 수 있을까? 라고 하는 문제를 탐구할 때 일반적으로 성인聖人의 개념을 제출하게 된다. 이와 같은 성인 관념은 제자백가의 사상가들이 의식하지 않은 상태에서 형성된 사유상의 공통분모라고 할 수 있을 것이다. 그들은 이상적인 인격을 갖춘 성인이 출현하기만 하면, 이상적인 정치시스템을 완성할 수 있다고 여겼다.

육가의 정치사상 가운데 무위無爲의 다스림은 군주가 덕을 실천하는 과정 속에서 이루어지는 것이라고 할 수 있으며, 성인과 같은 도덕적 권위를 가진 존재는 이상적인 정치를 완성하기 위한 필요조건이라고 할 수 있다. 이러한 관념은 선진유가의 "덕이 있는 자가 정치를 한다."라고 하는 개념을 계승한 것이라고 할 수 있다.[1] 육가가 언급한 성인에 의한 통치는 천하의 사람들이 좋아하고 싫어하는 가치기준을 같게 만들고, 풍속을 통일시키는 것이라고 할 수 있다. 즉 육가는 성인은 하늘의 광명을 받들고, 해와 달의 운행을 바르게 하고, 별자리 움직임의 도수를 기록하고, 하늘과 땅이 가져다주는 이로움에 근거하고, 고원이나 평지 등의 높고 낮음에 따라 작물의 등급을 정하고 산과 물의 편의에 따라 수레·배 등과 관련된 설비를 하고, 사해를 평정하고, 구주를 획분 하고, 좋아하고 싫어하는 가치기준을 같게 만들고, 풍속을 통일시킨다고 생각했던 것이다.

그러나 현실의 정치상황 속에서 군주는 성인이 되지 못하기 때문에 육가는 한걸음 물러서서 차선책을 선택하게 되는데, 그것은 바로 군주가 성인을 본받아 통치하는 것이었다. 덕에 의한 통치를 주장하는 가운데 육가는 통치자의 이상적인 인격에 대하여 수신修身을 가장 중요하게 생각했다. 즉 육가는 통치자 자신의 도덕수양의 중요성을 역설했던 것이다.

2. 군주의 도덕수양 내용

수신修身의 문제에 관하여 육가는 인의仁義가 개인의 도덕의 구체적인 내용이 된다고 생각했으며, 도덕수양은 작은 일부터 착수해야 한다고 주장했다.

---

1) 勞思光, 『新編中國哲學史』(一), 臺北, 三民書局, 1986년, 175쪽 참조.

> 천하에 큰 공로를 세운 사람은 반드시 가정 내에서 먼저 자기 수양을 잘 하고, 만세에 위대한 명성을 드리운 사람은 반드시 미세한 작은 일부터 실천합니다. …… 안에서 수양을 잘하여 밖으로 저명해졌으며, 작은 일을 실천하여 큰 영향력을 발휘하였습니다.[2)]

덕을 수양하는 과정은 층층이 누적되고 점차 확충하는 공부가 필요한 것으로, 『대학大學』에서 언급한 "수신"·"제가"·"치국"·"평천하"의 내성內聖에서 외왕外王에 이르는 과정이 필요하다고 할 수 있다. 육가는 옛날의 성인들 역시 모두가 이러한 과정을 거쳐서 도덕을 실천했다고 생각했다.

> 군주가 현명하게 덕에 의한 정치를 펼치면 그 영향이 먼 곳까지 미칠 수 있고, 신하들이 돈독히 인의를 실천하면 국가가 강대한 상태에 다다를 수 있습니다. 왜 그렇게 말을 하겠습니까? 옛날에 은나라 탕왕은 사방 칠십 리의 봉지로 출발했으나 마침내 제왕의 지위에 올랐으며, 주공은 자신은 삼공의 지위에 있었으나 공덕은 흔히 오제삼왕에 견주어 지는데, 이는 그들이 입으론 항상 선한 말을 뱉고 몸으론 항상 선한 도를 행했기 때문에 그렇게 된 것입니다.[3)]

---

2) 『新語』, 「愼微」, "夫建大功於天下者必先修於閨門之內, 垂大名於萬世者必先行之於纖微之事. …… 修之於內, 著之於外; 行之於小, 顯之於大."

3) 『新語』, 「明誡」, "君明於德, 可以及於遠; 臣篤於義, 可以致於大, 何以言之? 昔湯以七十里之封, 升帝王之位; 周公以自立三公之官, 比德於五帝三王; 斯乃口出善言, 身行善道之所致也."

이외에 육가는 자기수양은 그렇게 어려운 것이 아니라고 생각했는데, 그것은 바로 도덕 자체는 본래 사람의 성정에서 비롯되는 것이고 뒤에 성인이 오경五經과 육예六藝에 의거해서 규정한 것이기 때문에 그것은 쉽게 알 수 있고 실천할 수 있는 일이라는 것이다.

> 열심히 공부하여 『시경』·『서경』 구절을 외는 것은 보통사람도 할 수 있는 일입니다. 장강·황하를 옮기고 태산을 움직이고자 한다면 이는 인간의 힘으로 할 수 없는 일입니다. 몸과 마음을 잘 조절하고, 악을 지양하고 선을 지향하며, 재물을 탐하지 않고, 조그만 이익에 구차히 굴지 않으며, 재물을 나눌 때 적게 취하고, 사회에 봉사하며 노고를 아끼지 않는 일 등은 천하 사람들이 쉽게 알 수 있는 도리이며 쉽게 실천할 수 있는 일입니다.[4)]

도덕의 실천은 다만 본심에 의거하여 발현되어야 만이 도덕에 부합될 수 있는 것이다. 그렇기 때문에 육가는 개인의 마음의 취향과 축복이나 재앙이 발생하게 되는 관련성에 대하여 강조했던 것이다.

> 선한 사람은 반드시 그런 선량한 군주가 있기에 몰려드는 것이며, 악한 사람은 반드시 그런 불량한 까닭이 있기에 다가오는

4) 『新語』, 「愼微」, "夫力學而誦詩·書, 凡人所能爲也; 若欲移江·河, 動太山, 故人力所不能也. 如調心在己, 背惡向善, 不貪於財, 不苟於利, 分財取寬, 服事取勞, 此天下易知之道, 易行之事也."

> 것입니다. 선과 악은 공연히 지어지지 않으며, 화와 복은 제멋대로 생겨나지 않습니다. 오직 군주의 마음이 향한 바와 군주의 의지가 실천하는 바에 따라 결정될 따름입니다.[5)]

개인의 마음과 의지가 선악과 재앙이나 축복이 발생하는 것을 좌지우지 한다면, 수신은 반드시 마음의 수양에 초점을 맞춰야만 하는 것이다. 이러한 사실은 육가가 언급한 기氣의 작용과 관련지을 수 있는데, 즉 기운을 정양하고 기운을 다스리는 것으로 수명을 연장하는 것과 같은 것이라고 할 수 있다. 기운을 다스리는 것 역시 마음의 수양을 도울 수 있는 것이다.

> 사람의 정기와 자연의 감응이 상서로우면 모습이 청결하고 밝고 빛나게 되며, 진정으로 깨끗한 본심으로 행동함이 드러나면 편안하고 화통하고 화합하고 어질게 되며, 마음이 고르고 그윽한 사람은 의지가 굳고, 정기가 편안하고 조용한 사람은 마음이 평정하게 되며, 의지가 굳건하고 마음이 평정하면 혈과 맥이 강건하게 됩니다.[6)]

마음이 평정하고 의지가 굳건해야만 비로소 감정에 미혹되지 않을 수 있게 되어 인의仁義에 집중하게 되어 일을 완성하게 되고 공을 세울 수 있게 되는 것이다.

---

5) 『新語』, 「思務」, "善者必有所主而至, 惡者必有所因而來. 夫善惡不空作, 禍福不濫生, 唯心之所向, 志之所行而已矣."

6) 『新語』, 「懷慮」, "氣感之符, 淸潔明光, 情素之表, 恬暢和良, 調密者固, 安靜者祥, 志定心平, 血脈乃彊."

육가는 수신修身이 결코 어려운 것이 아니라고 여겼기 때문에 그것의 대상을 한정적으로 국한시키지 않았던 것이다. 즉 위로는 군주로부터 아래로 서민에 이르기까지 모두가 수신을 해야 한다고 여겼다. 육가는 증자와 안회의 사례를 들어 자신의 주장에 힘을 싣는다.

> 증자는 부모에게 효도하여 밤이면 잠자리 돌봐드리고 아침이면 문안하는 일을 거르지 않았습니다. 거처가 추운지 더운지 조절해드리고, 의복이 가벼운지 무거운지 살펴드렸습니다. 미음이나 죽 같은 소소한 일에 힘쓰고, 누울 자리 같은 작은 일에 실천을 했을 뿐인데도 그의 미덕은 후세에 길이 존중을 받습니다. 이 두 사람은 안에서 수양을 잘하여 밖으로 저명해졌으며, 작은 일을 실천하여 큰 영향력을 발휘하였습니다. 안회는 밥 한 대접에 물 한 바가지 마시며 누추한 뒷골목에 살았는데, 다른 사람은 그 걱정을 참아내지 못하겠지만 안회는 즐거운 삶의 태도를 바꾸지 않았습니다. 예에 맞추어 행동하였고 겸손한 태도를 드러내었습니다.[7]

동시에 육가는 덕을 세운 사람들에게 높은 평가를 부여했는데, 예를 들자면 백이와 숙제의 청렴한 정절이나, 유약有若의 "자신의 행동을 바르게 하여 구차하게 세속에 영합하지 않는다."[8]

---

7) 『新語』, 「愼微」, "曾子孝於父母, 昏定晨省, 調寒溫, 適輕重, 勉之於糜粥之間, 行之於衽席之上, 而德美重於後世. 此二者, 修之於內, 著之於外; 行之於小, 顯之於大. 顏回一簞食, 一瓢飮, 在陋巷之中, 人不堪其憂, 回也不改其樂. 禮以行之, 遜以出之."

8) 『新語』, 「辨惑」, "正其行而不苟合於世也."

와 같은 것들 모두는 "아름다운 공적을 만대에 드리웠습니다."[9] 라고 하는 덕행의 표본이라고 할 수 있다.

결국은 육가가 언급한 수신修身이라고 하는 것은 바로 사람들이 본성에 의거해서 도덕을 실천하는 것이라고 할 수 있는데, 이러한 수신은 오경五經과 육예六藝의 인도에 의지할 때에 비로소 어려운 일이 아니게 되는 것이다. 동시에 위로는 군주로부터 아래로 일반 백성들에게 이르기까지 신분과 지위의 고하를 막론하고 모두가 자기 자신에 대하여 도덕수양을 할 수 있게 된다면 도덕규범과 자신의 행위를 일치시킬 수 있게 되는 것이다. 이렇게 될 경우 "수신"·"제가"·"치국"·"평천하" 단계에 도달하게 되어 궁극적으로는 덕으로 천하를 통일 할 수 있게 되는 것이다.

3. 군주의 도덕수양의 효용성

육가는 군주가 자기 수양을 할 경우 반드시 일정한 효과가 발생할 것이라고 생각했다. 육가는 군주가 이상적인 정치를 펴나가는 가운데 핵심적인 역할을 담당해야 한다고 생각하였으며, 군주 개인이 갖추고 있는 본래적인 조건은 특별히 주목해야할 사항이라고 여겼다. 그리고 육가는 덕성이 다르면 그것에 따라 나오는 효과도 다르다고 생각했다. 군주가 실제적으로 마땅히 갖춰야할 자기 수양과 관련된 덕성에 대하여 육가는 『신어新語』

9) 『新語』, 「辨惑」, "功美垂於萬代."

의 곳곳에서 언급하고 있다.

굳센 성격을 가진 사람은 시간이 오래 가면서 좌절을 맞지만, 부드러운 성격을 지닌 사람은 오래오래 유지할 수가 있습니다. 조급하고 안달하는 사람은 빠르게 뒤집히지만, 완만하고 신중한 사람은 장구히 존재할 수 있습니다. 용맹을 숭상하는 사람은 후회가 빠르지만, 온순 돈후한 사람은 행동이 너그럽고 편안합니다. 조급하고 빠른 성격을 지닌 사람은 꼭 모자라는 점이 있습니다만, 부드럽고 유연한 사람은 굳세고 강경한 사람을 제압할 수 있습니다. 조그만 재주를 지닌 사람이 큰 적을 막을 수는 없으며, 작은 말재주로 대중을 설복시킬 수는 없습니다.10)

마음을 단정히 하여 한결같이 굳건히 하면 오래도록 잊어버리지 않게 되며, 위에서 통치자가 안일에 빠지지 않으면 아래서 백성들이 다치지 않게 되며, 한 가지 이념을 지키고 민중들을 통치하면 비록 인구가 적더라도 나중에 반드시 많아지게 되며, 마음이 안일하고 성정이 산만하면 비록 지위가 높더라도 나중에 반드시 무너지게 됩니다.11)

의에는 돈독하나 이익은 경시하고, 실천은 민첩히 하나 말에는 신중하다. …… 그래서 성인은 궁실은 낮게 짓고 도덕을 높이 떠받들며, 화려하게 옷 입는 것은 미워하고 인의의 실천에

10) 『新語』, 「輔政」, "懷剛者久而缺, 持柔者久而長, 躁疾者爲厥速, 遲重者爲常存, 尙勇者爲悔近, 溫厚者行寬舒, 懷促急者必有所虧, 柔懦者制剛强. 小慧者不可以禦大, 小辯者不可以說衆."

11) 『新語』, 「懷慮」, "正心一堅, 久而不忘, 在上不逸, 爲下不傷, 執一統物, 雖寡必衆, 心佚情散, 雖高必崩."

부지런히 매진합니다.[12)]

> 군자는 폭넓게 생각하고 널리 의견을 청취하며, 나아가고 물러남에 법도를 준수하고, 동작은 법도에 합치하고, 많은 사람을 통해 듣고 보려 하지만 채택은 신중하게 하고, 광범하게 학문을 하려 하면서도 자신의 행실은 돈후하게 합니다. 사악한 것을 보면 무엇이 정직한 것인지를 알고, 화려한 겉모습을 보고서 무엇이 견실한 것인지를 압니다. 눈은 현란한 색채로 인해 어지럽혀지지 않고, 귀는 아부하는 말 때문에 혼란에 빠지지 않습니다. 제나라·노나라의 모든 재부만큼 큰 이익이 있더라도 뜻을 옮기지 않으며, 신선 왕자교王子喬·적송자赤松子처럼 장수할 수 있다고 이야기가 되어도 행동을 바꾸지 않습니다.[13)]

이상과 같은 사례를 통하여 육가가 군주의 이상적인 인격이 자기 수양에 있다고 하는 요구에 대하여 규범적인 덕성과 책략적인 덕성으로 귀결해 볼 수 있을 것이다.

먼저 규범적인 덕성에 대하여 살펴보도록 하겠다.

육가는 군주가 욕망을 절제하고 사적인 이익을 봉쇄해야 하며[14)] 언행을 삼가하고 신중하게 하고 온화하고 넓은 아량을 가

---

12) 『新語』, 「本行」, "篤於義而薄於利, 敏於事而愼於言. …… 故聖人卑宮室而高道德, 服而謹仁義."

13) 『新語』, 「思務」, "是以君子廣思而博聽, 進退循法, 動作合度, 聞見欲衆而采擇欲謹, 學問欲欲敦, 見邪乃知其直, 觀花乃知其實, 目不淫炫燿之色, 耳不亂於阿諛之詞, 雖利之以齊·魯之富而志不移, 談之以王喬·赤松之壽而行不易."

14) 錢穆, 『孔子與論語』, 臺北, 聯經出版事業公司, 1979년, 198쪽 참조.

지고 심지를 전일하게 하여 자신의 품성을 부단히 수양할 것을 요구한다. 또한 육가는 군주가 이러한 덕성을 갖추게 되면 백성들을 덕으로써 감화 시킬 수 있다고 보았다. 육가는 실제적인 행동을 할 때 전일함이 외부로 드러난다고 주장했다.

> 여러 다른 생각을 품는 사람은 원대한 계획을 세울 수 없으며, 양 극단을 왔다 갔다 하는 사람은 위신을 세울 수 없습니다. 그래서 외부세계를 다스리려는 사람은 반드시 자기 내면부터 조절하고, 먼 곳을 평정하려는 사람은 반드시 가까운 일부터 바르게 정돈합니다. 천하의 기강을 바로 세우고 온 세상일에 신경을 쓰는 사람은 집안일을 걱정하지 않으며, 기운을 정양하고 성정을 함양하여 정신창달과 수명 연장을 생각하는 사람은 바깥일에 뜻을 두지 않습니다. 땅을 갖고 백성들을 자식처럼 아끼며 국가와 백성을 다스리는 사람이 사사로운 이익을 도모하거나 자신의 산업을 경영한다면 교화가 행해지지 않을 것이고 어떤 정책법령도 집행되지 않을 것입니다.[15)]

또한 육가는 인체의 다섯 가지 감각기관의 비유를 통하여 전일함의 이로운 점과 그러하지 못했을 때의 해로움에 대하여 역설했다.

---

15) 『新語』, 「懷慮」, “懷異慮者不可以立計, 持兩端者不可以定威. 故治外者必調內, 平遠者必正近, 綱天下, 勞神八極者, 憂不存於家. 養氣治性, 思通精神, 延壽命者, 則志不於外. 據土子民, 治國治衆者, 不可以圖利, 治產業, 則教化不行, 而政令不從.”

> 눈의 역할은 밝게 보는 것이고, 귀의 역할은 잘 듣는 것이고, 입의 역할은 맛을 구별하는 것이고, 코의 역할은 냄새향기를 맡는 것이고, 손은 물건을 붙잡는 데 쓰며, 발은 걷는 데 쓰입니다. 각자 한 가지 특성을 지니며 두 가지를 겸할 수 없습니다. 두 가지 역할을 겸하려 하면 마음이 혼란에 빠지고, 동시에 두 길을 가려 하면 행동이 막히게 됩니다.[16]

육가는 군주가 정신을 전일하게 유지해야 한다고 생각하였으며, 혼신의 힘을 다하여 국가를 통치해야 하고 절대로 사적인 이익 추구에 의해서 공적인 사안을 해쳐서는 안 된다고 주장했다. 이러한 주장은 관중이 제환공齊桓公을 보좌한 사례에 잘 나타나 있다.

> 관중은 제환공을 보좌함에 몸을 굽혀 주군을 섬기되 오로지 한 마음 한 뜻이었으며, 그 자신은 외국 사람과 사적인 교유를 하지 않았고 마음속으로는 비정상적인 속임수를 생각하지 않았습니다. 자기 나라인 제나라를 바르게 이끌고 그로써 천하를 제어하여 자기 군주의 패자 지위를 존귀하게 하였으며 제후들을 굴종케 하였습니다.[17]

반면 정신을 전일하게 하지 못한 원인 때문에 제멋대로 방종하게 되는 결과가 나온다고 육가는 소진蘇秦과 장의張儀의 "합종

---

16) 『新語』, 「懷慮」, "目以精明, 耳以主聽, 口以別味, 鼻以聞芳, 手以之持, 足以之行, 各受一性, 不得兩兼, 兼則心惑, 二路者行窮."

17) 『新語』, 「懷慮」, "故管仲相桓公, 詘節事君, 專心一意, 身無境外之交, 心無欹斜之慮, 正其國如制天下, 尊其君而屈諸侯."

연횡은 중도에 폐기되었으며, 제 몸은 보통 사람의 손에 죽임을 당함으로써 천하 사람들의 조롱거리가 되었습니다. 이는 그들의 언사가 통일 되지 못하고 제멋대로 방종했기 때문입니다."[18]와 같은 실패 사례를 들어 전일함의 중요성을 설명했다.

> 정권을 잡은 사람이 동시에 여러 가지를 도모하면 중용이라는 통치의 중심을 잃게 되며, 전쟁하는 병사들이 경작에 종사하지 않으면 조정의 선비들이 장사를 하지 않게 되며, 사악한 자들이 정직한 자들을 범하지 않으면 둥근 것이 모난 것을 어지럽히지 않게 되며, 뒤틀리고 사나운 것들이 서로 뒤섞이면 부정한 자들을 바로잡기 어렵게 됩니다. 따라서 나라를 잘 다스리려는 군주는 사적인 이익이 나오는 문을 봉쇄해야 하고 덕을 쌓은 사람에게는 반드시 재앙이 없도록 해야 합니다. 사적인 이익추구 행위가 두절되면 도의가 뚜렷이 드러날 것이고, 무력을 앞세우는 행위가 물러나면 덕이 흥하게 될 것입니다.[19]

육가는 군주가 나라를 잘 다스기 위해서는 반드시 정신을 전일하게 해야 하는데, 만일 물욕을 추구하는 것에 급급하고 사적인 이익을 다퉈 산업을 발전시키게 되면 백성들에 대한 교화나 정치적인 명령이 시행되는 것이 매우 어려운 지경에 빠지게 된다고 보았다. 이럴 경우 백성들 역시 자신들의 본업을 돌보지

---

18) 『新語』, 「懷慮」, "中道而廢, 身死於凡人之手, 爲天下所笑者. 乃由辭語不一, 而情欲放佚故也."

19) 『新語』, 「懷慮」, "秉政圖兩, 失其中央, 戰士不耕, 朝士不商, 邪不奸直, 圓不亂方, 違戾相錯, 撥刺難匡. 故欲理之君, 閉利門, 積德之家, 必無災殃, 利絶而道著, 武讓而德興."

않고 다른 것에 정신을 팔게 되어 국가는 혼란에 빠지게 되는 것이다. 또한 육가는 의로움과 이익을 분명하게 분별할 것을 강조하여 군주는 사적인 이익 추구의 유혹에서 탈피하여 오직 도에 집중하고 의로움에 부합되는 행위를 해야 한다고 역설했다. 그리고 군주는 욕망을 절제하고 검소하고 절약하는 덕성을 갖춰야하기 때문에 낭비하고 사치를 일삼아서는 안 된다고 생각했다. 그래서 육가는 「지덕至德」 편에서 노나라 장공莊公의 사례를 언급하여, 군주가 만일 과도하게 재물을 탕진하고 불필요한 토목공사를 벌이며 지나치게 여색을 추구하면 결국에는 국가의 기강이 무너지고 자신은 파멸의 나락으로 떨어지게 될 것이라고 했던 것이다.

육가가 강조한 사적인 이익의 문을 봉쇄하고 욕망을 절제한다고 하는 규범적인 덕성은 당시의 통치자에게 제공했던 책략적인 수단이 된다고 할 수 있다. 서한 초기의 민생 피폐와 국고의 고갈 및 인구의 감소 등과 같은 극도로 열악한 상황 속에서, 서한의 통치자들이 만일 진나라의 통치자들처럼 사치와 향락을 일삼고 대규모 토목공사를 일으켜 백성들을 강제 노역에 동원시켰다면, 서한 초기의 정치상황은 심각한 위험에 직면했을 것이다. 그렇기 때문에 육가는 이와 같은 군주의 자기수양 방안을 제기하여 진나라 통치자들의 사치와 향락 및 부질없는 국력의 소모와 같은 잘못된 전철을 다시 밟지 않도록 하는 한편 한나라 통치자들에 대하여 경각심을 일깨우게 했던 것이다.

규범적인 덕성이 수반하는 효과는 군주가 백성들을 감화시킬 수 있는 능력을 창출할 수 있다고 하는 것에 있다.

왕의 도읍지에 남면하고 있는 군주는 모든 백성들이 본받아야할 모범이므로 일거수일투족이 법도를 잃어서는 안 됩니다. …… 그러므로 윗사람이 아랫사람을 교화시키는 일은 바람이 부는 대로 풀잎이 쓸리는 것과 같습니다. 임금이 조정에서 무력을 숭상하면 농부들이 논밭에서 갑옷이나 병기를 수선하게 됩니다. …… 윗사람이 인애한데도 아랫사람이 나쁜 짓을 하는 경우는 아직 없습니다. 윗사람이 양보를 하는데 아랫사람들이 길을 다투는 경우는 아직 없습니다. 그래서 공자께서는 "풍속을 바꾸라."고 말씀하신 것입니다. 어떻게 집집마다 다니면서 그것을 보여줄 수 있겠습니까? 군주 자신부터 그것을 실천에 옮길 따름이지요.20)

섬세하고 작은 일에서 크고 원대한 일에 이르기까지 그리고 아래로 인간사에서 위로 천명까지 두루 통합니다. 사물들은 유유상종하며, 소리는 가까운 음끼리 서로 조화합니다. 도가 주창되면 덕이 따라 호응하고, 인이 수립되면 의가 따라 일어납니다. 왕이 조정에서 도덕과 인의를 행하면 필부들은 민간에서 그것을 실천하게 됩니다. 말절의 작은 일을 처리하려면 근본의 큰일부터 다스려야 하고, 그림자를 단정히 하고 싶으면 제 몸을 먼저 바르게 챙겨야 합니다. 뿌리를 잘 기르면 가지와 잎사귀가 무성해지고, 뜻과 기운이 잘 조화하면 도에 합치하게 됩니다. …… 위가 투명하면 아래가 청렴하고, 군주가 성명하면 신하는 충성을 다합니다. …… 형벌이 확립되면 덕이 없어지고, 아첨꾼

---

20) 『新語』, 「無爲」, "夫王者之都, 南面之君, 臣姓之所取法, 擧措動作, 不可失法則也. …… 故上之化下, 猶風之靡草也. 王者尙武於朝, 農夫繕甲於田. …… 未有上仁而下殘, 上義而下爭者也. 孔子曰: 移風易俗. 豈家至之哉? 先之於身而已矣."

> 이 임용되면 충신이 사라집니다. 『시경』에는 "너의 마음을 바꿈으로써 수많은 나라 백성들이 길러질지니"라고 말합니다. 군주가 일심으로 천하를 교화시켜 □□ 나라를 다스린다는 말은 바로 이 뜻입니다.[21]

육가는 군주가 국가를 잘 다스리기 위해서는 자기수양을 가장 우선적으로 해야 한다고 생각했는데, 이는 군주의 자기수양으로부터 백성들을 감화 시킬 수 있는 능력이 발생하기 때문이다. 정사를 베풀음에 인의仁義로 시행하고 인의仁義를 실천하는 것이 군주의 자기수양의 출발점이 된다고 했을 때, 만일 군주가 인의를 행하지 않으면서 높은 지위에 있게 된다면 그의 정치는 실패의 출발점에 서있게 되는 셈이다. 그렇기 때문에 통치자는 도덕수양을 통하여 덕성을 갖추어 백성들의 모범이 되어야만 하는 것이다. 이러할 경우 백성들은 자연히 그러한 통치자에게 귀의하게 되는 것이며 더 나아가 그 통치자에게 도덕적으로 감화되는 것이다. 육가가 주장한 덕치는 군주의 자기수양에 의해서 발생하게 되는 감화력에 치중되어 있다고 할 수 있다. 자기수양은 군주 개인의 도덕기준이 되는 것이기 때문에 백성들을 통치할 때는 그러한 도덕적 요구를 백성들의 삶에 대한 욕구 보다 우선순위의 앞에 두어야 하는 것이다.[22]

---

21) 『新語』, 「術事」, "纖微浩大, 下學上達, 事以類相從, 聲以音相應. 道唱而德和, 仁立而義興, 王者行之於朝, 疋夫行之於田, 治末者調其本, 端影者正其形, 養其根者則枝葉茂, 志氣調者卽道冲. …… 上明而下淸, 君聖而臣忠. …… 刑立則德散, 故形立則德散, 佞用則忠亡. 詩云: 式訛爾心, 以蓄萬邦. 言一心化天下, 而□□國治, 此之謂也."

육가는 만일 군주 자신이 덕을 상실하게 될 경우 그 국가는 멸망의 길에 들어서게 되는 수순을 밟게 된다고 보았다.

> 노나라 장공은 중원의 땅을 점하고 성인 주공의 후예를 계승했음에도 주공의 유업을 닦지 않고 선왕으로부터 내려온 왕위를 이어받아 권력이나 숭상하고 위세에만 의지했습니다. 수많은 사람을 당해낼 힘이 있고 강함으로 남을 이기려는 성질을 지녔음에도 친족 자규 하나 존립시킬 수 없었으며, 나라가 침략당하고 땅을 빼앗겨 끝내 수수와 사수 일대로 국경이 축소되고 말았습니다.[23]

군주가 덕을 수양한다고 하는 것은 비단 군주 개인의 덕행을 완성하는 것에 그치는 것이 아니라 자애로운 마음을 확충하여 백성들을 평안하게 만들어 주는 효과가 있다. 즉 공자가 "자기수양을 하여 공경스러워야 한다. …… 자기수양을 하여 다른 사람을 편안하게 해주어야 한다. …… 자기수양을 하여 백성들을 편안케 해주어야 한다."[24]라고 언급한 것처럼, 자기수양은 백성들을 평안하게 해줄 수 있는 필요조건인 셈이다. 또한 통치자가 백성들을 평안하게 만들어 주기 위해서는 반드시 자기수양이 선행되어야 하는 것이며, 동시에 통치자 자신의 언행이 모두 도덕

---

22) 徐復觀, 『儒家政治思想與民主自由人權』, 臺北, 學生書局, 1979년, 203쪽 참조.

23) 『新語』, 「懷慮」, "魯莊公據中土之地, 承聖人之後, 不修周公之業, 繼先人之體, 尙權杖威, 有萬人之力, 懷兼人之强, 不能存立子糾, 國侵地奪, 以洙·泗爲境."

24) 『論語』, 「憲問」, "修己以敬. …… 修己以安人. …… 修己以安百姓."

규범에 부합해야 만이 비로소 백성들의 신뢰와 복종을 얻을 수 있게 되는 것이다.[25] 즉 공자가 언급한 "제 자신이 올바르면 명령하지 않아도 제대로 되고, 제 자신이 올바르지 못하면 비록 명령한다 해도 따르지 않는다."[26]고 하는 것과 같이 되는 것이다. 또한 계강자季康子가 공자에게 정치에 대하여 물었을 때, 공자는 "정치란 올바르게 한다는 것입니다. 그대가 올바르게 이끄신다면 누가 감히 올바르지 않겠습니까?"[27]라고 하는 언급을 통하여 계강자를 일깨워줬다. 그렇기 때문에 개인의 자기수양은 도덕 영역에 관계된 사안 일뿐만 아니라 정치적인 작용도 갖춰져 있는 것이라고 할 수 있는 것이다.[28]

다음은 책략적인 덕성에 대하여 살펴보도록 하겠다.

책략적인 덕성에 관해서 육가는 『노자老子』의 사상적 영향을 받았음을 어렵지 않게 발견할 수 있게 된다. 육가는 인의仁義를 제창하고 성현聖賢을 숭앙함과 동시에 유약함과 소박함의 중요성을 역설했다. 또한 그는 사람이 강건함과 교만함을 경계해야 한다고 권면하면서 군주는 겸손해야 하고 유약함을 지켜야 만이 재앙을 피할 수 있게 된다고 했다. 이러한 주장은 대체로 『노자』의 만족함을 알고 욕심을 적게 가지며 유약함과 소박함을 추구하는 사상과 일맥상통한다고 할 수 있다.[29] 육가는 현실 속에서

25) 陳弱水, 「內聖外王觀念的原始糾結與儒家政治的根本思想疑難」, 『史學評論』, 第三期, 1981년, 103쪽 참조.

26) 『論語』, 「子路」, "其身正, 不令而行; 身不正, 雖令不從."

27) 『論語』, 「顔淵」, "政者, 正也. 子帥以正, 孰敢不正?"

28) 徐復觀, 『儒家政治思想與民主自由人權』, 臺北, 學生書局, 1979년, 113쪽 참조.

정치를 하는 군주가 정사를 펼칠 때 유약함을 지켜야 하는 것의 중요성을 소홀히 할 수 있기 때문에 이러한 점을 특히 강조했던 것이다.

이와 동시에 책략적인 덕성 관념에 의해서 군주는 다음과 같은 전략적 능력을 얻을 수 있다고 육가는 생각했다. 첫째로 임기응변의 능력을 가질 수 있게 되는 것이다. 육가는 실제적인 통치행위에 대하여 군주는 임기응변의 능력을 갖춰야 한다고 생각했다. 역사적인 측면에서 보았을 때, 고대의 성현들이 통치하던 이상적인 정치가 반드시 현재의 정치상황에 적합한 것이라고 하는 사실을 보증해주는 것은 아니기 때문에 현실 상황에 부합하는 통치를 해야만 하는 것이다.

> 세속의 사람들은 옛날로부터 전해져 내려오는 물건을 소중하게 생각하고, 오늘날 만들어진 물건은 가볍게 여깁니다. 그들은 직접 눈으로 본 것을 대수롭게 여기고 소문으로 들은 것을 대단하게 여깁니다. 사물의 겉모습에 미혹되어서 내면의 실정을 놓치고 있습니다. …… 그러므로 옛날 사람들이 하는 행위도 오늘날의 우리와 똑같았습니다. …… 근본 법도는 만세토록 바뀌지 않으며, 근본 기강은 예나 지금이나 같습니다.[30]

---

29) 『노자』에 나타나 있는 이러한 사유형태를 일부 학자는 약세(弱勢)사유라고도 한다. 林俊宏, 「老子政治思想的開展」, 『政治科學論叢』, 第十期, 1999년 참조.

30) 『新語』, 「術事」, "世俗以爲自古而傳之者爲重, 以今之作者爲輕, 淡於所見, 甘於所聞, 惑於外貌, 失於中情. …… 故古人之所行者, 亦與今世同. …… 萬世不易法, 古今同紀綱."

아주 오래전에 전해져 내려오는 사실을 듣고서 확신하면서 그러한 사실에 대하여 실질적인 확인절차를 거치지 않을 경우 진상을 모르고 맹목적으로 추종하게 되는 결과를 초래할 수 있게 된다. 그렇기 때문에 반드시 현실상황의 필요에 의해서 취사선택을 하는 것이 가장 최선의 방법이라고 할 수 있다.

> 도는 가까운데 있으니 요원한 옛날에서 찾을 필요가 없습니다. 그 핵심만 취하면 바로 성취할 수 있습니다. 『춘추』는 위로 오제를 언급하지 않으며, 아래로 삼왕을 말하지도 않습니다. 제환공·진문공 등의 작은 선정과 노나라 군주 열 두 분의 정치적 공과를 서술하고 있을 뿐입니다. 이를 근거로 성패의 효험을 충분히 알 수 있는데 어찌하여 먼 삼왕을 들먹인단 말입니까? …… 순임금은 동이에서 탄생하였고, 우임금은 서강에서 나셨습니다. 시대가 다르고 지리적으로도 멀리 떨어져 있었지만, 그 법이 합치하고 제도가 같았습니다. …… 근본 법도는 만세토록 바뀌지 않으며, 근본 기강은 예나 지금이나 같습니다.[31]

그렇기 때문에 육가는 상고시대의 법도를 반드시 추종할 필요는 없지만 그렇다고 해서 후왕을 본받을 필요는 없다고 하지는 않았으며, 통치자는 필요한 사항을 취사선택하는 것이 중요하다고 주장했다.[32] 또한 육가는 통치자는 정권을 공고하게 만드는

31) 『新語』, 「術事」, "道近不必出於久遠, 取其至要而有成. 春秋上不及五帝, 下不至三王, 述齊桓·晉文之小善, 魯之十二公, 至今之爲政, 足以知成敗之效, 何必於三王? 故古人之所行者, 亦與今世同. …… 文王生於東夷, 大禹出於西羌, 世殊而地絶, 法合而度同. …… 萬世不易法, 古今同紀綱."

32) 周桂田, 『秦漢思想史』, 石家莊, 河北人民出版社, 2000년, 57~58쪽 참조.

데 도움이 되는 것이라면 그것이 무엇이든 반드시 해야 하며 동시에 그것에 수반되는 모든 변수를 숙지하고 있어야 한다고 생각했다. 정치를 함에는 반드시 객관적인 규율을 따라야 하는데, 시기와 지세 및 사안을 따라서 적절하게 통제할 수 있게 된다면 성공적인 정사를 펼칠 수 있게 되는 것이다. "세상의 변화에 따라 잘 저울질하여 권력을 행사한다."[33]라고 하는 언급이야말로 문제를 해결하는 정확한 태도라고 할 수 있다.

> 좋은 말이 기기만 있는 것은 아니며, 예리한 검이 간장만 있는 것이 아니며, 미녀가 서시만 있는 것은 아니며, 충신이 여망만 있는 것은 아닙니다. …… 따라서 일을 관리하는 사람은 해당 규칙을 지켜야 하고, 약을 먹는 사람은 좋은 처방에 따라야 합니다. 좋은 책이 꼭 공자의 문하에서만 나오는 것은 아니며, 좋은 약이 꼭 편작의 처방에서만 나오는 것은 아닙니다. 도에 합치하는 것이면 모두 좋으며, 모범으로 삼을 수 있으며, 세상의 변화에 따라 잘 저울질하여 권력을 행사한다.[34]

육가는 성인의 치세에 대하여 언급했는데, 성인이 통치할 때에는 폭넓게 생각하고 널리 의견을 청취했으며 나아가고 물러남을

33) "因世以權行"와 같은 현실에 직면하여 고대의 법칙을 무조건 추종하지 않고 사안에 맞게 임기응변 할 수 있다고 하는 관념으로, 법가의 장점과 황노사상의 지혜를 육가가 수용한 것이라고 할 수 있다. 陳麗桂, 「融合道·法兼採陰陽的漢儒」, 『中國學術年刊』, 第十七期, 1996년, 148쪽 참조.

34) 『新語』, 「術事」, "故良馬非獨騏驥, 利劍非唯干將, 美女非獨西施, 忠臣非獨呂望. …… 故制事者因其則, 服藥者因其良. 書不必起仲尼之門, 藥不必出扁鵲之方, 合之者善, 可以爲法, 因世而權行."

순리에 맞게 하였으며, 모든 행위가 법도에 부합했다고 했다. 또한 그는 성인의 치세에서는 구체적인 도리 역시 상황에 맞게 변화 되었지 결코 고정불변의 법칙이 아니었던 것이라고 주장했다.

> 그래서 군자는 폭넓게 생각하고 널리 의견을 청취하며, 나아가고 물러남에 법도를 준수하고, 동작은 법도에 합치하고, 많은 사람을 통해 듣고 보려 하지만 채택은 신중하게 하고, 광범하게 학문을 하면서도 자신의 행실은 돈후하게 합니다. …… 이것은 천지의 법도를 빌어 실질적인 일을 처리하는 것이며, 당세의 마땅함에 근거하여 적절한 정의를 세우는 것입니다. 그러므로 성인이 실천하는 도라고 하여 꼭 같은 것은 아닙니다. …… 태양이□□□□□□□□□하고 (스물)여덟 별자리가 나란히 벌여 있으나 각자 주관하는 바는 따로 있습니다. 수 만 가지 사물은 각자 다른 길을 가며, 수 천 가지 법도는 각기 다른 형태를 띕니다. 성인은 그들의 추세에 근거하여 조절을 합니다. …… 성인은 그 변화에 맞추어 알맞은 공적을 세우고 괴이한 현상들로부터 벗어나 태평시대에 이르도록 합니다.[35)]

육가는 군주에게 성인의 치국을 본받을 것을 요구하는 한편 성인의 치국은 세상의 변화에 따라 이롭게 인도하고 시기에 따라 적절하게 제어하는 것에 있다고 보았다. 육가는 한걸음 더

---

35) 『新語』, 「思務」, “是以君子廣思而博聽, 進退循法, 動作合度, 聞見欲衆而采擇欲謹, 學問欲欲敦. …… 斯乃天地之法而制其事, 則世之便而設其義. 故聖人不必同道. …… 日□□□□□□□□□八宿並列, 各有所主, 萬端異路, 千法異形, 聖人因其勢而調之. …… 聖人因變而立功, 由異而致太平.”

나아가 군주에게 있어서 따른다고 하는 능력은 매우 중요하다고 설명했다. 이처럼 육가의 실질적인 정치에 대한 입장과 태도는 황노黃老사상에서 강조하는 "따름"의 특색을 보이고 있는데, 이는 선진유가의 입장과는 다소 차이가 있는 것이라고 할 수 있다.

"근본 법도는 만세토록 바뀌지 않는다."와 "세상의 변화에 따라 잘 저울질하여 권력을 행사한다."라고 하는 상반된 명제 사이에서 모순점을 발견할 수 있게 된다. 즉 법도는 만세토록 바뀌지 않는데, 세상의 변화에 따라 잘 저울질하여 권력을 행사한다고 하는 것은 도대체 무슨 말인가? 이른바 만세토록 바뀌지 않는 법도는 바로 "천의와 인간사가 하나로 합해져 근본적인 도가 모두 갖추어지게 되었습니다."[36]의 도道와 같은 의미로서 바로 세상을 통치하는 원리이자 원칙인 것이다. 근본적인 법칙으로서의 도道는 아무리 오랜 시간이 경과해도 변하지 않는 것인 반면 사례는 시대에 따라 변할 수 있는 것으로 각 시대마다 다른 양상을 띠고 있다고 할 수 있는 것이다.

둘째로 간신을 분별할 수 있는 능력을 가지게 되는 것이다. 육가는 군주 혼자의 능력만으로는 제대로 된 정치를 펼칠 수 없다고 하는 사실을 분명하게 알고 있었다. 그렇기 때문에 육가는 통치자에게 유능하고 현명한 인재를 선발하여 군주 자신을 보좌하게 만들 것을 요구했지만, 노나라 정공의 "맹손 · 숙손 · 계손 세 대부 가문에 통제당하고 무수한 입방아에 묻혀 끝까지 공자를 중용할 수 없었습니다. 그는 안으로 독자적인 현명한 견해를

36) 『新語』, 「道基」, "天人合策, 原道悉備."

갖지 못했고, 밖으로는 사악한 신하들 무리에게 현혹 당했습니다."[37]라고 하는 상황과 같은 사태가 발생할 것을 염려했다. 그래서 육가는 「보정輔政」 편에서 요임금이 환두驩兜를 내쫓고 공자가 소정묘少正卯를 죽인 사례를 언급하면서 오직 성현만이 간신과 아첨꾼을 명확하게 분별해낼 수 있다고 생각했다. 그렇기 때문에 육가는 통치자가 성현을 본받아서 덕을 수양하고 정의를 실천함으로써 안으로는 독자적인 현명한 견해를 갖게 되고 밖으로는 사악한 신하들 무리에게 현혹당하지 않게 되는 것이라고 주장했던 것이다. 육가는 현명하고 유능한 인재를 성聖·현賢·인仁·의義로 구분하였으며, 현명하고 유능한 인재를 선발하는 원칙을 세움으로써 현명한 사람과 무능한 사람을 구별하는 기준으로 삼았던 것이다.

> 굳센 성격을 가진 사람은 시간이 오래 가면서 좌절을 맞지만, 부드러운 성격을 지닌 사람은 오래오래 유지할 수가 있습니다. 조급하고 안달하는 사람은 빠르게 뒤집히지만, 완만하고 신중한 사람은 장구히 존재할 수 있습니다. 용맹을 숭상하는 사람은 후회가 빠르지만, 온순 돈후한 사람은 행동이 너그럽고 편안합니다. 조급하고 빠른 성격을 지닌 사람은 꼭 모자라는 점이 있습니다만, 부드럽고 유연한 사람은 굳세고 강경한 사람을 제압할 수 있습니다. 조그만 재주를 지닌 사람이 큰 적을 막을 수는 없으며, 작은 말재주로 대중을 설복시킬 수는 없습니다. 장사꾼은 교묘한 수단으로 판매 이익을 얻을 수는 있겠지만, 충정어린

---

37) 『新語』, 「辨惑」, "定公拘於三家, 陷於衆口, 不能卒用孔子者, 內無獨見之明, 外惑邪臣之黨."

> 선량이 되는 데는 아무 쓸가 없습니다. 간사한 신하는 속임수와 거짓을 좋아하고 저절로 아첨아양을 떨며 비리를 감추려 들 뿐 절대로 공정하고 방정한 일은 할 수가 없습니다. 자기만의 말단 기교를 감추고 국가를 위해 공을 세우는 일은 애써 피하기만 합니다. 그러므로 지혜로운 사람의 단점이 어리석은 사람의 장점만 못하는 경우도 있습니다. …… 제아무리 세밀한 관찰력을 지닌 사람이라도 보지 못한 곳이 있을 것입니다. 마음이 한없이 넓은 사람이라면 어찌 포용하지 못하는 것이 있겠습니까? 질박한 사람은 충성하기가 십상이나, 아첨 잘하는 궤변론자는 배반하여 달아나기 십상입니다.[38]

이상의 인용문을 통해서 통치자 자신이 덕성을 갖추는 것은 당연한 것이며, 인재를 선발하는 기준이 통치자의 덕성에 좌우된다고 하는 사실을 알 수 있었다. 이러한 인재 선발 기준은 사상적인 측면에서 보았을 때 비록 『노자老子』의 "유약함이 강함을 이긴다."고 하는 관점을 계승했다고 볼 수 있지만, 정치적인 관점에서 보았을 때는 유가의 인의仁義사상을 계승한 것으로 보아야 할 것이다.

---

38) 『新語』, 「輔政」, "懷剛者久而缺, 持柔者久而長, 躁疾者爲厥速, 遲重者爲常存, 尙勇者爲悔近, 溫厚者行寬舒, 懷促急者必有所虧, 柔懦者制剛强. 小慧者不可以禦大, 小辯者不可以說衆, 商賈巧爲販賣之利, 而屈爲貞良, 邪臣好爲詐僞, 自媚飾非, 而不能爲公方, 藏其端巧, 逃其事功. 故智者之所短, 不如愚者之所長. …… 察察者有所不見, 恢恢者何所不容. 朴直質者近忠, 便巧者近亡."

4. 맺는 말

이상과 같이 육가의 군주 통치사상에 대하여 군주의 도덕수양 내용과 도덕수양의 효용성을 중심으로 살펴보았는데, 이를 정리하면 다음과 같다.

육가는 인의仁義가 개인의 도덕의 구체적인 내용이 된다고 생각했으며, 도덕수양은 작은 일부터 착수해야 한다고 주장했다. 또한 육가는 덕을 수양하는 과정은 층층이 누적되고 점차 확충하는 공부가 필요한 것으로, 『대학』에서 언급한 "수신·제가·치국·평천하"의 내성에서 외왕에 이르는 과정이 필요하다고 역설했다. 결국은 육가가 언급한 수신이라고 하는 것은 바로 사람들이 본성에 의거해서 도덕을 실천하는 것이라고 할 수 있는데, 이러한 수신은 오경과 육예의 인도에 의지할 때에 비로소 그 빛을 발하게 되는 것이다. 또한 육가는 위로는 군주로부터 아래로 일반 백성들에게 이르기까지 신분과 지위의 고하를 막론하고 모두가 자기 자신에 대하여 도덕수양을 할 수 있게 된다면, 도덕규범과 자신의 행위를 일치시킬 수 있게 된다고 주장했다.

육가는 군주가 욕망을 절제하고 사적인 이익을 봉쇄해야 하며 언행을 삼가하고 신중하게 하고 온화하고 넓은 아량을 가지고 심지를 전일하게 하여 자신의 품성을 부단히 수양할 것을 요구한다. 또한 육가는 군주가 이러한 덕성을 갖추게 되면 백성들을 덕으로써 감화 시킬 수 있다고 역설했다. 그리고 육가는 군주가 나라를 잘 다스기 위해서는 반드시 정신을 전일하게 해야 하는

데, 만일 물욕을 추구하는 것에 급급하고 사적인 이익을 다퉈 산업을 발전시키게 되면 백성들에 대한 교화나 정치적인 명령이 시행되는 것이 매우 어려운 지경에 빠지게 된다고 강조했다. 아울러 이럴 경우 백성들 역시 자신들의 본업을 돌보지 않고 다른 것에 정신을 팔게 되어 국가는 혼란에 빠지게 되는 것이라고 육가는 역설했다. 또한 육가는 의로움과 이익을 분명하게 분별할 것을 강조하여 군주는 사적인 이익 추구의 유혹에서 탈피하여 오직 도에 집중하고 의로움에 부합되는 행위를 해야 한다고 언급했다. 그리고 군주는 욕망을 절제하고 검소하고 절약하는 덕성을 갖춰야하기 때문에 낭비하고 사치를 일삼아서는 안 된다고 육가는 주장했다.

육가는 상고시대의 법도를 반드시 추종할 필요는 없지만 그렇다고 해서 후왕을 본받을 필요는 없다고 하지는 않았으며, 통치자는 필요한 사항을 취사선택하는 것이 중요하다고 주장했다. 또한 육가는 통치자는 정권을 공고하게 만드는데 도움이 되는 것이라면 그것이 무엇이든 반드시 해야 하며 동시에 그것에 수반되는 모든 변수를 숙지하고 있어야 한다고 생각했다. 다시 말하자면, 육가는 정치를 함에는 반드시 객관적인 규율을 따라야 하는데, 시기와 지세 및 사안을 따라서 적절하게 통제할 수 있게 된다면 성공적인 정사를 펼칠 수 있게 된다고 했던 것이다.

참고문헌

劉寶楠,『論語正義』,『續皇淸經解』 本.

王利器,『新語校注』, 北京, 中華書局, 1996년.

徐復觀,『儒家政治思想與民主自由人權』, 臺北, 學生書局, 1979년.

錢穆,『孔子與論語』, 臺北, 聯經出版事業公司, 1979년.

勞思光,『新編中國哲學史』(一), 臺北, 三民書局, 1986년.

周桂田,『秦漢思想史』, 石家莊, 河北人民出版社, 2000년.

陳弱水,「內聖外王觀念的原始糾結與儒家政治的根本思想疑難」,『史學評論』, 第三期, 1981년.

林俊宏,「老子政治思想的開展」,『政治科學論叢』, 第十期, 1999년.

陳麗桂,「融合道·法兼採陰陽的漢儒」,『中國學術年刊』, 第十七期, 1996년.

제9장
가의의 정치사상

1. 시작하는 말

진시황이 천하를 통일한 이후 십여 년간 벌인 대규모 사업들로 인하여 한나라 건국 초기의 정치·경제적 상황은 그야말로 최악의 상태에 직면해 있었다고 할 수 있다. 구체적으로 『한서漢書』의 기록을 살펴보면, 진시황이 천하를 통일한 이후 안으로는 대규모 공사를 일으키고 밖으로는 오랑캐들을 물리치느라 백성들 대부분이 노역과 전쟁에 동원되어 경작할 수 있는 남성들이 부족하여 식량이 부족했으며, 직조할 수 있는 여성들이 부족하여 의복이 부족했다고 하는 사실이 나타나 있다.[1] 이처럼 한나라 건국 초기는 진나라의 폭정과 진한교체기의 혼란 등으로 민생과 정치·경제 상황은 매우 비참한 지경에 처해있었다고 할 수 있다. 그렇기 때문에 한나라 건국 초기에는 사회의 안정을 통하여

1) 『漢書』,「食貨志上」, "至於始皇, 遂并天下, 內興功作, 外攘夷狄 …… 男子力耕不足糧饟, 女子紡績不足衣服."

정권을 공고하게 다지기 위해서 한나라 조정은 황노사상黃老思想을 채택하여 모든 것을 방임하는 무위無爲의 정책으로 제국의 기본체력을 회복하고자 했다.

한나라 조정은 이러한 황노사상을 피폐한 민생을 회복시키는 정책의 기본방향으로 채택했을 뿐만 아니라 한고조와 혜제의 재위시기에 몇 가지 정치적 조치를 통하여 백성들을 어루만져 주고자 했다. 그 대표적인 조치들에는 노비와 유랑민 및 난민 등 고향을 떠나 호적이 없는 백성들을 고향으로 돌려보내는 것 및 그들이 토지와 주택을 다시 찾을 수 있게 하여 서민의 신분으로 회복시켜주는 것이 있었다. 또한 백성들의 조세를 경감시켜서 그들의 생계부담을 덜어준 것 역시 있었다. 아울러 백성들에게 농업생산을 장려하여 그들의 삶을 윤택하게 만들어주고자 했고, 백성들이 안정된 삶을 바탕으로 그들의 자손을 번성시키는 조치를 취하기도 했다. 끝으로 정치적 조치를 통한 상업의 억제를 들을 수 있다.

서한 초기 유가사상가였던 가의賈誼는 당시 사회가 직면한 민생의 피폐현상에 대한 반성적 사고로부터 시작하여 민생문제 해결을 위한 구체적인 정치적 해법을 제시한다.

2. 서한 초기의 상황

서한 초기는 비록 조정에서 농업을 중시하고 상업을 억제하는 정책을 시행함과 동시에 농업에 종사하는 백성들에게 시혜를 베

푸는 수많은 조치들이 시행되었으나, 이러한 시혜 조치들이 농민들이 안고 있는 문제를 해결해주지는 못했다. 그렇기 때문에 농민들의 생활은 여전히 곤궁한 처지를 벗어날 수 없었다. 한나라 문제文帝시기 가의賈誼와 조조晁錯는 당시의 농민들의 생활상을 다음과 같이 묘사했다.

> 한 왕조가 나라를 세운지 거의 30년이 되어 가는데도, 국가적으로나 개인적으로나 비축된 물자를 보면 오히려 애통할 뿐입니다. 그러기에 때 맞춰 비가 오지 않으면 백성들은 놀라서 어쩔 줄 모르게 되고, 흉년이 들어 수확이 없게 되면 벼슬자리를 팔고 자식을 팔겠다고 내놓는 지경이 됩니다.[2)]

서한 초기 농민들의 생활이 곤궁하게 된 주요한 원인은 토지사유제로 인해 불거진 대토지 소유주들의 사적인 세금이 과중했던 것에 있다고 볼 수 있다. 서한 초기 조정에서는 민생경제를 진흥시키기 위해서 농업을 중시하는 정책을 실시하여 고조高祖시기에는 토지세를 가볍게 하여 15분의 1만 징수하는 조치를 취하고,[3)] 문제시기에 이르러 농민들의 토지세를 또다시 감면해주었으나, 토지사유제도 시스템 아래서 전국시대부터 시작하여 한나라 초기에 이르는 시기까지 대부분의 비옥하고 경작할 만한

---

2) 『新書』, 「無蓄」, "漢之爲漢幾四十歲矣, 公私之積, 猶可哀痛也. 故失時不雨, 民且狼顧矣. 歲惡不入, 請賣爵鬻子, 旣或聞耳矣." 이 글이 쓰인 것은 한 문제 2년(기원전 178년)으로, 한 왕조가 건국 된지 28년이 된 시점이니 「憂民」편의 내용에 의거하여 '四十歲'를 '三十歲'로 고쳐야 한다.

3) 『漢書』, 「食貨志上」, "輕田租, 什五而稅一."

토지는 거의 대지주와 호족의 수중에 넘어가 있는 상황이었으며, 자영농과 반소작농 이외의 수많은 농민들이 소작농신분으로 전락한 상황이었다.[4] 이와 같이 대지주에게 예속된 소작농들은 반드시 지주에게 세금을 바쳐야 했는데, 그 수량은 대략 한 해 수확량의 절반에 해당되었다. 그렇기 때문에 한나라 조정에서 비록 세금을 경감시켜 줬지만 대지주들이 사적으로 거둬들이는 세금은 매우 무거운 상황 속에서 결국 세금 경감의 직접적인 수혜자들은 대부분 대토지를 보유한 지주계층이나 호족들이었다. 그래서 한나라 조정에서 실시한 감세정책은 소작농이나 농노들에게 혜택을 줄 수 없었을 뿐만 아니라 의도하지 않게 지주계층들에게 앉아서 거액의 토지세를 챙길 수 있는 기회를 제공한 셈이 되었다.

서한 초기의 농민들이 져야했던 경제적 부담은 위에서 언급한 것처럼 국가에 대한 조세납부와 대지주들에게 착취당하는 토지세 외에도 국가에게 인두세와 부역 면제세 및 호구세 등과 같은 기타의 세금과 부역을 부담해야만 했다.[5] 이와 같이 서한 초기의 농민들이 져야만 했던 경제적 부담은 대지주들에게 바쳤던 토지세 외에 국가에 대한 부역과 조세로 인하여 발생한 것으로서, 이러한 부담은 곤궁한 삶을 영위하던 농민계층에게는 극도로 불리하게 작용했다. 비록 문제文帝시기에 백성들의 부역과 조세부담을 약간 덜어주는 조치가 시행되기는 했지만,[6] 농민들의

4) 傅筑夫, 『中國經濟史論叢』, 北京, 三聯書店, 1980년, 112~120쪽 참조.
5) 錢穆, 『國史大綱』上冊, 北京, 商務印書館, 1996년, 132~135쪽 참조.
6) 『漢書』, 「食貨志上」, "閔中國未安, 偃武行文 …… 民賦四十, 丁南三年而

부담은 여전히 막중했다. 이러한 상황 속에서 농민들은 조세를 납부하기 위하여 반드시 곡식을 출하할 수밖에 없었는데, 출하된 곡식은 대부분 헐값에 팔려서 오히려 손해를 보거나 도산하게 되는 자가 속출하는 상황이었다. 그렇기 때문에 농민들은 대지주나 고리대금업자들로부터 비싼 이자를 주고 빚을 낼 수밖에 없는 상황에 처하게 되는 경우가 다반사였다. 결국 거액의 빚을 지게 된 농민들은 토지를 팔거나 처자식을 팔기도 하고 심할 경우 자신을 팔기도 했다. 이와 같은 참상을 가의는 "수확이 나쁜 해에는 부자들이 (곡식을) 빌려 주지 않아 가난한 백성들은 굶주리고, 천재로 인해 제대로 수확하지 못하면 벼슬을 팔고 자식을 팔겠다고 청하는 경우도 있다고 들었습니다."[7]라고 묘사했던 것이다.

농민들의 생활이 열악해져만 가는 상황 속에서 그들은 삶을 도모하기 위하여 근본을 버리고 말단을 추구하는 행태를 보이기 시작한다. 이와 같은 백성들의 근본을 버리고 말단을 추구하는 현상은 전국시대이래로 줄곧 사회적인 문제로 인식되어져 왔다고 할 수 있는데, 이러한 현상은 곧 전국시대부터 형성되기 시작된 백성들 사이에서 유행하게 된 부유함과 이익을 추구하는 관념에서 비롯된 것이라고 할 수 있을 것이다. 이와 같은 현상에 대하여 『사기史記』에 "대체로 가난에서 벗어나 부를 추구할 때, 농업은 공업보다 못하고, 공업은 상업보다 못하다. 수를 놓

一事."

7) 『新書』, 「憂民」, "未穫年, 富人不貸, 貧民且飢, 天時不收, 請賣爵鬻子, 既或聞耳."

는 것보다는 시장에 나가 장사를 하라는 말은 말단의 생업인 장사가 가난한 사람에게는 도움이 된다는 것이다."[8]라고 하는 언급이 있는데, 여기에서의 "말단의 생업인 장사가 가난한 사람에게는 도움이 된다는 것이다."라고 하는 언급은 당시의 사람들이 말단의 생업에 종사하는 것이 비교적 생계유지에 훨씬 더 도움이 된다고 생각했기 때문에, 사회적으로 말단의 생업을 추구하는 풍조가 보편적으로 유행하게 되어 이는 결국 백성들이 근본을 버리고 말단을 추구하는 현상을 초래시키는 결과를 가져오게 하는 원인을 제공하게 된 것이다.

한나라가 건국 된 후에 조정에서는 중농정책을 추진하면서 상업의 확산을 막기 위하여 취한 조치는 "고조는 곧 상인들에게 명령을 내려 비단옷을 입는 것과 수레 타는 것을 불허하였으며, 아울러 그들에게 조세를 과중하게 부과하였다. …… 상인의 자손이 관리가 되는 것은 여전히 불허 하였다."[9]와 같은 것이었다. 이와 같이 한나라 조정에서는 정치력으로 상인들의 상업행위를 제한하는 억상抑商정책을 적극적으로 실시했다. 그러나 당시 한나라 조정에서 비록 상인을 억압하며 그들에게 비단옷 착용과 수레 탑승 금지령을 내리고 또한 그들의 자손들이 관리가 되는 것을 금지시키고 더나가 조세를 과중하게 부과하는 조치들을 취했지만, 이러한 조치는 다만 부유한 상인들이 사치스러운 생활

8) 『史記』, 「貨殖列傳」, "夫用貧求富, 農不如工, 工不如商, 刺繡文不如倚市門, 此言末業, 貧者之資也."

9) 『史記』, 「平準書」, "高祖乃令, 賈人不得衣絲乘車, 重租稅以困辱之. …… 市井之子孫亦不得仕宦爲吏."

을 하지 못하도록 하기 위한 것이었다. 조정에서 상인들에게 과중한 조세를 부과하자 상인들은 자신들의 조세부담을 소비자나 일반 백성들에게 전가하는 행태를 보여준다. 이러한 결과 상인들의 백성들에 대한 착취는 더욱 가중되는 현상이 발생하게 되어 실제로 정부의 억상정책은 상업의 확산과 백성들에 대한 착취를 막는 데에는 그다지 커다란 효과를 내지 못하게 되었던 것이다. 그렇기 때문에 조조晁錯의 경우 "오늘날 법률로 상인들을 제재하지만 상인들은 이미 부유해졌으며, 농민들을 우대해줬지만 농민들은 이미 가난해졌다."[10]라고 말했던 것이다.

이와 같이 한나라 조정의 억상정책이 효과를 거두지 못하게 되자 사회적 생산력은 매우 불안정해질 수밖에 없는 결과를 초래하게 된다. 이처럼 중농억상정책은 한나라 초기의 상업경제의 확대로 인하여 촉발된 토지겸병과 농민들의 근본을 버리고 말단을 추구하는 사회적 문제를 효과적으로 해결하지 못하게 되었던 것이다.[11]

한나라 초기의 정치상황은 황노사상의 무위 숭상과 조정의 중농정책 아래서 표면적으로는 사회적인 번영과 안정된 모습을 보여주고 있지만, 실제로는 조정에서 역점을 두고 추진한 중농억상정책이 그 실효를 거두지 못하면서 백성들의 생활은 개선되지 못했다고 볼 수 있다. 그렇기 때문에 백성들은 더 이상 근본이 되는 농업에 종사하지 않고 말단에 속하는 상업에 종사하는 추

---

10) 『漢書』, 「食貨志上」, "今法律賤商人, 商人已富貴矣. 尊農夫, 農夫已貧賤矣."

11) 田昌五 外, 『秦漢史』, 北京, 人民出版社, 1993년, 121~124쪽 참조.

세를 보이기 시작한다. 그 결과 대량의 농업인구가 유실되는 현상이 발생하게 되었으며, 정부의 통제능력이 약화 되어 상업이 기형적으로 발전하는 현상이 발생하게 되어 상인의 숫자가 급격하게 증가하게 되는 사태를 초래하게 된다. 상업이 기형적으로 발전한 결과 사회적으로 사치를 조장하는 풍조가 만연하게 되어 국가경제와 정치질서에 심각한 타격을 주게 된다.

3. 농업의 중시와 물자축적 정책

한나라 건국 초기 조정에서 시행한 중농억상 정책이 실효를 거두지 못하는 가운데 문제文帝 재위시기에 이르러 한제국의 정치 경제적 상황은 과연 어떠했을까?

> 지금은 근본을 배반하고 말단적인 것에 의지해서 먹고 사는 자가 매우 많으니 이는 천하를 크게 해치는 현상이요, 삶을 해치는 일에 종사하는 자가 아주 많으니 이는 천하의 큰 도적이며, 사치하고 음탕하고 화려한 풍속이 날로 성해지니 이는 천하의 큰 해악입니다. 세상을 해치는 도적들이 공공연히 횡행하는데도 이를 금지하는 사람이 없고, 천하백성의 목숨이 걸린 비축물자가 흩어져 없어져도 이를 구원하는 자가 없으니, 무슨 계책이 있는 자이며 어디 취할 일이 있겠습니까? 생산하는 자는 아주 적은데 소비하는 자는 매우 많으니, 천하의 형세가 어찌 위태롭지 않겠습니까? 한 왕조가 나라를 세운지 거의 30년이 되어가는데도, 국가적으로나 개인적으로나 비축된 물자를 보면 오

> 히려 애통할 뿐입니다. 그러기에 때 맞춰 비가 오지 않으면 백성들은 놀라서 어쩔 줄 모르게 되고, 흉년이 들어 수확이 없게 되면 관작을 팔고 자식을 팔겠다고 내놓는 지경이 됩니다. 이미 이런 일을 귀로 들었다면, 천하가 이처럼 위급해졌는데 놀라지 않는 주군이 있겠습니까?[12]

> 이제 한나라가 일어선 지 30년이 되었는데 천하는 더욱 곤궁해지고 식량은 몹시 부족하니, 폐하께서는 이런 상황을 모르시는지요? 수확이 나쁜 해에는 부자들이 (곡식을) 빌려 주지 않아 가난한 백성들은 굶주리고, 천재로 인해 제대로 수확하지 못하면 벼슬을 팔고 자식을 팔겠다고 청하는 경우도 들었습니다. 얼마 전에도 비가 내리지 않아 사람들이 놀랐다가 비가 한차례 내리자 모두 죽었다 다시 살아난 듯 기뻐했습니다. 천하에 물자비축이 없으면 이와 같은 심한 지경에 이르게 되는 것입니다.[13]

가의가 언급한 "세상을 해치는 도적들이 공공연히 횡행하는데도 이를 금지하는 사람이 없고, 천하백성의 목숨이 걸린 비축물자가 흩어져 없어져도 이를 구원하는 자가 없다." 및 "한왕조

---

12) 『新書』, 「無蓄」, "今背本而以末食者甚衆, 是天下之大殘也; 從生之害者甚盛, 是天下之大賊也; 汰流淫佚侈靡之俗日以長, 是天下之大祟也. 殘賊公行, 莫之或止, 大命泛敗, 莫之振救, 何計者也, 事情安所取? 生之者甚少, 而靡之者甚衆, 天下之勢, 何以不危? 漢之爲漢幾四十歲矣, 公私之積, 猶可哀痛也. 故失時不雨, 民且狼顧矣. 歲惡不入, 請賣爵鬻子. 既或聞耳矣, 安有爲天下阽危若此而上不驚者!"

13) 『新書』, 「憂民」, "今漢興三十年矣, 而天下愈屈, 食至寡也, 陛下不省邪? 未穫年, 富人不貸, 貧民且飢, 天時不收, 請賣爵鬻子, 既或聞耳. 曩頃不雨, 令人寒心, 壹雨爾, 慮若更生. 天下無蓄, 若此甚極也."

가 나라를 세운지 거의 30년이 되어 가는데도, 국가적으로나 개인적으로나 비축된 물자를 보면 오히려 애통할 뿐입니다." 그리고 "수확이 나쁜 해에는 부자들이 (곡식을) 빌려 주지 않아 가난한 백성들은 굶주리고, 천재로 인해 제대로 수확하지 못하면 벼슬을 팔고 자식을 팔겠다고 청하는 경우도 들었습니다."라고 하는 것과 같은 지적들 속에서 한나라 조정의 중농억상 정책이 실질적인 효과를 내지 못한 결과 국가의 양식비축은 부족한 상황이 발생하게 되고 그에 따라 농민들의 생활여건은 조금도 개선되지 못하게 된다. 이러한 상황은 백성들이 농업을 버려두고 상업에 종사하게 만드는 현상을 가속화시킴과 동시에 사회적으로 사치스러운 풍조를 만연하게 만들었던 것이다.

가의는 농민들의 생활이 곤궁하게 된 것과 국가가 비축한 양식이 부족하게 된 주요한 원인으로 조정의 농업홀시 정책이라고 생각했다. 그래서 가의는 민본의 관점에서 농업의 중시와 물자비축 정책을 시행할 것을 강력하게 주장하였던 것이다.

> 우임금은 십년은 견딜 수 있는 비축이 있었기 때문에 구년이나 계속 되었던 물난리를 벗어났고, 탕임금은 십년은 견딜 수 있는 비축이 있었기 때문에 칠년이나 계속 되었던 가뭄을 이겨냈습니다. 물자를 쌓아 비축하는 것은 천하 백성들의 큰 목숨이 달린 일입니다. 곡식이 많고 재물이 남아돈다면 무엇을 한들 안 되겠습니까? (성을)공격하면 빼앗을 수 있고 수비를 한다면 견고하게 지킬 수 있을 것이며, 전쟁을 하면 반드시 이길 것이고, 먼 지역(에 사는 사람들)을 귀순하도록 회유하면 불러서 찾아오지 않을 사람이 누가 있겠습니까? 관자가 말하기를 "창고가 차

있으면 예절을 알게 되고, 입고 먹을 것이 넉넉하면 영화와 치욕을 알게 된다."고 했습니다. 백성들의 삶이 넉넉하지 못했는데도 세상이 잘 다스려진 경우는 옛날부터 지금까지 들어 본 적이 없습니다. 옛사람의 말에도 "남자 한 명이 농사를 짓지 않으면 굶주리는 이가 있고, 여자 한 명이 베를 짜지 아니하면 추위에 떠는 사람이 있다."고 하였습니다. 생산하는 데에는 일정한 때가 있는데, 이를 무절제하게 사용하면 물자는 소진되고 맙니다. 옛날에 천하를 다스리던 분들은 아주 주도면밀해서 충분히 비축해두고 있었습니다.[14]

선왕의 법도는 백성들이 3년 농사를 지으면 1년 먹을 식량을 남기고, 9년 농사를 지으면 3년 먹을 식량을 남기며, 30년 농사를 지으면 백성들에게 10년 먹을 식량을 비축하도록 합니다. 이 때문에 우임금 때 9년 연속으로 물난리가 나고 탕임금 때 7년 동안이나 가뭄이 들어 심지어는 들판에 풀 한 포기 없었는데도, 백성들이 굶주리는 기색이 없고 길에는 걸인이 없었습니다. 그리고 농사가 회복된 후에는 한번 농사지은 땅에 또 다시 농사짓는 것을 금지했습니다. 이렇게 옛날 제왕들이 천하를 다스리는 데에는 훌륭한 방책이 있었습니다. 선왕의 법도에 있어서는 나라에 9년 먹을 양식을 비축하지 못하면 부족하다 하였으며, 6년 먹을 양식을 비축하지 못하면 위급하다 하였고, 3년 먹을 양식

14) 『新書』, 「無蓄」, "禹有十年之蓄, 故免九年之水, 湯有十年之積, 故勝七歲之旱. 夫蓄積者, 天下之大命也. 苟粟多而財有餘, 何嚮而不濟? 以攻則取, 以守則固, 以戰則勝, 懷柔附遠, 何招而不至? 管子曰: '倉廩實, 知禮節; 衣食足, 知榮辱.' 民非足也, 而可治之者, 自古及今, 未之嘗聞. 古人曰: '一夫不耕, 或爲之飢; 一婦不織, 或爲之寒.' 生之有時, 而用之無節, 則物力必屈. 古之爲天下者至悉也, 故其蓄積足恃."

을 비축하지 못하면 나라가 나라답지 못하다고 하였습니다.[15]

> 이제 이들 백성들을 농사짓는 데에 돌아가도록 해서 모두 근본에 발을 붙이도록 한다면, 천하의 모든 사람이 제 힘으로 먹고 살 것입니다. 말단적인 기교나 부리면서 놀고먹던 백성들이 앞산의 밭을 일구는 데로 돌아가게 되면, 백성들이 타고난 본성대로 편안히 살면서 열심히 일하고 방탕한 마음이 없어지고, 구차스런 생각이 없어져서 공손하고 검약하면서 재화를 비축하게 될 것이니, 사람들이 각자 사는 곳을 즐거워할 것입니다.[16]

가의는 관자의 민본사상을 계승하여 백성들을 부유하게 만든다고 하는 관점에서 백성들의 윤택한 삶이야말로 국가질서유지의 선결조건이라고 생각하여 "백성들의 삶이 넉넉하지 못했는데도 세상이 잘 다스려진 경우는 옛날부터 지금까지 들어 본 적이 없습니다."라고 하는 관자의 주장을 강조했던 것이다. 그러므로 국가의 정치적 안정과 사회적 질서의 정착은 국가의 물자비축이 충분한지 여부에 달려있는 것이기 때문에 조정에서 농사를 근본으로 삼는 것을 중시하는지 여부의 문제는 매우 중요했던 것이다. 그렇기 때문에 가의는 "물자를 쌓아 비축하는 것은 천

---

15) 『新書』, 「憂民」, "王者之法, 民三年耕而餘一年之食, 九年而餘三年之食, 三十歲而民有十年之蓄. 故禹水九年, 湯旱七年, 甚也, 野無青草, 而民無飢色, 道無乞人, 歲復之後, 猶禁陳耕. 古之爲天下, 誠有具也. 王者之法, 國無九年之蓄, 謂之不足, 無六年之蓄, 謂之急, 無三年之蓄, 曰國非其國也."

16) 『新書』, 「瑰瑋」, "今毆民而歸之農, 皆著於本, 則天下各食於力, 末技游食之民, 轉而緣南畝, 則民安性勸業, 而無縣愆之心, 無苟得之志, 行恭儉蓄積, 而人樂其所矣."

하 백성들의 큰 목숨이 달린 일입니다. 곡식이 많고 재물이 남아돈다면 무엇을 한들 안 되겠습니까? (성을)공격하면 빼앗을 수 있고 수비를 한다면 견고하게 지킬 수 있을 것이며, 전쟁을 하면 반드시 이길 것이고, 먼 지역(에 사는 사람들)을 귀순하도록 회유하면 불러서 찾아오지 않을 사람이 누가 있겠습니까?"라고 언급한 것이었으며, 또 "선왕의 법도에 있어서는 나라에 9년 먹을 양식을 비축하지 못하면 부족하다 하였으며, 6년 먹을 양식을 비축하지 못하면 위급하다 하였고, 3년 먹을 양식을 비축하지 못하면 나라가 나라답지 못하다고 하였습니다."라고 주장했던 것이다. 그리고 조정에 대해서 가의는 백성들이 농업에 힘써 전념할 수 있도록 안정된 여건을 조성해줄 경우 "백성들이 타고난 본성대로 편안히 살면서 열심히 일하고 방탕한 마음이 없어지고, 구차스런 생각이 없어져서 공손하고 검약하면서 재화를 비축하게 될 것이다."와 같은 현상이 발생하게 될 것이라고 생각했다. 이러할 경우 조정의 입장에서는 백성들을 통치하고 관리하기가 유리할 뿐만 아니라 조정의 조세수입 측면에도 유리하게 작용할 것이라고 가의는 생각했던 것이다. 그렇기 때문에 가의는 민본적인 관점이나 정치적인 관점을 막론하고 조정에서는 반드시 농업을 중시하고 물자를 비축하는 정책을 시행해야 한다고 강력하게 주장했던 것이다.

가의는 농업을 중시하고 물자를 비축하는 정책의 구체적인 효과가 유비무환에 있다고 하는 점을 극력 강조한다. 한나라는 문제文帝시기에 내부적으로는 제후국들의 반란과 외부적으로는 흉노의 침략으로 인하여 내우외환의 상황에 직면하게 된다. 이러한 내우외환의 상황 속에서 가의는 국가적으로는 "국가적으로나 개인적으로나 비축된 물자를 보면 오히려 애통할 뿐입니다."[17]와 같은 지경에 이르고 백성들의 삶은 극도로 곤궁한 나머지 부득이하게 농토와 자식을 내다 파는 지경에까지 이르게 된다고 보았다. 그렇기 때문에 이러한 내우외환을 제거하기 위하여 가의는 조정에서 물자를 충분하게 비축해야만 한다고 주장했으며, 그러할 경우에야 만이 국력을 비축하여 유사시에 대비할 수 있다고 역설했던 것이다.

얼마 전에도 비가 내리지 않아 사람들이 놀랐다가 비가 한차례 내리자 모두 죽었다 다시 살아난 듯 기뻐했습니다. 천하에 물자비축이 없으면 이와 같은 심한 지경에 이르게 되는 것입니다. 선왕의 법도에서는 이를 무엇이라 말하겠습니까? 반드시 곤경에 빠진 다음에야 계책을 생각하고 궁색해진 다음에야 일을 도모한다면, 역시 늦지 않겠습니까? 그렇다면 이른바 나라에 사람이 없다는 것은 무슨 뜻입니까? 천하를 갖고서 그것이 평안하기를 바라는 분이 바로 폐하가 아니십니까? 임금께서 스스로 걱정하지 않는다면 장차 누구에게 맡기시겠습니까? 5년에 한번 작은 흉년이 들고, 10년 만에 한번 흉년이 들며, 30년에 한차례 큰 흉년이 드는 것은 대개 자연의 규율입니다. 사람이 사람을 잡아먹은 것이 이미 몇 년이 지났습니다. 만일 불행히도 이・삼천리 넓은 지역에 큰 가뭄이라도 든다면, 천하에 무엇으로 서로 구휼케 할 것입니까? 갑자기 변경에 수십만 명의 군사를 모아야 하는 일이 발생한다면 천하에 장차 무엇으로 이들을 먹이겠습

17) 『新書』, 「無蓄」, "公私之積, 猶可哀痛也."

니까? 병란과 가뭄이 잇달아 발생하고 (굶어 죽은) 백성들이 골짜기에 가득하며 도적들의 습격이 계속 일어나는데, 나라가 이를 제지하지 못한다면 외적이 반드시 소란을 일으킬 것입니다. 하루만에도 이런 상황이 벌어지게 될 것이 틀림없습니다.[18)]

세상에 흉년이 들어 굶주리게 되는 경우는 흔히 있는 일이며, 우임금과 탕임금도 겪었던 일입니다. 만일 불행히도 사방 이·삼천리나 되는 지역에 가뭄이 든다면 나라에서는 무엇으로 이들을 구휼할 것입니까? 갑자기 변경에서 급한 사태가 발생하면 수십만의 병사들을 나라에서는 무엇으로 이들을 먹여 살릴 것입니까? 병란에 가뭄이 겹쳐 천하가 크게 궁핍하게 되면, 힘깨나 쓰는 자들은 도당을 모아 제멋대로 습격을 하고, 힘없는 노약자들은 자손들을 서로 바꾸어 잡아먹게 될 것입니다. 이렇게 되면 명령과 법률이 다 통하지 못할 것이며, 먼 곳에서 천자와 한번 견주어 보려는 자들이 다투어 들고 일어날 것입니다. 백성들의 왕이 된 자가 그제서야 수습하려한들 어떻게 되겠습니까? 천하를 부유하고 평안하게 만들어야 하건만 (도리어) 이처럼 위태로운 상태가 되고 말았으니, 폐하를 위하여 이를 안타깝게 여깁니다.[19)]

---

18) 『新書』, 「憂民」, "曩頃不雨, 令人寒心, 壹雨爾, 慮若更生. 天下無蓄, 若此甚極也. 其在王法謂之何? 必須困至乃慮, 窮至乃圖, 不亦晚乎! 然則所謂國無人者, 何謂也? 有天下而欲其安者, 豈不在於陛下者哉. 上弗自憂, 將以誰偸? 五歲小康, 十歲一凶, 三十歲而一大康, 蓋曰大數也. 卽不幸有方二三千里之旱, 天下何以相救, 卒然邊境有數十萬之衆, 聚天下將何以饋之矣? 兵旱相承, 民填溝壑, 剽盜攻擊者, 興繼而起, 中國失救, 外敵必駭, 一日而及, 此之必然."

19) 『新書』, 「無蓄」, "世之有饑荒, 天下之常也, 禹湯被之矣. 卽不幸有方二三千里之旱, 國何以相恤? 卒然邊境有急, 數十百萬之衆, 國何以餽之矣?

유비무환의 관점에서 볼 때, 가의가 제기한 농업을 중시하고 물자를 비축한다고 하는 정책은 국가 안위의 중요성에 대한 것이라고 할 수 있다. 그렇기 때문에 가의는 "곤경에 빠진 다음에야 계책을 생각하고 궁색해진 다음에야 일을 도모한다면, 역시 늦지 않겠습니까?"라고 언급한 것이며, 더나가 "물자를 쌓아 비축하는 것은 천하 백성들의 큰 목숨이 달린 일입니다. 곡식이 많고 재물이 남아돈다면 무엇을 한들 안 되겠습니까?"라고 주장한 것이다. 그러므로 조정은 국가를 부유하게 만들고 백성들의 삶을 안정되게 하기 위해서는 마땅히 국가의 근간이 되는 농업을 중시하고 물자비축 문제를 중요한 사안으로 삼아야만 한다는 것이다.[20]

4. 상업에 대한 탄압과 사치금지 정책

가의는 농업을 중시하고 물자를 비축해야 한다고 하는 주장을 하면서 한나라 초기 조정의 방임정책을 분석하는 과정 속에서 백성들 사이에 만연해 있는 상업을 숭상하고 이익을 추종하며 사치와 향락을 추구하는 풍조가 심각한 사회적 병폐가 된다는 점을 지적했다. 더나가 가의는 만일 조정에서 백성들 사이에 퍼

兵旱相乘, 天下大屈, 勇力者聚徒而橫擊, 罷夫羸老, 易子孫而淪其骨, 政法未畢通也, 遠方之疑者並擧而爭起矣. 爲人上者, 乃試而圖之, 豈將有及乎? 可以爲富安天下, 而直以爲此廩廩也, 竊爲陛下惜之."

20) 侯家駒, 「從西周到漢初經濟制度暨思想之演變」, 『漢學硏究』, 第12卷, 2期, 1994년, 106~109쪽 참조.

져있는 상업을 숭상하고 이익을 추종하는 풍조를 방임할 경우 이는 반드시 사회적으로 질서를 해치게 되고 국가경제의 근간을 위태롭게 만든다고 생각했다. 그렇기 때문에 농업을 중시하고 물자를 비축해야 한다고 하는 주장 아래 가의는 조정에서는 반드시 백성들 사이에 만연해 있는 상업을 숭상하는 풍조를 제지해야만 한다고 하는 주장을 강력히 피력했다.

> 백성들은 튼튼한 것을 버리고 교묘하게 장식하는 일에만 힘써 서로 경쟁하고 있습니다. 하루면 만들던 것이 지금에 와서는 열흘이 걸려도 쉽게 만들 수 없지만, 1년은 쓸 수 있었던 것이 지금은 반년이면 부서지고 맙니다. 시일을 들여 정교하게 만들었어도 써보면 쉽게 망가지고 맙니다. 또 농사를 짓지 않는 많은 사람들이 농민들이 생산해낸 식량을 축내고 있으니, 이것이 바로 천하가 궁핍한 까닭입니다. 그러므로 백성들에게 말단적인 일을 하게 하면 백성들이 크게 빈곤해지지만, 백성들에게 근본적인 일을 하게 하면 백성들은 크게 부유해지는 것입니다. 아름답게 장식된 수를 짜느라 여자들이 공을 들입니다. 백 사람이 만들어도 한사람을 입힐 수가 없으며, 또 천하의 백성들이 힘을 써 봐도 필요한 물품을 갖추기가 쉽지 않으니, 이런 형세에 어떻게 백성들이 추위에 떨지 않을 수 있겠습니까?[21)]

---

21) 『新書』, 「瑰瑋」, “民棄完堅, 而務雕鏤纖巧, 以相競高. 作之宜一日, 今十日不輕能成; 用一歲, 今半歲而弊. 作之費日挾巧, 用之易弊. 不耕而多食農人之食, 是天下之所以困貧而不足也. 故以末予民, 民大貧, 以本予民, 民大富. 黼黻文繡纂組害女工, 且夫百人作之, 不能衣一人, 方且萬里, 不輕能具, 天下之力, 勢安得不寒?”

> 백사람이 만들어도 오히려 한 사람을 입히기가 부족하니, 이러고도 천하에 추위에 떠는 사람이 없기를 바란다면 되겠습니까? 한 사람이 농사를 짓는데 열 사람이 모여들어 먹어대니, 이러고도 천하에 굶주리는 사람이 없기를 바란다면 어떻게 되겠습니까? 굶주림과 추위가 백성들의 피부에까지 닥쳐있는데, 그런 상태에서 그들이 악한 짓을 하지 않고 도둑질을 하지 않기를 바래보았자 될 수 없는 일입니다.[22)]

가의는 상업과 수공업을 비롯한 말단이 되는 산업이 흥성하게 되면 백성들이 근본을 버리고 말단을 추구하는 경향이 두드러지게 많이 나타난다고 생각하였다. 이러한 현상은 반드시 농민들이 농토를 떠나 농업생산에 종사하지 않게 되어 결국에는 농토는 황폐해지고 곡식이 부족하게 되는 사태를 초래하게 될 것이라고 가의는 생각했다. 그래서 가의는 "시일을 들여 정교하게 만들었어도 써보면 쉽게 망가지고 맙니다. 또 농사를 짓지 않는 많은 사람들이 농민들이 생산해낸 식량을 축내고 있으니, 이것이 바로 천하가 궁핍한 까닭입니다."라고 언급한 것이며, 또 "한 사람이 농사를 짓는데 열 사람이 모여들어 먹어대니, 이러고도 천하에 굶주리는 사람이 없기를 바란다면 어떻게 되겠습니까?"라고 언급했던 것이다. 그렇기 때문에 농업을 중시하고 물자를 비축해야 한다고 하는 주장 아래 가의는 조정은 마땅히 적극적으로 상업에 대하여 탄압을 해야 한다고 역설했던 것이다.

---

22) 『新書』, 「孽産子」, "夫百人作之, 不能衣一人也, 欲天下之無寒, 胡可得也? 一人耕之, 十人聚而食之, 欲天下之無飢, 胡可得也? 飢寒切於民之肌膚, 欲其無爲姦邪盜賊, 不可得也."

가의는 상인들은 10퍼센트의 이윤만을 챙겨야한다고 생각했다. 그러한 이유는 상인들의 부유함은 결국 백성들로부터 거둬들인 것이기 때문이며, 또한 그렇게 벌어들인 재화로 상인들이 지나치게 사치와 향락을 추구하는 것을 통제하기 위해서였다. 당시 부유한 상인들의 행태에 대하여 가의는 "오늘날에는 부자나 큰 장사치네 벽에 황제의 옷이 걸리고, 장사치의 부인 및 배우자나 비첩들까지 황후의 복식을 하게 되었다."[23]라고 지적하고 있다. 이와 같은 부유한 상인들의 행태는 예의법도를 파괴하는 것일 뿐만 아니라 황제의 권위까지도 훼손하는 것이었다.

> 백성들이 비첩을 팔 때 아름답게 수놓은 옷과 꽃신·화려하게 꾸민 깃을 입혀 노비를 사고파는 나무 우리 안에 넣어놓는데, 이는 옛날 황후들이 입던 옷입니다. 황후도 종묘제사를 드릴 때나 입었지 평상시에는 입지 않았던 옷인데, 지금 서민들은 그들의 천첩에게 입히고 있습니다. 흰 망사를 겉의 천으로 하고 엷은 비단으로 속을 대서, 가장자리에 꽃무늬를 두르고 아름답게 도끼무늬를 수놓은 의복은 옛날 천자들이 입던 옷이었습니다. 그런데 요즘 부자나 장사치들은 손님을 청하게 되면 이를 벽에 장식으로 걸어 놓습니다. 옛날에는 천하가 황제 한 사람과 황후 한 사람을 봉양하고 또 적절하게 법도를 지켰으나, 오늘날에는 부자나 큰 장사치네 벽에 황제의 옷이 걸리고, 장사치의 부인 및 배우자나 비첩들까지 황후의 복식을 하게 되었으니, 그러고도 천하의 재력이 고갈되지 않을 수는 없을 것입니다. 황제

---

23) 『新書』, 「孼産子」, "今富人大賈屋壁得爲帝服, 賈婦優倡下賤産子得爲后飾."

> 자신은 검고 거친 비단 옷을 입으나, 사치스러운 장사치나 부자들의 벽장에는 수놓은 옷이 널리고, 황후는 단지 동정 깃에나 수실을 두르지만, 천첩들은 신발에까지 수실을 두릅니다. 이것이 바로 신이 어긋났다고 말하는 것입니다.[24)]

> 세상은 세속적인 사치를 서로 뽐내니 사람들은 자신이 남보다 못한 것을 바라면서 서로 경쟁하고 있으나, 나라에서는 이에 대응하는 제도가 없습니다. 오늘날 체형을 당한 자나 몸을 파는 계집종들은 미천한 계층임에도 불구하고, 입는 옷은 오히려 제후를 능가해서 천자와 맞먹습니다. 이는 천하에 공공연하게 군주를 범하는 것입니다.[25)]

가의는 황제가 검고 거친 비단 옷을 입는데 반하여 부유한 상인들은 "벽장에는 수놓은 옷이 널리고, 황후는 단지 동정 깃에나 수실을 두르지만, 천첩들은 신발에까지 수실을 두른다."라고 하여 복식에 있어서 "옷은 오히려 제후를 능가해서 천자와 맞먹는다."고 하며 상인들의 사치와 참월을 신랄하게 지적했다. 더나

---

24) 『新書』, 「孽產子」, "民賣產子, 得爲之繡衣編經履偏諸緣, 入之閑中, 是古者天子后之服也, 后之所以廟而不以燕也, 而衆庶得以衣棄妾. 白縠之表, 薄紈之裏, 緁以偏諸, 美者黼繡, 是古者天子之服也, 今富人大賈召客者得以被牆. 古者以天下奉一帝一后而節適, 今富人大賈屋壁得爲帝服, 賈婦優倡下賤產子得爲后飾, 然而天下不屈者, 殆未有也. 且帝之身, 自衣皁綈, 而靡賈侈貴, 牆得被繡, 后以緣其領, 孽妾以緣其履, 此臣之所謂踳也."

25) 『新書』, 「瑰瑋」, "世以俗侈相耀, 人慕其所不如, 悚迫於俗願, 其所未至, 以相競高, 而上非有制度也. 今雖刑餘鬻妾下賤, 衣服得過諸侯, 擬天子, 是使天下公得冒主."

가 가의는 부유한 상인들의 이러한 행태는 공공연하게 군주를 범하는 것이며 사회에 마땅히 존재해야할 등급제도와 질서를 파괴하는 것이라고 생각했다. 또한 부유한 상인들이 추구하는 극도로 사치스러운 생활은 수공업자들이 일상용품보다는 사치품 생산에만 주력하게 만드는 결과를 조장하게 되는 부작용을 낳기도 하였다.

> 일용품마다 복잡하게 무늬를 아로새기고 정교하게 만든 기물들이 날마다 생겨나니, 백성들은 튼튼한 것을 버리고 교묘하게 장식하는 일에만 힘써 서로 경쟁하고 있습니다. 하루면 만들던 것이 지금에 와서는 열흘이 걸려도 쉽게 만들 수 없지만, 1년은 쓸 수 있었던 것이 지금은 반년이면 부서지고 맙니다. 시일을 들여 정교하게 만들었어도 써보면 쉽게 망가지고 맙니다. …… 아름답게 장식된 수를 짜느라 여자들이 공을 들입니다. 백 사람이 만들어도 한사람을 입힐 수가 없으며, 또 천하의 백성들이 힘을 써 봐도 필요한 물품을 갖추기가 쉽지 않으니, 이런 형세에 어떻게 백성들이 추위에 떨지 않을 수 있겠습니까?[26)]

가의는 상인들이 이익을 숭상하고 사치를 뽐내는 것을 경쟁적으로 한 결과 사회적으로 사치를 추구하는 풍조가 발생했다고 생각했다. 이와 같은 풍조는 건전한 사회적 분위기를 해칠 수

---

26) 『新書』, 「瑰瑋」, “夫雕文刻鏤, 周用之物繁多, 纖微苦窳之器, 日變而起, 民棄完堅, 而務雕鏤纖巧, 以相競高. 作之宜一日, 今十日不輕能成; 用一歲, 今半歲而弊. 作之費日挾巧, 用之易弊. …… 黼黻文繡纂組害女工, 且夫百人作之, 不能衣一人, 方且萬里, 不輕能具, 天下之力, 勢安得不寒?”

있으며 세속적인 탐욕과 정의를 천시하는 가치관을 조성할 수 있기 때문에, 천박한 풍속을 교화하고 건전한 사회적 분위기를 만들기 위해서라도 가의는 조정에서 반드시 상업에 대한 탄압을 해야 한다고 주장했던 것이다.

가의의 중농억상 정책의 관점에서 볼 때 그가 제기한 농업을 중시하고 물자를 비축해야 한다고 하는 주장과 상업에 대한 탄압과 사치를 금지시켜야 한다고 하는 주장은 바로 가의가 농업이 국가의 기간산업이라고 하는 점을 분명하게 인식하고 있었다는 것을 나타내고 있다고 볼 수 있다. 또한 가의가 주목한 부유한 상인들의 사치스러운 행태를 통제하지 않을 경우 수반되는 사회적 질서의 파괴와 사치풍조의 만연은 국가를 위험에 빠뜨릴 수 있다고 하는 점은 당시에 보기 드문 혜안이었다고 할 수 있을 것이다.

5. 민간차원의 화폐주조 금지 정책

한나라 문제文帝시기에 시행된 민간차원의 화폐주조 허가 정책은 결과적으로 사회 전반에 걸쳐 불량화폐의 유통과 위조화폐의 남용이라고 하는 폐단을 발생하게 만들었다. 또한 각지에서 주조된 화폐의 품질이 제각각 달라서 민간에서의 무역활동에 상당한 타격을 주게 되었다. 게다가 화폐주조를 통하여 얻게 되는 이윤이 적지 않음을 알게 된 백성들은 너도나도 할 것 없이 농사일을 내팽개치고 화폐주조에 뛰어들어 결국에는 국가의 기간

산업인 농업에 심각한 타격을 주게 되는 현상이 발생했다. 이러한 사회적 분위기 속에서 부호들은 화폐주조를 통하여 더 많은 이익을 챙겼으며 막대한 재력을 바탕으로 빈민들을 자신의 노예로 편입시키기도 하였다. 그렇기 때문에 가의는 조정에서 민간의 화폐주조를 금지시키는 정책을 다시 시행해야 한다고 주장했던 것이다. 그렇게 할 때에 비로소 교역의 기준을 마련할 수 있게 되어 시장경제를 안정시킬 수 있을 뿐만 아니라 백성들을 본업인 농업에 전념시킬 수 있다고 가의는 생각했던 것이다. 그렇다면 어떠한 방법으로 민간에서의 화폐주조를 금지시키는 조처를 효과적으로 시행할 수 있을까? 이러한 문제에 대하여 가의는 백성들이 너나할 것 없이 화폐주조에 뛰어드는 것은 바로 화폐의 주원료인 구리를 쉽게 구할 수 있기 때문이라고 보았다. 그래서 가의는 민간에 부여된 화폐의 주조권한을 조정에서 회수해야 한다고 하는 한편 백성들이 구리를 채굴하여 사적으로 화폐를 주조하는 것을 엄격하게 금지시켜야 한다고 주장했다.

> 구리가 민간에 유포되면 천하의 재앙이 되니, 무엇 때문에 이렇게 말하는가? 구리가 민간에 유포되면 백성들 가운데 돈을 주조하는 이들이 반드시 납과 철을 섞게 되어, 이마에 죄명을 새기는 형벌을 받게 되는 사람들이 날로 늘어날 것이니 이것이 첫째 재앙이다. 구리가 민간에 유포되면 동전의 위조가 그치지 않아서 쓰이는 돈을 믿지 못하게 되고 백성들이 더욱 서로 의심하게 되니 이것이 둘째 재앙이다. 구리가 민간에 유포되면 구리를 채굴하는 사람들이 농토를 버리게 되고, 집에서 돈을 주조하는 사람들은 그 농사짓는 일을 덜하게 되어 곡식을 수확할 수 없어

곧 굶주리게 될 것이니, 이것이 셋째 재앙이다. 그러므로 돈을 주조하는 것을 금하지 않으면, 돈은 항상 문란해지고 묵형을 받는 사람은 날로 늘어나게 되니, 이는 결국 사람을 빠뜨리는 함정이 된다. 또 농사를 짓지 않으면 새로운 재앙이 생겨날 것이므로, 백성들이 돈을 만드는 것을 금하지 않을 수가 없다. 위에서 주전을 금지시키는 데에 있어서는 반드시 죽을죄로 다스려야 한다. 주전이 금지되면 돈은 다시 귀해질 것이고, 돈이 귀해지면 몰래 숨어서 돈을 주조하는 이가 생길 것이며, 그러면 죽을 자가 또 늘어날 것인데, 이는 (민간에 유포된) 구리가 만든 결과이다. 그러므로 구리가 민간에 유포되면 그 재앙이 매우 크다는 것이다.[27]

가의는 백성들이 몰래 숨어서 화폐를 주조하게 된 원인을 손쉽게 구할 수 있는 구리 때문이라고 보았다. 그렇기 때문에 가의는 조정에서 민간에 만연되어 있는 화폐주조를 근절시키기 위해서는 반드시 백성들이 화폐를 주조하는 원료인 구리를 취득하는 것에 대한 통제가 필요하다고 생각했다. 즉 조정에서 구리 채굴을 국가에서 독점하는 조치를 취하게 되면 비로소 민간에서 사사로이 주조하는 화폐를 더 이상 만들지 못하게 근절시킬 수

27) 『新書』, 「銅布」, "銅布於下, 爲天下菑, 何以言之? 銅布於下, 則民鑄錢者, 大抵必雜石鉛鐵焉, 黥罪日繁, 此一禍也. 銅布於下, 僞錢無止, 錢用不信, 民愈相疑, 此二禍也. 銅布於下, 采銅者棄其田疇, 家鑄者損其農事, 穀不爲則鄰於飢, 此三禍也. 故不禁鑄錢, 則錢常亂, 黥罪日積, 是陷阱也. 且農事不爲, 有疑爲菑, 故民鑄錢, 不可不禁. 上禁鑄錢, 必以死罪. 鑄錢者禁則錢必還重, 錢重則盜鑄錢者起, 則死罪又復積矣, 銅使之然也. 故銅布於下, 其禍博矣."

있다고 보았던 것이다. 한걸음 더나가 가의는 구리 채굴을 국가에서 독점할 경우 조정은 다음과 같은 일곱 종류의 이득을 얻을 수 있다고 보았다.

먼저 조정은 형벌을 감소시킬 수 있게 되어 백성들을 괴롭히지 않게 된다는 것이다. 즉 법률을 간소화 하고 형벌을 줄인다고 하는 국시를 달성할 수 있다는 것이다. 다음은 구리 채굴권을 국가에서 독점하게 되면 화폐 주조를 조정에서 장악하게 되고 법정화폐의 기준을 확립시킬 수 있어 민간에서의 분쟁을 감소시킬 수 있다는 것이다. 또한 백성들이 사사로이 화폐를 주조할 수 없게 되어 다시 본업인 농사에 전념하게 된다는 것이다. 그리고 화폐 가치의 경중과 수량을 조절할 수 있다는 것이다. 즉 화폐의 가치가 떨어지면 정책적으로 거둬들이고, 화폐의 가치가 올라가면 정책적으로 풀어서 시장의 물가를 안정시킬 수 있게 된다는 것이다. 또한 구리로 병기를 만들어 고위직 신하들에게 주는데, 크고 작음과 많고 적음을 각각 제도로 규정하여 귀천을 구별하고 상하의 차이를 두게 되면 등급질서가 분명해질 것이라고 하는 것이다. 그 다음은 국가의 수입과 재정은 풍족해지고, 무역을 통제하여 부유한 상인들과 백성들을 착취하는 토호세력의 발호를 억제시킬 수 있는 것이다. 끝으로 국력이 부강해지면 그러한 국력을 바탕으로 흉노에 대항할 수 있게 된다는 것이다.

가의가 언급한 일곱 종류의 이익의 내용은 한나라 초기에 직면했던 정치적 경제적 문제들과 대외정책문제 등을 포괄하고 있다. 가의는 조정이 구리 채굴을 국가에서 독점하는 정책을 시행한 후에 얻게 되는 일곱 종류의 이익뿐만 아니라 구리가 민간에 유포되어 발생하게 되는 세 가지 해악을 없앨 수 있다고 생각했다. 이와 같이 구리 채굴권을 국가에서 독점하고 민간에서의 화폐주조 금지령을 내릴 경우 한나라 조정은 당면한 제반 문제들을 해결할 수 있을 것이라고 가의는 생각했기에 그러한 주장했던 것이다.

한나라 건국초기 황노사상의 영향을 받은 조정의 방임정책 아래서 일면 국가는 백성들에게 수많은 시혜를 베풀어주고 사회는 안정과 번영을 구가하는 것처럼 보였다. 그러나 실제적으로는 급속한 토지사유화와 상업의 융성은 토지와 자본을 부유한 상인들과 호족들에게 집중시키는 상황을 발생시켰다. 조정의 농업중시 정책과 백성들에 대한 시혜 조처는 백성들의 삶을 좀 더 나은 방향으로 개선시키지 못했으며, 사적·공적세금을 통한 과중한 착취와 빈번한 부역은 일반 농민들과 소작농들의 삶을 위협할 지경에 이르고 있었다. 그렇기 때문에 백성들은 생활고를 견디지 못하고 농업을 팽개치고 상업에 뛰어드는 상황이 발생하게 된다. 조정의 백성들에 대한 시혜 조처가 오히려 사회적으로 빈부의 격차를 더욱 크게 벌려놓은 셈이 되었으며, 사회적으로 사치풍조를 조장하고 질서를 파괴하는 분위기에 심각한 영향을 끼치게 되었다.

이러한 상황 속에서 가의는 민생회복을 위하여 농업중시와 물자축적 정책의 추진과 상업에 대한 탄압과 사치금지 정책 및 민간 차원의 화폐주조 금지 정책을 주장했던 것이다. 특히 가의는 민간에서의 구리 채굴과 화폐주조를 엄격하게 금지시켜야 한다고 하는 주장을 강력하게 한다. 즉 조정에서 구리 채굴권을 독점해야만 화폐 주조의 원료를 통제할 수 있다고 보았으며 더나가 민간에서의 화폐주조를 효과적으로 제지할 수 있다고 보았던 것이다. 조정이 비록 화폐의 원재료가 되는 구리를 독점했지만 국가에서 발행하는 법정화폐가 시장에서 확실하게 자리를 잡지 못하게 된 상황에서 민간에서는 여전히 법정화폐나 다른 구리제품을 원재료로 하여 사사로이 화폐를 주조하고 있는 실정이었다. 그렇기 때문에 민간에서의 화폐주조를 금지하는 정책은 그렇게 큰 실효는 거두지 못했다고 할 수 있다.[28)]

6. 맺는 말

이상과 같이 가의의 정치사상에 대하여 서한 초기의 상황과 농업중시와 물자축적 정책의 추진과 상업에 대한 탄압과 사치금지 정책 및 민간 차원의 화폐주조 금지 정책을 중심으로 조명해 보았는데, 이를 정리하면 다음과 같다.

한나라 초기의 정치상황은 황노사상의 무위 숭상과 조정의 중농정책 아래서 일면 번영과 안정된 모습을 보여주고 있는 것 같지만, 실제로는 국가에서 역점을 두고 추진한 중농억상정책이 그 실효를 거두지 못하면서 백성들의 삶은 매우 곤궁했다고 볼 수 있다. 그렇기 때문에 백성들은 더 이상 농업에 종사하지 않

28) 蕭清, 『中國古代貨幣思想史』, 臺北, 臺灣商務印書館, 1992년, 71~72쪽 참조.

고 상업에 종사하는 추세를 보이기 시작한다. 그 결과 대량의 농업인구가 유실되는 현상이 발생하게 되었으며, 정부의 통제능력이 약화 되어 상업이 기형적으로 발전하는 현상이 발생하게 되어 상인의 숫자가 급격하게 증가하게 되는 사태를 초래하게 된다. 상업이 기형적으로 발전한 결과 사회적으로 사치를 조장하는 기풍이 만연하게 되어 국가경제와 정치질서에 심각한 타격을 주게 된다.

가의는 농민들의 생활이 곤궁하게 된 것과 국가가 비축한 양식이 부족하게 된 주요한 원인으로 조정의 농업홀시 정책이라고 생각했다. 그래서 가의는 민본의 관점에서 농업의 중시와 물자 비축 정책을 시행할 것을 강력하게 주장하였던 것이다. 또한 가의는 농업을 중시하고 물자를 비축하는 정책의 구체적인 효과가 유비무환에 있다고 하는 점을 극력 강조한다. 한나라는 문제文帝 시기에 내부적으로는 제후국들의 반란과 외부적으로는 흉노의 침략으로 인하여 내우외환의 상황에 직면하게 된다. 이러한 내우외환의 상황 속에서 가의는 국가적으로는 "국가적으로나 개인적으로나 비축된 물자를 보면 오히려 애통할 뿐입니다."와 같은 지경에 이르고 백성들의 삶은 극도로 곤궁한 나머지 부득이하게 농토와 자식을 내다 파는 지경에까지 이르게 된다고 보았다. 그렇기 때문에 이러한 내우외환을 제거하기 위하여 가의는 조정에서 물자를 충분하게 비축해야만 한다고 주장했으며, 그러할 경우에야 만이 국력을 비축하여 유사시에 대비할 수 있다고 역설했던 것이다.

가의는 상업과 수공업을 비롯한 말단이 되는 산업이 흥성하게 되면 백성들이 근본을 버리고 말단을 추구하는 경향이 두드러지게 많이 나타난다고 생각하였다. 이러한 현상은 반드시 농민들이 농토를 떠나 농업생산에 종사하지 않게 되어 결국에는 농토는 황폐해지고 곡식이 부족하게 되는 사태를 초래하게 될 것이라고 가의는 생각했다. 이와 같은 가의의 중농억상 정책의 관점에서 볼 때, 그가 제기한 농업을 중시하고 물자를 비축해야 한다고 하는 주장과 상업에 대한 탄압과 사치를 금지시켜야 한다고 하는 주장은 바로 가의가 농업이 국가의 기간산업이라고 하는 점을 분명하게 인식하고 있었다는 것을 나타내고 있다고 볼 수 있다. 또한 가의가 주목한 부유한 상인들의 사치스러운 행태를 통제하지 않을 경우 수반되는 사회적 질서의 파괴와 사치풍조의 만연은 국가를 위험에 빠뜨릴 수 있다고 분석한 점은 가의의 탁견이라고 할 수 있다.

가의는 조정이 구리 채굴을 국가에서 독점하는 정책을 시행한 후에 얻게 되는 일곱 종류의 이익뿐만 아니라 구리가 민간에 유포되어 발생하게 되는 세 가지 해악을 없앨 수 있다고 생각했다. 이와 같이 구리 채굴권을 국가에서 독점하고 민간에서의 화폐주조 금지령을 내릴 경우 한나라 조정은 당면한 제반 문제들을 해결할 수 있을 것이라고 가의는 생각했기에 그러한 주장했던 것이다.

참고문헌

司馬遷,『史記』, 北京, 中華書局, 1982년.

班固,『漢書』, 北京, 中華書局, 1990년.

賈誼,『新書』,『四庫全書』本.

王興國,『賈誼評傳』, 南京, 南京大學出版社, 1992년.

傅筑夫,『中國經濟史論叢』, 北京, 三聯書店, 1980년.

錢穆,『國史大綱』上冊, 北京, 商務印書館, 1996년.

田昌五 外,『秦漢史』, 北京, 人民出版社, 1993년.

蕭淸,『中國古代貨幣思想史』, 臺北, 臺灣商務印書館, 1992년.

제10장
동중서의 정치사상

1. 시작하는 말

동중서의 정치사상 가운데 가장 중요한 관념은 바로 '천天'이라고 할 수 있는데, 그렇기 때문에 동중서의 정치사상을 이해하는 관건적 요소는 바로 그의 '천'관념의 내용을 이해하는데 있다고 할 수 있다. 동중서의 '천'관념은 상당히 복잡하다고 할 수 있는데, 그러한 '천'관념의 전반적인 모식을 인식할 수 있는 방법으로는 '천'과 관련된 문헌자료의 분석을 통하는 것이 주요한 루트가 될 수 있다고 생각한다. 동중서는 '천'이 모든 문제를 해결해줄 수 있는 답안이기 때문에 '천'사상이 수립된다면 모든 우주와 인생의 문제 역시 해결된다고 생각했다. 정치사상 역시 이러한 사상관념의 범주 속에 들어간다고 할 수 있다. 동중서는 '천'을 천하 만물의 기원이면서 최종적인 판단의 준거로 삼았는데, 그러한 이유는 바로 인간의 생명은 '천'에서 온 것이고, 세계의 운행 역시 '천' 자체의 운행이기 때문이다. 그래서 그는 "천이 변하지 않으면, 도 역시 변하지 않는다."라고 말했던 것이다. 이렇게 볼 때 '천'은 동중서 정치사상의 총체적인 원리가 되는 것이라고 할 수 있다.

본문에서는 동중서의 정치사상에 대하여 다음과 같은 도식을 중심으로 살펴보도록 하겠다. 우선 동중서 정치사상의 총체적인 근간으로서의 '천'관념의 분석을 통하여, '천'으로 만물의 존재원리에 대하여 해석을 하고, 군주의 권력은 바로 '천'이 부여해 준 것이라는 점을 분석함과 동시에 '천'이 군주의 권력을 회수해 갈 수 있다는 점을 살펴보겠다. 또한 이러한 관념들을 바탕으로 하여 동중서가 주장한 군주의 백성 통치방식에 대하여 군주와 백성의 관계를 중심으로 조명하고, 백성에 대한 통치의 일환으로 수립한 경제정책에 대하여 살펴보도록 하겠다. 아울러서 동중서 정치사상의 중요한 핵심이라고 할 수 있는 군주와 그의 통치를 보좌해주는 지식인과의 관계설정에 대하여 분석을 진행해보도록 하겠다. 그리고 끝으로 제후들에 대한 정책과 외국과의 관계설정에 대한 문제를 심층 고찰해보도록 하겠다.

2. 천과 군권의 관계

동중서의 사상 가운데 있어서 인간의 구조는 '천'과 매우 유사한 것이라고 할 수 있으나, '천'의 구조를 가지고 그것을 인간에게 견강부회 한 것은 아니다. 그러한 이유는 바로 인간은 '천'에서 나온 존재이기 때문에 인간은 '천'과 동류라고 하는 것이다. 인간은 '천'에서 생긴 존재이기 때문에 많은 부분에 있어서 '천'과 유사한 것이다. '천'은 인간의 조상이며, 인간은 '천'이 낳은 존재라는 것이 인간의 출현에 대한 해석이 되는 것이다. 인간이 '천'에서 왔기 때문에 '천'과 인간은 서로 간에 영향을 주고받는 것이며 또한 그들 사이에는 '기氣'가 존재한다. '천'은 만물의 근원이면서 인간 생명의 기원이 되는 것이기에 인간은 반드시 군주에 의해서 통치되어야만 한다는 것이다. 이는 '천'의 권능에는 한계가 있기 때문인데, '천'은 인간을 낳기만 할 뿐 인간의 교양은 반드시 후천적인 왕도교화를 통해서만 가능한 것이기에, 군주가 예의법도를 제정하여 다스려야 한다는 것이다.

그렇다면 이러한 '천'은 과연 어디에서 온 존재라는 것일까? 이러한 의문에 대하여 동중서는 '원元'의 관념을 제기한다.[1] '원'은 천지가 있기 전에 이미 존재하고 있었던 것으로, '원'이라고 하는 것은 만물의 본원이 되며 인간의 '원' 역시 그 안에 있는 것이다. '천기天氣'가 음양을 분별하게 되는데, 이러한 것이 천지의 시작임과 동시에 사계절의 순환과 오행의 '기' 및 인간의 활

---

1) '원' 관념에 대한 학자들의 해석은 다음과 같다. 먼저 徐復觀과 같은 경우 "음양이 나오는 곳은 기인데, 이것을 원기라고 한다. …… 천도는 음양이고, 음양이 나오는 원기는 그 층차가 자연히 천도의 위에 있는 것이다. …… 동중서 마음속의 원년의 원은 실제로는 원기의 원으로 간주된다."라고 해석하고 있다. 徐復觀, 『兩漢思想史』 卷二, 臺北, 學生書局, 1985년, 354~355쪽 참조. 馮友蘭 같은 경우는 "동중서가 말하는 '원'은 도대체 무엇이란 말인가? 우리는 이것에 대하여 명확한 설명을 할 수가 없다. 그러나 분명한 것은 동중서의 사상체계 가운데 '원'은 일종의 물질성의 실체가 되지 못한다는 것이다. 즉 '원'을 '원기'로 해석하게 되는데, 이러한 '원기'는 의식과 도덕성질을 가진 것이라는 것이다."라고 해석하고 있다. 馮友蘭, 『中國哲學史新編』, 臺北, 臺灣商務印書館, 1996년, 70~71쪽 참조.

동을 생산하는 것이다. 또한 인간과 '천'은 동일한 '원'에 근본을 둔다. 그러나 인간이 비록 '천' · '기'에서 생겨난 존재이면서 '천' · '기'를 받들어야 하지만 '천원天元'을 얻을 수는 없는 것이다. 또한 인간의 모든 것은 '천명'에 근거해서 생긴 것이기 때문에 일체의 자연현상 역시 '천'과 '명'이 결정하는 것으로 '천명'을 위배할 수 없다는 것이다.

동중서에 의하면 인간은 '천'에 의해서 제약을 받을 수밖에 없는 존재인데, 군주 역시 인간이기 때문에 군주도 '천명'의 결정 범주에 속하게 되는 존재인 것이다. 아울러 인간은 '천'의 제약을 받기 때문에 군주에 의한 통치를 받는다고 하는 사실을 받아들일 수밖에 없는 것이다. 군주가 '천'에 의해 제약을 받기 때문에 집권자는 천도를 준수함으로써 천하를 다스리게 되는 것이다. 그러므로 통치의 도리는 단 하나 즉 '천'을 본받는 것이며, 선왕은 '천'을 본받아 천하를 통치한 것이기 때문에 선왕을 본받는 것과 『춘추春秋』로부터 통치의 도리를 터득한다는 것이다.

동중서가 언급한 '명命'의 관념은 군주의 '천명'은 군주가 되는 것이고, 일반적인 사람들 자신에게도 '명'이 있는데, 이는 일반인의 '명'이 되는 것이다. 또한 동중서는 만일 '천명'을 받은 군주가 덕을 상실하게 되면 바로 '재이災異'가 발생하게 된다고 했는데, 이러한 '재이'는 덕을 상실했기 때문에 발생하는 것으로 '천'과 인간 사이의 덕을 혼란하게 만드는 한편 음양오행의 조화를 깨트려 각종의 비정상적인 현상을 발생케 한다고 했다.

동중서의 사상체계 속에서 제국 군주의 정권의 정당성은 '천'에 근원을 두는 것이라고 할 수 있는데, 이때의 '천'과 인간은 일체로서 천인지간의 권력관계는 '천'이 가장 우선이고 그 차선이 군주이며 백성이 그 다음이다. 이는 매우 중요한 관념인데, '천'과 인간의 관련은 분리할 수 없는 것으로 정치는 단지 인간들 사이의 사무만이 아닌 '천'과 인간의 관련업무 가운데의 일부분이라는 것이다. 그렇기 때문에 동중서는 인간세계의 권력구조에 대해서만 언급한 것에 그치지 않고 '천'으로부터 인간의 권력에 이르는 체계를 언급한 것이다. 즉 그는 "천자는 하늘로부터 천명을 받았다."[2]라고 했는데, 이는 '천'이 '천명'을 군주에게 내려주고, 군주는 '천명'을 받아서 인간 세계를 통치하고 관리한다고 하는 의미인 것이다. 이처럼 군주의 지위와 권력은 '천'에서 비롯된 것이지 백성들로부터 부여받은 것은 아닌 것이다. 이러한 관념체계는 일종의 '군권천수君權天授' 혹은 '군권신수君權神授'라고 말할 수 있다. 동중서는 '천'·군주·백성의 세 계층은 관계가 "백성의 바람을 억제 시키고 군주의 의지를 신장시키고 또한 군주의 의지를 억제시키고 하늘의 뜻을 신장시킨다."[3]는 것과 같은 것으로 이루어졌다고 생각했다. 이러한 관념은 『춘추』에서 말하는 "백성은 군주를 추종해야 하고, 군주는 하늘을 추종해야 한다."에서 온 것으로 동중서의 사상체계 속에서 더욱 확대 되어 "백성의 바람을 억제 시키고 군주의 의지를 신장시키고 또한 군주의 의지를 억제시키고 하늘의 뜻을 신장시킨다."는 형태로 진화하여 나타나는 것이다.

2) 『春秋繁露』, 「順命」, "天子受命於天."

3) 『春秋繁露』, 「玉杯」, "故屈民而伸君, 屈君而伸天."

군주는 '천'의 인간세계 대리자로서, 만일 이러한 인간세계의 대리자인 군주가 덕을 상실하게 된다면 '천'은 그의 권력을 박탈하고 새로운 대리자를 선정할 수 있다고 동중서는 생각했다.[4] 덕을 상실한다고 하는 것은 군주가 백성들을 통치할 때, '인덕仁德'에 부합하는지의 여부를 의미하는 것이다. '천'은 어떻게 인간 세계의 대리자 즉 군주에게 만족함이나 불만족함을 표시하는 것일까? '천'의 뜻은 직접적인 언어로 표출되는 것이 아니고 상서로운 조짐을 내려주거나 재앙을 내려주는 것을 통하여 보여주는 것이다. 그러므로 동중서는 "제왕이 미래에 출현하려고 하면 상서로운 조짐이 먼저 나타나고, 머지않아 사라지려고 하면 요망한 이변 현상이 먼저 나타난다."[5]라고 하여 군주의 흥망성쇠와 관련하여 인간 세상에는 상서로운 조짐과 재앙이 발생하게 된다고 주장했던 것이다.

군주의 덕이 천지를 덮으면 '천명'이 마땅하게 일어나게 되는데, 이는 통치자가 덕이 있으면 '천'은 상서로운 조짐을 내려주는 반면 통치자가 덕이 없으면 '천'은 재이를 내려준다는 것과 일맥상통하는 것이라고 할 수 있다. 음양오행의 운행이 정상적이면 천하는 조화롭고 기후는 일상적이게 된다. 즉 음양오행의 정상적인 운행 속에서는 사물은 일정한 시기와 상황에 맞게 출현하게 되는 것으로 이는 덕에 부합되는 것이다. 그러나 음양오

4) 이와 같은 '천'에 의한 군주의 권력 박탈 관념은 은·주 교체기에 '천명불상天命不常' 관념에 기인하는 것이라고 할 수 있다. 김혜승, 『유교의 뿌리를 찾아서』, 서울, 지식의 풍경, 2001년, 69쪽 참조.

5) 『春秋繁露』, 「同類相動」, "帝王之將同也, 其美祥亦先見; 其將亡也, 妖孽亦先見."

행의 운행이 순조롭지 못하게 되면 재난과 변고가 발생하게 되고, 이는 결국 덕에 부합되지 못하는 것이 된다. 인간의 행위 역시 마찬가지로 정상적인 상황 아래서는 인의예仁義禮를 말하며, 군주는 언행거지가 일정하게 되고 관리들은 백성을 위한 정책을 시행하게 된다. 그렇기 때문에 '재이'가 출현했을 때는 인간의 행위가 덕에 부합되지 못하기 때문에 인간의 행위가 덕에 부합되도록 요구하여 이러한 비정상적인 자연현상을 소진시키려고 하는 것이다. 동중서는 만일 통치자가 비정상적인 행태를 지속적으로 일삼게 되어 상황이 악화 되면 '재이'는 더욱 심화 되는 것이며, 결국에는 '천명'이 다른 사람에게로 넘어가게 된다고 했는데, 이는 원래의 군주가 통치자의 지위를 상실하게 되는 것이기 때문에 군주는 반드시 덕에 귀의해야 한다고 했던 것이다.

> 따라서 어떤 사람의 은덕이 백성을 편안하고 즐겁게 만들 수 있으면 하늘이 그에게 왕권을 부여한다. 이와 달리 왕이더라도 그의 해악이 백성의 재산을 빼앗고 손상시킨다면 하늘은 그에게서 왕권을 빼앗는다.[6]

군주가 덕에 귀의하는 것을 통하여 '천'과 인간 사이의 정상적인 운행의 순서가 회복되어지는 것이다. 동중서는 이와 같은 '천명불상天命不常'의 관념을 통하여 집권자의 정권유지에 대한 커다란 위협적인 견해를 표명했던 것이다.[7]

---

6) 『春秋繁露』, 「堯舜不擅移, 湯武不專殺」, "故其德足以安樂民者, 天予之; 其惡足以賊害民者, 天奪之."

현실정치 상황 속에서 물리적 의미 '천'은 일체의 자연현상 원리를 해석해주고, 도덕적 의미의 '천'은 정치적인 부분이나 처세적인 부분에 근본적인 목적과 이상적인 경계를 제공해준다. 그러나 이러한 이상은 구속력이 없는 이상일 뿐이다. 종교적 의미의 '천'은 '천'과 인간 및 종교와 정치를 신앙의 형태로 연결하여 정치적 사안에 대하여 종교적 방식으로 결정하려는 시도를 한다. 그래서 종교정치라는 것은 정치가 많은 종교의식과 종교적 관념으로 변질되어 운행되는 것이다. 이와 같은 도덕적 의미의 '천'과 종교적 의미의 '천'은 동중서의 정치사상에 있어서 매우 중요한 지위를 점하고 있다고 할 수 있다.

3. 백성에 대한 통치 방식

동중서의 사상체계 속에서의 '천'과 군주는 '천'과 천자의 관계로 이루어져있으며, 또한 '천명'을 내리는 자와 '천명'을 받는 자의 관계이고 군주와 백성은 통치자와 통치를 받는 자의 관계이다. 백성은 '천'이 내려준 존재이며, 군주는 '천'이 선택한 백성들의 통치자로서, 군주는 백성들을 잘 대해줘야 할 의무가 있다. 그렇지 않으면 '천'은 '천명'을 회수함과 동시에 다른 사람을 군주로 임명한다고 동중서는 생각했다. 동중서의 사상체계 속에서 보여 지는 '천'과 군주와 백성의 도식은 '천' → 군주 →

---

7) 徐復觀, 『兩漢思想史』卷二, 臺北, 學生書局, 1985년, 297쪽 참조.

백성의 형태로 이루어져 있다.

> 『춘추』의 원칙에 따르면 백성은 군주를 추종해야 하고, 군주는 하늘을 추종해야 한다. …… 그러므로 (『춘추』의 세계에서는) 백성의 바람을 억제 시키고 군주의 의지를 신장시키고 또한 군주의 의지를 억제시키고 하늘의 뜻을 신장시킨다. 이것이 바로 『춘추』세계의 커다란 기준이다.[8]

동중서의 정치사상 가운데 핵심문제는 바로 천자의 직권이라고 할 수 있다. '천인관계天人關係'의 체계 속에서 군주와 백성은 모두 인간인데, 어떻게 해서 한쪽은 군주가 되고 다른 한쪽은 백성이 되는 것인가? 이러한 군주와 백성의 구별은 '천명'의 유무에 달린 것이고, 이러한 '천명'의 유무는 또한 덕이 있는지의 여부에 달린 것이다.

군주의 백성에 대한 직분은 한편으로는 그들을 예악으로 교화시키는 것이고, 다른 한편으로는 법도로써 그들을 다스리는 것이라고 할 수 있다. 규정과 칭호의 관념에서 출발했을 때, 군주가 만백성을 통치하고자 한다면 먼저 백성의 본질을 파악해야 한다는 것이다. 동중서는 이러한 규정과 칭호의 관념에서 출발하여 규정과 칭호의 관념을 바르게 하여 『춘추』의 사상을 뽑아내고자 했던 것이다. 동중서는 이러한 사상을 '천'에 접목시키고자 했다. 동중서는 규정과 칭호는 성인聖人이 제정한 것이며, 성

---

8) 『春秋繁露』, 「玉杯」, "春秋之法, 以人隨君, 以君隨天. …… 故屈民而伸君, 屈君而伸天, 春秋之大義也."

인은 '천'의 뜻을 근거로 그러한 규정과 칭호를 제정한 것이라고 생각했다. 성인은 규정과 칭호를 근거로 마땅히 있어야할 내용을 규정했는데, 이는 군주와 백성들의 규정과 칭호 및 그 함의를 포함하고 있는 것이다. 동중서는 백성들의 본질에 대하여 '명暝'으로 즉 몽매함으로 이해했는데, 이는 군주의 교화를 통하여 선한 존재로 거듭나게 될 수 있다는 것을 의미한다. 예를 들자면 잠들어 있는 사람은 다른 사람의 깨우는 소리에 의해서 잠에서 깨어나 의식을 회복할 수 있는 것과 같은 이치라고 할 수 있다.[9]

> 왕은 백성이 찾아와 의지한다는 뜻이고, 군주는 자신에게 소속된 무리를 잃지 않는다는 뜻이다. 그래서 (누군가가) 수많은 백성들이 (자발적으로 자신에게) 찾아오게 하고 온 세상에 가득 찬 무리의 지지를 얻을 수 있는 인물이라면 천하에서 어느 누구도 그 사람에 대적할 길이 없다. [10]

동중서는 천자나 제후왕은 윗자리에 있으면서 '천'의 인함을 가진 사람을 지칭하는 것이라고 보았으며, 그들은 모든 백성들의 마음을 얻고 온 천하가 흠모하는 존재로서 백성들 모두가 앞을 다투어 그들에게 귀의한다고 생각했다. 이는 맹자가 언급한 "어진 사람은 대적할 사람이 없다."[11]라고 하는 것과 같은 의미

---

9) 薩孟武『中國政治思想史』, 臺北, 三民書局, 1967년, 208~209쪽 참조.

10) 『春秋繁露』, 「滅國上」, "王者, 民之所往. 君者, 不失其群者也. 故能使萬民往之, 而得天下之群者, 無敵於天下."

11) 『孟子』, 「梁惠王上」, "仁者無敵."

이다. 이러한 사실을 통해서 동중서가 언급하는 천자나 혹은 제후왕은 이미 숭고한 도덕수양을 갖춘 윗자리에 있는 사람임을 예단할 수 있다. 이러한 군주와 백성의 관계는 인간의 마음과 육체의 관계와 매우 유사하다고 할 수 있는데, 이는 고대인들이 육체는 마음의 지시에 의해서 행동하는 것이라고 생각한 소치라고 할 수 있다. 군주가 만일 "효도와 공경을 소중히 하고 예절과 직분을 달가워하며 사랑과 염치를 중시하고 재물과 이익을 경시한다."[12]라고 한다면 백성들은 자연히 아래에서도 착한 짓을 하게 되는 것이다.

백성들이 제대로 된 군주에 의해서 통치 받기 위해서는 무엇보다도 먼저 군주 자신의 정서와 성품이 올바르게 되어야만 한다. 비록 동중서에게 있어서의 군주와 백성들 사이에는 정치적인 관계로 연결되어 있지만, 그 출발점은 여전히 '천'에 연결되어져 있기 때문에 군주는 '천'의 뜻을 계승하여 백성을 교화시켜야만 한다고 하는 것이다. '천'이 비록 백성을 낳아서 백성은 선한 성품을 가질 수 있지만 그들의 성품은 온전히 선한 것은 아닌 것이다. 즉 백성들의 인성에는 선함도 있고 악함도 있기 때문에 선함이 많고 악함이 적거나 혹은 선함이 적고 악함이 많을 수 있는 것이다. 그러나 인성은 역시 선함을 향하는 것이라고 할 수 있다. 이와 같은 사실로 미루어 본다면 후천적으로 선함으로 향하는 능력이 강할 경우 선한 쪽으로 가게 되고, 후천적으로 악함으로 향하는 능력이 강할 경우 악한 쪽으로 기울어

12) 『春秋繁露』, 「爲人者天」, "貴孝弟而好禮義, 重仁廉而輕財利."

지게 된다는 것을 알 수 있게 된다.

동중서는 인성에 대하여 본성과 선함의 관계를 벼와 쌀로 비유한다.

> 성은 벼에 비유되고, 선은 쌀에 비유될 수 있다. 쌀이 벼 안에서 생겨나더라도 벼 단계는 아직 온전하게 쌀과 동일시될 수 없다. 이처럼 선과 쌀은 사람이 하늘의 생성 작업을 이어받아서 외적인 노력을 들여서 완성시키는 것이므로 하늘이 생성하는 내적 계기 안에서 완결되는 것은 결코 아니다.[13)]

즉 쌀은 벼에서 나오는 것이지만 그렇다고 해서 벼를 쌀이라고 부르지는 않는다는 것처럼 선함은 본성에서 나오는 것이지만 본성 자체를 선함이라고 하지는 않는다는 것이다. 동중서는 비유의 방법을 통하여 인성에 대하여 언급하면서, 한편으로는 인간의 본성은 선한 가능성을 갖고는 있지만 온전한 선함을 갖추기 위해서는 군주의 예악에 의한 교화가 반드시 필요하다고 했다. 군주의 통치는 반드시 인간의 선천적인 정욕과 애증을 기반으로 시행되어야 하는 것으로, 이러한 것이 바로 동중서 정치실행의 출발점이 되는 것이다.

동중서의 정치사상 가운데 통치의 원칙에 대해서는 언급하자면 한마디로 말해서 '천'의 통치원리를 본받는 것이라고 할 수

---

13) 『春秋繁露』, 「深察名號」, "性比於禾, 善比於米. 米出禾中, 而禾未可全爲米也. 善出性中, 而性未可全爲善也. 善與米, 人之所繼天而成於外, 非在天所爲之內也."

있다. 즉 덕을 주로 하고 법률을 보조로 하는 것으로서 사상의 교화를 주로하고 법률과 예의규범을 보조 수단으로 한다는 것이다. 군주의 통치에 관한 총체적인 원칙은 바로 '천'의 통치원리를 본받는 것으로 덕을 주로하고 법률을 보조로 하는 것에 있다. 그렇기 때문에 사상적인 측면에 있어서 가장 중요한 것은 '육예六藝'의 학문으로 백성들이 선함을 향하여 나갈 수 있도록 인도해야함과 동시에 예의와 법률로서 보조를 해야 하는 것이다. 이처럼 덕을 위주로 하고 법률로 보조하는 것은 비유하자면 천도天道에 음기陰氣와 양기陽氣가 병존하고 있지만, 일반적으로 양기를 위주로 하는 것과 같은 것으로 군주 역시 덕과 법률을 가지고 있지만 덕을 위주로 해야 한다는 것이다. 또한 동중서는 덕의 중요성에 대하여 역설 했지만 덕만을 베풀 것을 주장하지 않고 법률을 필요할 때 시의 적절하게 적용해야 함도 강조했다.

동중서는 백성들을 통치함에는 우선적으로 그들을 부유하게 만들어주고 난 뒤에 교육을 시켜야 한다고 생각했다. 또한 그는 만일 백성들을 부유하게 만드는 것이 여의치 않을 경우 최소한 그들이 빈곤한 지경에 처하지 않게 해야 한다고 했다. 동중서는 공자의 "빈곤함은 걱정하지 않고 고루 분배되지 않음을 걱정한다."[14]라고 하는 언급을 인용했는데, 이는 사회적 재화를 조정에서 균등하게 골고루 분배해야 하는 것을 의미하는 것이지만, 그렇다고 해서 일률적으로 평등하게 배분하라는 의미는 아니고 신분계층에 맞춰 분배하라는 의도가 담겨져 있다고 할 수 있다.

14) 『春秋繁露』, 「度制」, "不患貧而患不均."

동중서는 귀천에도 차등이 있으며 백성들이 제각기 계급제도의 규정에 의거해서 신분에 맞는 물질적 향유를 누려야 한다고 생각했다.

> 성인이 하는 일은 제방을 쌓는 것과 닮았다. 그는 제도를 정비하고 예절을 마련한다. 그 결과 고귀한 신분과 비천한신분이 등급으로 구분되고 옷과 장신구가 제도에 의해 착용되고 조정에도 품계를 두고 지역 공동체에도 나이에 따라 서열을 두게 되면 백성들은 양보를 하게 되어 결코 다투는 일이 없게 된다. 이것은 백성들을 통일시키는 바탕이다.[15)]

동중서는 공자의 "군자는 이익을 독점해서는 안 되며 일반 백성의 몫을 남겨 두어야 한다."[16)]는 언급을 인용하여 권력자가 백성들과 이익을 다퉈서는 안 된다고 했다. 그래서 그는 "현명한 성왕께서는 하늘이 한 바에 따라 한계를 제도로 만들었다. 이에 많은 봉록을 받는 자라면 모두 자잘한 곳에서 나는 이익을 차지할 수도 없고 일반 백성들과 이익을 다투는 생업에 종사해서도 안 된다. 이것은 하늘이 정한 이치다."[17)]라고 했는데, 이와 같이 하게 되면 사회를 안정적으로 통치할 수 있게 된다는 것이다.

---

15) 『春秋繁露』, 「度制」, "聖人之道, 衆堤防之類也. 謂之度制, 謂之禮節. 故貴賤有等, 衣服有制, 朝廷有位, 鄕黨有序, 則民有所讓而不敢爭, 所以一之也."

16) 『春秋繁露』, 「度制」, "君子不盡利以遺民."

17) 『春秋繁露』, 「度制」, "明聖者象天所爲, 爲制度, 使諸有大奉祿亦皆不得兼小利, 與民爭利業, 乃天理也."

동중서는 군주가 백성들의 노역을 경감시켜주고 대지주의 토지독점 문제를 해결하여 백성들 사이에 빈부의 격차를 줄여야 한다고 하였으며, 백성들이 재화를 축적할 수 있도록 소금과 철 등의 천연자원에 대한 전매를 폐지할 것을 주장했다. 이러한 정책들은 동중서가 일반 백성들의 경제적 수준을 향상시키기 위해 고심한 끝에 제시한 정책들이라고 할 수 있다. 동중서가 언급한 군주와 백성의 관계설정에 있어서 최종적인 목적은 군주가 백성들을 아끼고 사랑하는 것이고 백성들은 군주를 공경으로 모시는 것에 있었다고 할 수 있다. 이러한 목적을 달성시키기 위해서 동중서는 '천'의 권위로 군주를 제약하려고 했으며, 교육을 통하여 백성들의 도덕성을 제고시키고자 했던 것이다.

4. 군주와 지식인의 관계

동중서의 정치사상 가운데 가장 핵심적인 요소는 정부 시스템을 사대부 계층으로 구성해야 한다는 주장이다. 이러한 사대부들의 지식체계는 『춘추공양春秋公羊』과 음양오행사상이 그 구심점의 역할을 하고 있다. 사대부 계층은 동중서의 정치사상 가운데 중요한 부분을 차지하고 있는데, 동중서는 군주가 현명한 신하를 얻어 군주와 신하가 일심동체가 될 때 비로소 국가의 통치가 원활하게 될 수 있다고 생각했다. 그래서 군주는 반드시 사대부 계층을 양성하고 사대부의 수를 늘려야하는 것이며, 그 일환으로 태학을 건립하여 사대부들을 길러내야 한다고 했다. 태학에서의 연구범위는 '육예'와 공자의 학설만으로 제한했으며, 재학생들 가운데 시험을 통하여 정부에 필요한 유능한 인재를 선발하였다. 또 다른 유능한 인재를 선발하는 방법으로는 천거 제도가 있었다. 이러한 시스템은 기존에 존재하고 있었지만 동중서는 이러한 시스템의 효용성을 매우 강하게 강조했다.

'육예'는 태학에서 가르치는 주요한 과목이었으며, 이는 춘추전국시대 이래로 전해져 내려온 '육예'의 전통과 해석이 결합되어진 것이다. 그렇기 때문에 음양오행 및 잡가의 해석학적 전통이 남아있었던 것이다. 당시의 지식인들은 이러한 의식형태를 흡수했으며, 이러한 관념들을 제국 전체의 운영과 발전의 방향으로 삼았던 것이다. 동중서는 음양과 오행의 관점으로 만물의 구성을 보았으며, 사물과 사물의 관계 역시 그러한 관점을 중심으로 파악했다. 오행이라고 하는 것은 사물을 구성하는 다섯 가지의 원소로서, 그것들 사이에는 즉 금·목·수·화·토 사이에는 상생과 상승의 관계로 이루어져 있다. 동중서는 인간 세상의 운행은 즉 정치를 포함한 모든 운행은 반드시 오행의 상생과 상승의 법칙을 준수해서 진행되는 것이라고 보았다.

> 천지의 기는 서로 결합하여 일체를 이루었다가 음과 양으로 나누고 네 계절로 쪼개어지고 오행으로 펼쳐진다. 행이란 나아가는 길이다. 그 길이 같지 않기 때문에 다섯 가지 길이라고 한다. 오행은 다섯 가지의 직무를 가리킨다. 바로 옆에 붙어있는 두 행은 상생의 관계고, 하나를 건너뛴 두 행은 상승의 관계다. 따라서 이러한 관계를 잘 관리해야 한다. 이러한 관계를 어기면 혼란스러워지고 이 관계를 잘 준수하면 질서 있게 된다.[18)]

동중서는 음양의 관계에 대해서 음이 양을 이길 수도 있고 양이 음을 이길 수도 있다고 보았다. 그러나 양의 기운이 매우 강력하게 되더라도 음은 완전히 소실되는 것이 아니고, 음의 기운이 매우 강하게 되더라도 양이 완전하게 소실되는 것은 아니다. 이 둘은 상존과 상충의 관계라고 할 수 있으며, 동중서의 견해에 의하면 양이 음을 이기는 것이 정도이지만 때로는 음이 양을 이기는 경우도 출현한다고 했다.[19] 또한 동중서는 제국의 정치적 운용은 반드시 이와 같은 음양오행의 관념을 준수하여 이루어져야 한다고 생각했다.

동중서의 정치사상 가운데 있어서 관직 체계는 사대부들을 중심으로 조직되었는데, 그러한 조직 체제는 '천도'를 모방하여 구성되었는데, 그의 『천인삼책天人三策』 속에서는 군주 → 조정 → 관료 → 백성 → 천하의 도식으로 나타나 있다. 군주로부터 백성에 이르는 중간에 관직 체계가 존재하는데, 이러한 체계는 백성들을 다스리고 교화하는 기능을 담당하고 있다. 이러한 체계에 대해서는 『춘추번로春秋繁露』, 「관제상천官制象天」에 자세하게 기술되어져 있는데, 간략하게 언급하자면 삼공三公과 구경九卿, 이십 칠 대부大夫와 팔십일 원사元士로 모두 백 이십 명으로 이루어진 관직 시스템이다.

---

18) 『春秋繁露』, 「五行相生」, "天地之氣, 合而爲一, 分爲陰陽, 判爲四時, 列爲五行. 行者行也, 其行不同, 故謂之五行. 五行者, 五官也, 比相生而間相勝也. 故爲治, 逆之則亂, 順之則治."

19) 음양의 관념을 변증법의 존재형식으로 보는 관점도 있다. 이러한 변증법적 관점은 선진사상사에서 이미 출현했다고 한다. 宮哲兵, 『晩周辨證法史硏究』, 上海, 上海古籍出版社, 1988년, 47쪽 참조.

동중서의 정치사상 속에서의 군주의 실제적인 통치는 무위無爲의 통치를 추구하는 것이었다고 할 수 있다. 그는 "군주가 권력을 내려놓고서 자신의 권세를 유지한 적은 없었고, 귀천의 차등이 없으면서 자신의 지위를 온전하게 한 적이 없다."[20]라고 언급하고 있는데, 이는 군주가 반드시 군왕의 권력을 장악해야 하며 한시도 그러한 권력을 놓아서는 안 되는 것임을 강조하는 것이며, 신분상의 귀천의 차등을 반드시 두어야 함을 역설하면서, 만일 그렇지 않을 경우 군주의 지위를 보전하지 못한다는 것을 강조한 것이다. 또한 이러한 신분상의 귀천의 차등은 예의와 법도로서 제정해야 하는 것이라고 했다. 동중서는 "이렇기 때문에 군주가 된 자는 자신의 시은권을 굳건하게 지켜서 백성들을 자신에게 달라붙게 만들고 자신의 권력을 잡아서 신하를 규제해야 한다."[21]고 했는데, 시은권施恩權을 굳게 지킨다는 것은 군주의 내재적 요구에 해당하는 것이고, 자신의 권력을 잡는다는 것은 외재적 운용을 의미한다고 볼 수 있다. 또한 동중서는 군주는 인간사에 대하여 매우 정밀한 변별능력을 가지고 있어야 한다고 했다. 무위의 통치는 완벽한 제도적 뒷받침과 군주의 뛰어난 능력을 기초로 해서 시행될 수 있는 것이며, 이러한 무위의 통치는 '천'의 법칙을 모방하여 만든 것이라고 할 수 있다.

20) 『春秋繁露』, 「王道」, "未有去人君之權, 能制其勢者也; 未有貴賤無差, 能全其位者也."

21) 『春秋繁露』, 「保位權」, "是故爲人君者, 固守其德, 以附其民; 固執其權, 以正其臣."

동중서는 또 다른 방식으로 무위에 대하여 언급하는데, 바로 '귀신貴神'이다. '신神'이란 것은 그것이 어떻게 그렇게 된 것임을 알지 못한다는 의미인데, 마찬가지로 군주는 음에 거하면서 양에서 실행해야 한다는 것이다. 즉 양은 군주의 지위에 있으면서 권력을 행사함을 의미하고, 음은 일을 진행하는 과정을 의미한다. 이러한 것 역시 무위의 통치술이라고 할 수 있는 것이다.

동중서는 군주가 덕을 상실했을 때뿐만 아니라 신하가 참월을 했을 때에도 하늘이 '재이'를 내린다고 하였다. 그렇다면 '천'이 어떻게 인간 세계의 대리자인 천자에 대하여 만족하는지 그렇지 않은지를 표시할까? '천'의 뜻은 직접적인 말을 통하여 표출되는 것이 아니고 상서로운 조짐과 재앙을 통해서 표출되는 것이기 때문에 제왕이 흥성하거나 멸망의 길을 가게 될 때는 반드시 인간 세상에 상서로운 조짐이나 재앙이 출현한다는 것이다. 그래서 그는 "제왕이 미래에 출현하려고 하면 상서로운 조짐이 먼저 나타나고, 머지않아 사라지려고 하면 요망한 이변 현상이 먼저 나타난다."[22]고 했던 것이다. 그렇다면 누가 이러한 '천'의 뜻을 헤아려 해석하는 것일까? 동중서는 유학자들에 의해서 해석되어져야 한다고 했다. 동중서나 유향劉向과 같은 학자들이 『한서漢書』, 「오행지五行志」에서 '재이'에 관한 해석들을 해놓은 것을 바탕으로 추론해볼 때, 일정한 학식과 도덕을 겸비한 학자에 의해서 '재이' 현상이 해석되었다는 사실을 파악할 수 있다. 이러한 해석은 동일한 사상의 훈습을 받은 사대부들의 정신적인

22) 『春秋繁露』, 「同類相動」, "帝王之將同也, 其美祥亦先見; 其將亡也, 妖孽亦先見."

연대감을 형성시켜 줬는데, 이러한 점들이 바로 사대부들을 양성하는 주요한 원인으로 작용했던 것이다. 다시 말하자면 이러한 유학자들의 '재이'에 대한 해석은 '천'의 권위를 통하여 천자의 권력에 일정한 제약을 가하려 했던 당시의 지식인들의 염원이 담겨져 있었던 것이라고 할 수 있다.

동중서의 정치사상에는 『춘추』와 음양오행사상이 융합되어져 있는데, 이는 천자의 정치권력을 그러한 사상체계 속에 넣으려는 의도 역시 담겨져 있다고 판단된다. 이와 같은 유가의 학설은 제왕의 권력을 지도하고 감독하고 제한하는 역할을 할 수 있는 것이다. 즉 동중서의 목적 역시 『춘추』와 음양오행의 이론을 근거로 『춘추』의 윤리질서에 부합하는 정치권력의 운용 시스템을 건립하는데 있었던 것이라고 할 수 있다. 천자의 권력은 '천'으로부터 온 것이고, 이러한 권력의 합리성은 덕에 있는 것이라고 할 수 있다. 마찬가지로 '천명'의 부여와 그 대상은 항상 바뀔 수 있는데, 그러한 근거는 바로 덕을 유지하고 있는지의 여부에 관련되어 있는 것이다.

5. 제후에 대한 정책과 대외정책

동중서가 언급한 제후에 대한 정책과 이국에 대한 정책은 『춘추번로』에 다음과 같이 잘 나타나 있다.

『춘추』의 세계는 정립한 원칙에 따르면, 천자는 하늘과 대지

> 에 제사 드리고, 제후는 토지 신과 곡식 신에게 제사 드리지만 분봉 받은 영토 밖의 산천의 신에게는 제사 지내지 않는다. 천자가 건재할 때 제후는 독단적으로 토지를 취득할 수 없고, 독단적으로 영토를 타인에게 분봉할 수 없고, 독단적으로 천자에게 소속된 대부를 체포할 수 없고, 천자가 즐기는 음악과 무용을 공연할 수 없고, 천자가 거두는 세금을 징수할 수 없고, 천자를 대변하는 인물과 필적할 수 없다. 신하와 자식들은 군주와 아버지를 거슬리거나 죽이려는 마음을 품어서는 안 된다. 만일 그들이 그렇게 계획한다면 그 자체만으로도 처형의 대상이 된다. 대부는 자신의 지위를 세습시킬 수 없다. 대부는 군주의 명령을 따르기만 할 뿐이다. …… 가까운 이를 친하게 대우해서 먼 이를 오게 하니 가까운 이를 먼저 하지 않고 먼 이를 이르게 하는 경우는 아직 없었다. 그러므로 『춘추』의 작자는 노나라와 중원 국가가 상충할 때 전자를 우선으로 하고 후자를 차선으로 여긴다. 또 중원과 사방의 이민족이 상충할 때 전자를 우선으로 하고 후자를 차선으로 여긴다. 이것은 가까운 데에서 시작하는 것을 말한다.[23)]

한나라 초기의 제후는 그 존재만으로도 중앙정부에 위협적인 요인이었다. 그래서 동중서가 군주와 신하의 구분을 특별하게 강조한 것도 그러한 제후들의 위협적인 요인을 염두에 둔 맥락

---

23) 『春秋繁露』, 「王道」, "春秋立義, 祭天地, 諸侯祭社稷, 諸山川不在封內不祭. 有天子在, 諸侯不得專地, 不得專封, 不得專執天子之大夫, 不得舞天子之樂, 不得致天子之賦, 不得適天子之貴. 君親無將, 將而誅. 大夫不得廢置君命. …… 親近以來遠, 未有不先近而致遠者也. 故內其國而外諸夏, 內諸夏而外夷狄, 言自近者始也."

에서 나온 것이라고 할 수 있는 것이다. 또한 중원과 주변의 이민족 국가들과의 관계에 대해서 동중서는 이민족 국가들은 중원에 비하여 문화적으로 낙후해 있기 때문에 그들에게는 강력한 변화의 요인이 존재하지 않는 다고 생각했다. 또한 그는 이민족 국가들의 변화 역시 피동적이기 때문에 문화를 이용하여 점진적으로 감화시켜 중원에 순응하게 만들어야 한다고 주장했던 것이다.[24] 천자나 제후는 함께 천하를 다스리기는 하지만 각자에게 주어진 직권은 분명한 차이가 존재한다. 춘추시대의 제후들은 그 세력이 매우 강력했던 반면 천자의 통치력은 매우 미약했었기 때문에 천자의 권위를 강조했던 것이다. 이러한 현상은 한나라 초기의 정치적 상황과 매우 흡사했었지만, 경제景帝와 무제武帝시대를 거치면서 천자의 권력은 점차 공고해져 간다. 동중서의 이러한 관념은 천자의 권위를 더욱 공고하게 만들어주는 수단으로 변모하게 된다.

만일 『춘추』의 봉건제도 정신 및 동중서가 언급한 제후제도의 설립 원리에 의한다면 제후제도는 마땅히 있어야만 하는 것이다. 동중서는 제후제도의 문제는 천자와 제후왕 사이의 권력의 균형을 어떻게 유지하느냐에 있는 것으로, 단지 도덕관념이나 사상으로서 제약한다는 것은 공허한 메아리에 불과한 것으로 아무런 실효성이 없다고 생각했다. 제후는 천자의 아래에 있는 한 국가의 군주로 『춘추』의 대부분의 언급은 천자와 제후 및 제후와 제후들 사이의 관계설정에 대한 것으로 채워져 있다고 할 수

24) 周桂鈿, 『董仲舒評傳』, 南寧, 廣西教育出版社, 1995년, 122쪽 참조.

있다. 춘추시대의 정치제도는 중앙과 지방분봉제도 시스템이었다고 할 수 있는데 이를 봉건제도라고도 한다. 동중서는『춘추』의 학설을 계승하였기 때문에 그는 자연히 봉건제도를 지지했던 것이다.

천자의 아래에 있는 제후 역시 자신이 통치하는 국가의 관직 시스템을 정교하게 갖추고 있는데, 이러한 제후국의 관리들은 어떻게 선발하는 것일까? 만일 중앙정부에서 양성하고 그들을 제후국의 관리로 임명한다면 중앙집권제로 변모하기 쉽게 되어 제후의 권력은 명목상에만 존재하는 것이 될 것이다. 또한 만일 제후국의 관리들을 제후국 자체에서 양성하고 자체적으로 임명하게 된다면 중앙정부의 권위는 쉽게 무시될 것이고 제후들의 권세는 크게 신장될 것이다. 이와 같은 문제점에 대하여 동중서는 다음과 같은 방안을 제시한다.

> 나무의 줄기 즉 천자의 위세를 강화시키고, 가지 즉 제후왕의 권세를 약화시키고 본류에 있는 자를 중시하고 곁가지에 있는 자를 경시한다. 네 번째 지침이다. 범죄로 진행될 수 있는 행위와 그렇지 않은 행위를 구별하고 같은 종류의 차이를 밝힌다. 다섯 번째 지침이다. 탁월한 재능의 역할을 논의하고 탁월한 분야의 능력을 구별한다. 여섯 번째 지침이다. …… 나무의 줄기 즉 천자의 위세를 강화시키고, 가지 즉 제후왕의 권세를 약화시키고 본류에 있는 자를 중시하고 곁가지에 있는 자를 경시하면, 군주와 신하의 직분이 뚜렷하게 나뉘게 된다. 범죄로 진행될 수 있는 행위와 그렇지 않은 행위를 구별하고 같은 종류의 차이를 밝히면, 옳고 그름의 기준이 뚜렷하게 된다. 탁월한 재능의 역

할을 논의하고 탁월한 분야의 능력을 구별하면, 모든 관원의 서열이 매겨지게 된다.[25)]

동중서의 나무의 줄기와 가지 및 본류에 있는 자를 중시하고 곁가지에 있는 자를 경시한다는 언급은 천자와 제후의 관계를 지칭하는 것이라고 할 수 있다. 또한 그는 천자와 제후의 관계는 군주와 신하라고 하는 관계설정을 분명하게 구분 지어야한다고 했는데, 그러한 관계설정의 방법론으로는 본류에 있는 자를 중시하고 곁가지에 있는 자를 경시한다는 것이 있다는 것을 제시하고 있다. 그러나 천자가 어떠한 방법으로서 본류에 있는 자를 중시하고 곁가지에 있는 자를 경시한다고 하는 것을 유지할 수 있는가에 대해서 동중서는 법가의 사상을 참고하여 천자가 권력과 통치술을 적절하게 운용하고, 태학을 설립하여 중앙정부에서 인재를 육성하는 방법 등을 대안으로 제시한다.

한나라 초기의 대외정치 상황은 흉노의 위협이 매우 심각한 상태였다고 할 수 있다. 그러나 동중서는 이러한 점에 대해서는 역점을 두어 정책대안을 제시 하지 않는다. 동중서는 자신의 사상체계 속에서 "그러므로 『춘추』의 작자는 노나라와 중원 국가가 상충할 때 전자를 우선으로 하고 후자를 차선으로 여긴다. 또 중원과 사방의 이민족이 상충할 때 전자를 우선으로 하고 후

25) 『春秋繁露』, 「十指」, "强干弱枝, 大本小末, 一指也. 別嫌疑, 異同類, 一指也. 論賢才之義, 別所長之能, 一指也. …… 强干弱枝, 大本小末, 則君臣之分明矣. 別嫌疑, 異同類, 則是非著矣. 論賢才之義, 別所長之能, 則百官序矣."

자를 차선으로 여긴다. 이것은 가까운 데에서 시작하는 것을 말한다."[26]라는 점을 강조하는 한편 문화적 우월성의 측면에서 출발하여 "사방의 이민족이 몇 차례 통역을 해가면서 중원지역의 국가로 조회를 온다."[27]는 상황이 되기를 희망했던 것이다. 그러나 흉노의 한나라에 대한 위협은 매우 심각했기에 직접적인 무력충돌은 피할 수 없는 상황에까지 이르게 되었다. 그렇지만 동중서는 무력의 사용에 대하여 반대의 입장을 견지하면서 전대의 정책을 계승하여 화친을 주장한다. 이처럼 동중서는 이민족과의 대외관계에 있어서 전쟁의 수단을 사용하지 말 것을 강력하게 주장하는데, 그러한 주된 목적은 바로 백성들을 아끼고 사랑하는 데에 있었던 것이라고 할 수 있다. 그렇지만 이러한 사상은 피동적으로 흉노의 수용여부를 기대할 수밖에 없었기 때문에 강력한 반격의 책략을 수립할 수 없었다. 그렇기 때문에 이러한 대외정책은 무제에게 채택되지 못하는 신세로 전락하고 만다.

6. 맺는 말

이상과 같이 동중서의 정치사상에 대하여 '천'과 군권의 관계, 백성에 대한 통치 방식, 군주와 지식인의 관계, 제후에 대한 정책과 대외정책을 중심으로 살펴보았는데, 이를 정리하면 다음과 같다.

---

26) "故內其國而外諸夏, 內諸夏而外夷狄, 言自近者始也."

27) 『春秋繁露』, 「王道」, "四夷傳譯而朝."

동중서의 사상체계 속에서 제국 군주의 정권의 정당성은 '천'에 근원을 두는 것이라고 할 수 있는데, 이때의 '천'과 인간은 일체로서 천인지간의 권력관계는 '천'이 가장 우선이고 그 차선이 군주이며 백성이 그 다음이다. 이러한 도식은 '천'으로부터 인간의 권력에 이르는 체계를 언급한 것이라고 할 수 있다. 즉 그는 '천'이 '천명'을 군주에게 내려주고, 군주는 '천명'을 받아서 인간 세계를 통치하고 관리한다고 하는 의미인 것이다. 이러한 관념체계는 일종의 '군권천수' 혹은 '군권신수'라고 말할 수 있다. 군주는 '천'의 인간세계 대리자로서, 만일 이러한 인간 세계의 대리자인 군주가 덕을 상실하게 된다면 '천'은 그의 권력을 박탈하고 새로운 대리자를 선정할 수 있다고 동중서는 생각했다. 또한 '천'의 뜻은 직접적인 언어로 표출되는 것이 아니고 상서로운 조짐을 내려주거나 재앙을 내려주는 것을 통하여 보여주는 것이기 때문에 군주의 흥망성쇠와 관련하여 인간 세상에는 상서로운 조짐과 재앙이 발생하게 된다고 주장했던 것이다.

동중서는 군주가 백성들의 노역을 경감시켜주고 대지주의 토지독점 문제를 해결하여 백성들 사이에 빈부의 격차를 줄여야 한다고 하였으며, 백성들이 재화를 축적할 수 있도록 소금과 철 등의 천연자원에 대한 전매를 폐지할 것을 주장했다. 이러한 정책들은 동중서가 일반 백성들의 경제적 수준을 향상시키기 위해 고심한 끝에 제시한 정책들이라고 할 수 있다. 동중서가 언급한 군주와 백성의 관계설정에 있어서 최종적인 목적은 군주가 백성들을 아끼고 사랑하는 것이고 백성들은 군주를 공경으로 모시는 것에 있었다고 할 수 있다. 이러한 목적을 달성시키기 위해서 동중서는 '천'의 권위로 군주를 제약하려고 했으며, 교육을 통하여 백성들의 도덕성을 제고시키고자 했던 것이다.

사대부 계층은 동중서의 정치사상 가운데 중요한 부분을 차지하고 있는데, 동중서는 군주가 현명한 신하를 얻어 군주와 신하가 일심동체가 될 때 비로소 국가의 통치가 원활하게 될 수 있다고 생각했다. 그래서 군주는 반드시 사대부 계층을 양성하고 사대부의 수를 늘려야하는 것이며, 그 일환으로 태학을 건립하여 사대부들을 길러내야 한다고 했다. 태학에서의 연구범위는 '육예'와 공자의 학설만으로 제한했으며, 재학생들 가운데 시험을 통하여 정부에 필요한 유능한 인재를 선발해야 한다고 하였다. 또한 그는 유능한 인재를 선발하는 방법으로는 천거제도를 적극 활용해야 한다고 주장했는데, 이러한 시스템은 기존에 존재하고 있었지만 동중서는 이러한 시스템의 효용성에 더욱 커다란 의미를 부여했던 것이다.

동중서는 군주와 신하의 구분을 특별하게 강조했는데, 이는 제후들의 위협적인 요인을 감안한 것에서 나온 것이라고 할 수 있다. 또한 중원과 주변의 이민족 국가들과의 관계에 대해서 동중서는 이민족 국가들은 중원에 비하여 문화적으로 낙후해 있기 때문에 그들에게는 강력한 변화의 요인이 존재하지 않는 다고 하였으며, 이민족 국가들의 변화 역시 피동적이기 때문에 문화를 이용하여 점진적으로 그들을 감화시켜 중원에 순응하게 만들어야 한다고 했다.

동중서는 천자와 제후의 관계는 군주와 신하라고 하는 관계설정을 분명하게 구분 지어야한다고 했는데, 그러한 관계설정의 방법론으로는 본류에 있는 자를 중시하고 곁가지에 있는 자를 경시한다는 것이 있다는 것을 제시하고 있다. 또한 이러한 것을 유지할 수 있는 방법에 대해서 그는 법가의 사상을 참고하여 천자가 권력과 통치술을 적절하게 운용하고, 태학을 설립하여 중앙정부에서 인재를 육성하는 방법 등을 대안으로 제시한다. 또한 동중서는 이민족과의 대외관계에 있어서 전쟁의 수단을 사용하지 말 것을 강력하게 주장하는데, 그러한 주된 목적은 바로 백성들을 아끼고 사랑하는 데에 있었던 것이라고 할 수 있다.

참고문헌

蘇輿, 『春秋繁露義證』, 北京, 中華書局, 1992년.

班固, 『漢書』, 北京, 中華書局, 1990년.

周桂鈿, 『董學探微』, 北京, 北京師範大學出版社, 1989년.

周桂鈿, 『董仲舒評傳』, 南寧, 廣西教育出版社, 1995년.

徐復觀, 『兩漢思想史』, 卷二, 臺北, 學生書局, 1985년.

馮友蘭, 『中國哲學史新編』, 臺北, 臺灣商務印書館, 1996년.

薩孟武, 『中國政治思想史』, 臺北, 三民書局, 1967년.

宮哲兵, 『晚周辨證法史研究』, 上海, 上海古籍出版社, 1988년.

김혜승, 『유교의 뿌리를 찾아서』, 서울, 지식의 풍경, 2001년.

제11장 양웅의 정치사상

1. 시작하는 말

중국의 진정한 통일제국은 진나라시기부터 시작되었다고 할 수 있다. 상나라나 주나라 정권은 수많은 제후국의 수장의 역할을 했었으며, 제후국과 그들의 수장은 친족관계로 연결되어 있었다. 진나라에 의한 통일제국의 건국은 그 후로 이천 여 년에 걸쳐서 중국의 운명에 지대한 영향을 끼치게 된다. 진나라에 의한 통일은 봉건제도처럼 각국에 혈연관계에 있는 사람들을 제후로 파견하여 중앙정부와 평면적으로 결합된 정치체제의 출현을 철저하게 봉쇄하는 효과를 가져왔다.

진한시기 통일제국의 건립은 군주와 신하의 관계에 새로운 전기를 마련하는 계기가 되었는데, 즉 군주와 신민 사이에는 종속관계가 형성되어 신민은 군주에게 예속되었으며, 군주는 정치적으로 신민계층의 지위를 통솔하는 입장에 있게 된다. 진시황의 수많은 정치적 조치들은 제도상에 있어서 봉건제도를 폐지하고 군현제를 시행하여 중앙집권체제를 공고히 하였던 것에 잘 나타나 있다. 이러한 조치는 중국만의 독자적인 정치시스템으로서 청나라 말기까지 이어지게 된다. 문화적인 측면에서는 문자를 통일시키는 조치를 단행하여 결과적으로 각각의 지역에 존재하던 각종각양의 지역문화들을 하나로 융합시키는 계기를 마련하게 된다. 이러한 대변혁은 역사발전의 이정표가 되었을 뿐만 아니라 정치사적으로도 일대 혁신적인 사건이었다고 할 수 있다.

양웅은 서한말기에 생존했었는데, 당시의 정치현실은 외척세력이 정치권력을 제멋대로 휘두르며 간신배무리가 득세하여 정치를 농단하던 매우 혼란한 상황이었다. 양웅이 과거의 역사적 사실에 대하여 언급한 것은 사실은 그러한 역사적 사실을 통하여 경각심을 높이기 위해서였다고 할 수 있다. 진나라가 육국을 통일하고 한무제가 사방의 이민족을 복종시킨 이후로부터 양웅의 시대에 이르기까지 이백 여년의 세월이 흘러 한제국의 운명이 쇠락해가는 시점에서 그는 진나라와 한나라의 흥망에 대한 해석을 통하여 자신의 현실정치의 변화에 대한 느낌과 견해를 투영해 보였던 것이다.

서한시기의 유학사상을 전반적으로 종합 정리하여 자신만의 사상체계를 이룩한 양웅의 정치사상은 서한말기의 정치현실을 이해하는 관건적인 요소라고 할 수 있으며, 서한시기의 유학사상과 동한시기의 유학사상을 연결시켜 주고 있는 연결고리로서 그 중요성은 충분하다고 판단된다.

2. 성인의 통치

양웅이 『법언』에서 나타낸 정치사상은 기본적으로 예악문화에 의한 교화를 중시하는 것이었으며, 구체적으로는 법도와 국가기강의 확립을 통하여 고대의 성왕이 통치하던 이상국가의 실현을 염원하는 것이었다. 이러한 양웅의 정치에 대한 견해는 완전히 공자의 정치사상과 일맥상통하는 것이라고 할 수 있다.

> 어떤 사람이 "태고 시절에는 법이 없이도 평화롭게 다스려졌다고 합니다. 법이 세상을 다스리는 수단은 아닌 듯합니다."라고 말했다. 그러자 "방법이나 도리가 없는 태고 시절에는 사람들의 생활도 동물적이어서 성인은 좋다고 하지 않았다. 그런 까닭에 법은 복희씨 때에 시작되어 요임금 때에 완성 된 것이다. 복희씨도 요임금도 아닌 다른 사람이었다면 예의에 결점이 많아 후세의 성인이 쓰지 않았을 것이다."[1)]

> 요임금이나 순임금 문왕에게로 가는 사람은 정도요, 요임금·순임금·문왕이 아닌 데로 가는 사람은 타도이다. 군자는 정도로 향하여 갈 것이지 타도로 가서는 안 된다.[2)]

> 어떤 사람이 무위에 대해 물으니, 무엇 때문에 인위적으로 일

---

1) 『法言』, 「問道」, "或曰: 太上無法而治, 法非所以爲治也. 曰: 鴻荒之世, 聖人惡之, 是以法始乎伏犧而成乎堯, 匪伏匪堯, 禮義哨哨, 聖人不取也."

2) 『法言』, 「問道」, "適堯舜文王者爲正道, 非堯舜文王者爲它道, 君子正而不它."

> 을 하겠습니까? 옛날 순임금과 우임금은 요임금의 지위를 물려받아 요임금의 도를 그대로 행했는데, 법도가 밝혀지고 예악이 현저하게 드러났으며, 소매를 늘어뜨리고서 두 손을 마주 잡고 아무 일도 하지 않으면서 천하의 백성들이 풍부하게 번영하는 모습을 지켜보는 것이 바로 무위입니다. 탕왕은 걸왕의 뒤를 잇고 무왕은 주왕의 뒤를 이었는데, 법도는 이미 폐기되고 예악은 어그러진 상태였으니, 편안히 앉아서 천하 백성들이 죽어가는 것을 보고 있는 것이 무위라고 할 수 있겠습니까? 라고 말했다.[3)]

양웅이 언급하고 있는 법은 제도를 만들 수 있는 것을 가리키는 것이며, 인의仁義가 쌓여서 법도를 밝히는 것이기 때문에 고대의 성인들은 세상을 통치하는 데에 있어서 법도의 수립을 가장 우선적인 임무로 삼았던 것이다.

도가학파를 제외한 선진시기의 정치사상은 모두가 유위有爲의 통치를 주장했었다. 그 가운데에서도 유가학파는 국가의 통치는 반드시 현명한 군주에 의해서 이루어져야 한다는 사실을 더욱 강조했다. 유가사상의 본질적인 의미는 도덕주체의 가치를 중시하는 것에 있었는데, 즉 인간의 문제에 대하여 큰 관심을 가지고 있었으며 자신의 생명에 대해서도 역시 비중 있는 관심을 가지고 있었다. 이러한 것들 외에도 가장 중시했던 부분은 아무래도 도덕세계의 건립에 있지 않았나 하고 판단한다. 그들은 이와

3) 『法言』, 「問道」, "或問無爲. 曰: 奚爲哉! 在昔虞夏襲堯之爵, 行堯之道, 法度彰, 禮樂著, 垂拱而視天下民之阜也, 無爲矣. 紹桀之後, 纂紂之餘, 法度廢, 禮樂虧, 安坐而視天下民之死, 無爲乎?"

같은 도덕세계의 건립을 최종적인 목적으로 삼기 때문에 자기반성 가운데에서 개인의 도덕생명의 발휘를 통한 완성을 추구하는 것이지, 자신만의 홀로 선함 속에서 그러한 목적을 달성할 수 있게 되는 것은 아니라는 것이다.

하늘이 만물을 생성하였으니 생성된 모든 만물에는 저마다 각기 법칙을 가지고 있게 되는 것이다. 즉 생명이 있는 존재건 생명이 없는 존재이건 간에 하늘에 수놓아져 있는 뭇별들처럼 반드시 그 운행의 원리와 궤적이 있는 것이다. 이와 같은 광범위하면서 조화롭게 상호작용을 하는 모든 존재자들은 제각기 능동적이면서 또 수동적인 능력을 가지고 있으며, 반드시 목적성을 구비한 유력한 수단을 가지고 모든 존재자의 질서와 평형을 유지시킨다. 천도天道관념은 바로 이러한 이유 때문에 건립되었으며, 이러한 천도로써 인도人道를 설명한다. 또한 유가에서는 백성들의 일상생활에 질서가 있고 예의가 있기를 희망하는 염원을 성왕의 치세에 기대하였으며, 그의 덕성에 의해서 그러한 기대가 이루어질 수 있는 것으로 보았다. 그러므로 만일 군주가 하늘과 같은 존재라면, 그는 백성들을 양육해야 하는 것이다. 그 대표적인 사례가 요임금·순임금·우임금·탕왕·문왕·무왕 등의 치세이며, 이들의 치세는 곧 백성들의 민심이 향하는 것의 전형적인 사례가 되었던 것이다. 그래서 공자는 요임금에 대하여 "오직 하늘만이 크다고 하였는데, 요임금은 그것을 본받았도다. 너무나 광대해서, 백성들은 그것을 이름 지을 수도 없었다."[4]라

4) 『論語』, 「泰伯」, "唯天爲大, 唯堯則之. 蕩蕩乎! 民無能名焉."

고 언급했으며, 순임금에 대해서는 "애쓰지 않고도 잘 다스린 분은 순임금이라 할 것이다. 어찌 하겠나? 자신을 공손히 하고 바르게 남쪽을 향해 앉아 계셨을 따름이었다."[5]라고 언급했던 것이다. 공자가 언급한 요임금과 순임금의 덕성은 바로 이와 같았던 것이다.

선진유가는 백성들의 좋아하고 싫어하는 것과 고통스러워하고 즐거워하는 것을 정치의 목적과 지표로 삼았으며, 정치를 행하는 사람들의 정치적 성과의 득실을 평가하는 기준으로 삼았다. 그래서 "하늘은 우리 백성들로부터 통하여 보시고, 하늘은 우리 백성들로부터 통하여 들으신다."[6]라고 하는 관념을 이용하여 천하의 백성들을 이해했던 것이다. 군주가 하늘과 같은 존재라고 한다면, 본래는 그 덕의 가장 왕성한 것으로 규정하는 것이다. 하늘로써 군주를 규정한다는 것은 바로 군주의 권력 및 명망은 본래 그 지위에 의해서 규정되는 것이 아니고 민심의 향배에 따른 하늘의 뜻에 의해 규정되는 것이다. 군주가 하늘과 같은 존재라면 마땅하게 백성들이 좋아하고 싫어하는 것을 따라야 하지만, 백성들의 좋아하는 것과 싫어하는 것이 때로는 옳지 않을 수도 있기 때문에 군주는 반드시 하늘의 가르침으로 모든 백성들을 교화해야 하는 것이다. 또한 이러한 목적을 달성하기 위해서는 군주 된 사람은 반드시 스스로를 수양해야만 하는 것이다. 이처럼 덕성이 있는 사람만이 비로소 백성들의 삶을 안정

5) 『論語』, 「衛靈公」, "無爲而治者, 其舜也與? 夫何爲哉, 恭己正南面而已矣."

6) 『尙書』, 「泰誓」, "天視自我民視, 天聽自我民聽."

되게 만들 수 있는 것이기 때문에 먼 나라에서도 이러한 소문을 듣고 사람들이 몰려오게 되는 것이다. 마찬가지로 양웅의 정치에 대한 도리는 바로 자기 자신의 수양을 정치 확립의 근본으로 삼는 것에 있었다고 할 수 있다.

> 어떤 사람이 나라를 다스리려면 어떻게 하는 것이 좋겠습니까? 라고 묻자, 정치를 확립해야 한다고 대답했다. 어떤 사람이 또 그러면 정치를 확립하는 데 어떻게 하는 것이 좋겠습니까? 라고 묻자, 정치의 근본은 위정자 자신에게 있다. 위정자가 바른 것을 잡고 흔들리지 않으면 정치는 확립될 것이라고 대답했다.[7)]

> 어떤 사람이 큰 것에 대해 물으니, 작은 것이라고 대답했다. 어떤 사람이 또 먼 것에 대해 물으니, 가까운 것이라고 대답했다. 어떤 사람이 그 말의 뜻을 깨닫지 못하니, 천하는 큰 것이지만 그것을 다스리는 방법은 미묘한 도에 있다. 얼마나 작은 것인가? 사해는 멀리까지 퍼져있지만 그것을 다스리는 것은 천자의 마음이다. 얼마나 가까운 것인가? 라고 말했다.[8)]

천하는 매우 광대한 것이고 백성들은 매우 많지만 그것을 다스리는 도는 바로 마음에 있는 것이다. 이러한 마음의 함의는 마땅히 "하늘이 덮어주고 땅이 실어 주어 모든 만물이 생겨나고

---

7) 『法言』, 「先知」, "或問: 何以治國? 曰: 立政. 曰: 何以立政? 曰: 政之本, 身也, 身立則政立矣."

8) 『法言』, 「孝至」, "或問: 大. 曰: 小. 問: 遠. 曰: 邇. 未達. 曰: 天下爲大, 治之在道, 不亦小乎? 四海爲遠, 治之在心, 不亦邇乎?"

자라는 것이지만 그 생겨나고 자라는 것의 공이 완성되는 것은 하늘과 땅의 마음인 사람이 있어서 되는 것이다. 모든 백성이 사람으로서의 도에 살 수 있게 되는 것은 천자가 위에 있어 이끌어 줌으로써 이루어지는 것이다. 천자가 천하의 모든 백성을 통치할 수 있는 것은 자기의 마음을 바르게 하여 미치게 함으로써 이루어지는 것이다."[9]라고 하는 것 가운데의 마음으로 규정해야 한다. 즉 이러한 마음은 마땅히 백성들의 마음을 자신의 마음으로 삼는 다고 하는 함의를 가지고 있다고 할 수 있다. 사람들을 자신의 덕성으로 교화시킬 수 있다면 이는 무력으로 사람들을 복종시키는 것 보다 더욱 높은 경지에 있게 되는 것이다. 그렇기 때문에 양웅은 "천자가 크고 넓어서 그 끝을 알 수 없는 성인의 덕으로써 교화하여 먼 나라의 사람들까지 다 그 덕을 사모하고 조회에 참가하게 하는 것이 가장 좋은 정치이다. 정의로움이 빛나는 군대로써 사방의 무도한 나라를 정벌하는 것은 그 다음 가는 정치이다. 야만족이 중원에 침입하여 천자의 관리와 백성을 움직여 맞서 싸우느라 나라의 힘을 다 기울이고 군대를 약화시키는 따위는 가장 좋지 않은 정치이고 그 아래는 없다."[10]라고 언급했던 것이다.

양웅의 국가통치자에 대한 견해는 공자가 계강자에게 대답한 "정치란 올바르게 한다는 것입니다. 선생님께서 올바르게 이끄신다면, 누가 감히 올바르지 않겠습니까?"[11]라고 하는 언급과

9) 『法言』, 「孝至」, "天地之得, 斯民也; 斯民之得, 一人也; 一人之得, 心矣."

10) 『法言』, 「孝至」, "芒芒聖德, 遠人咸慕, 上也; 武義璜璜, 兵征四方, 次也; 宗夷猾夏, 蠢迪王人, 屈國喪師, 無次也."

"군자의 덕이 바람과 같다면 소인의 덕은 풀과 같은 것이라, 풀 위에 바람이 불면 반드시 쏠리게 마련입니다."[12]라는 언급 및 "덕으로 정치를 하는 것은 마치 북극성은 제자리에 있고 여러 별들이 이를 떠받들며 돌고 있는 것과 같다."[13]라고 하는 것과 유사하다고 할 수 있다.

양웅의 구체적인 정치 시행은 요임금이 구족을 화목하게 하고 온 세상이 화평하게 되어 백성들을 고루 밝게 잘 다스린 것을 본받아서 하는 것에 그 중점이 있었다. 그렇기 때문에 양웅은 군자가 나라를 다스림에는 먼저 완벽한 정치시스템을 수립하여 훌륭한 신하들로써 국가의 기강을 확립하고, 이를 바탕으로 예악의 교화를 잘 시행하게 되면 국가사회 전반에 걸쳐서 선량한 도덕 분위기가 만연하게 되는데, 여기에 법령을 보조적인 수단으로 추가하면 국가 통치는 완성된다고 했던 것이다.

> 어떤 사람이 군주는 법령을 배우지 않으면 안 됩니까? 라고 묻자, 군자가 나라를 다스릴 때에는 정치의 근본인 기강을 단단히 잡아 펴고 백성의 교화에 세밀하게 마음을 써야한다. 백성을 인으로써 이끌면 아랫사람들은 서로 해치는 일이 없어질 것이다. 군주 자신이 청렴하고 검소하면 아랫사람들은 서로 도둑질하는 일이 없어질 것이다. 군주가 늘 정직하게 행동하면 아랫사람들은 서로 속이지 않을 것이다. 예의로써 자신을 바르게 하면 아랫사람들은 덕으로써 양보하게 될 것이다. 이러한 일이 군자

11) 『論語』, 「顔淵」, "政者, 正也. 子帥以正, 孰敢不正?"
12) 『論語』, 「顔淵」, "君子之德風, 小人之德草. 草上之風, 必偃."
13) 『論語』, 「爲政」, "爲政以德, 譬如北辰, 居其所而衆星共之."

가 배워야 할 마땅한 것이다. 만약 법을 범하는 사람이 있을 경우에는 군주 자신이 지휘하지 않더라도 재판을 담당하는 관리가 있는 것이다.[14)]

어떤 사람이 어지러운 정무를 곤혹스럽게 여겨 물으니, 그것을 그물과 벼리라고 대답했다. 어찌하여 그물과 벼리에 있냐고 묻자, 그물을 이루고 있는 큰 벼리를 강이라 하고, 작은 벼리를 기라고 한다. 큰 벼리를 당기고 작은 벼리를 가지런히 하면, 그물의 눈은 다 팽팽하게 펴지는 것이다. 만약 강과 기가 각각 그 역할을 다 하지 않는다면 비록 그물망이 있다고 하더라도 어떻게 한 눈으로 제대로 된 그물을 갖출 수 있겠는가? 라고 대답했다.[15)]

강綱과 기紀라고 하는 것은 비유하자면 최측근의 신하라고 할 수 있는데, 이처럼 양웅은 국가에 유능하고 현명한 신하가 있어야 함을 매우 중시하였으며, 이는 법령보다 우선적으로 필요하다고 생각했다. 그러므로 그는 "나라를 바로 잡으려면 무엇을 먼저 해야 합니까? 자신의 행실이 올바르면 남도 또한 그것을 따르는 것이다."[16)]라고 언급 했던 것이다. 즉 군주가 먼저 자신을 올바르게 하여 신하들을 대한다는 것으로, 이는 먼저 자신을

14) 『法言』,「先知」, "人君不可不學律令. 曰: 君子爲國, 張其綱紀, 謹其教化. 導之以仁, 則下不相賊; 莅之以廉, 則下不相盜; 臨之以正, 則下不相詐; 修之以禮義, 則下多德讓. 此君子所當學也. 如有犯法, 則司獄在."

15) 『法言』,「先知」, "或苦亂. 曰: 綱紀. 曰: 惡在於綱紀? 曰: 大作綱, 小作紀, 如綱不綱, 紀不紀, 雖有羅網, 惡得一目而正諸?"

16) 『法言』,「先知」, "正國何先? 曰: 躬工人績."

다스린 뒤에 백성들을 다스린다는 것이다. 또한 양웅은 법령의 역할은 도덕에 의한 감화 뒤에 이루어져야 한다고 생각했다. 이처럼 도덕을 우선하고 법령을 뒤로 하는 것은 유가학파의 전통적인 주장이며, 유가는 특히 엄하고 잔혹한 형벌로 백성들에게 해를 끼치는 것을 금기시했다. 그렇기 때문에 양웅은 진나라의 천의에 위배되는 가혹한 법률을 비판했던 것이며, 이러한 혹독한 법률로 인하여 멸망을 초래했다고 생각했다.

> 진나라는 가혹한 형벌로 엄격하게 천하를 다스렸으나 관리들은 그 법령을 어겼다. 그리고 진나라의 가혹한 형벌로 나라를 통치하는 방법은 성인의 예악에 의한 정치를 거스르는 것이다. 진나라는 성인의 도를 저버리는 동시에 크게 천지의 도에 거슬렀다. 그리하여 천지도 또한 진나라의 기대를 저버림이 컸다.[17)]

> 어떤 사람이 진나라의 법령에 바탕을 두고 청렴한 정치를 행한다고 하면 태평성대를 실현시킬 수 있겠습니까? 라고 묻자, 그것을 거문고와 비파에 비유하면, 정나라와 위나라의 음란한 음악을 순임금 시대에 음악을 관장하던 기에게 연주하게 하여도 또한 그것으로 순임금의 음악인 소소를 이룰 수는 없을 것이다.[18)]

---

17) 『法言』, 「寡見」, "秦之有司, 負秦之法度; 秦之法度, 負聖人之法度. 秦弘違天地之道, 而天地違秦亦弘矣."

18) 『法言』, 「寡見」, "或曰: 因秦之法, 淸而行之, 亦可以致平乎? 曰: 譬諸琴瑟鄭衛調, 俾夔因之, 亦不可以致蕭韶矣."

진나라의 법령이 천지가 만물을 낳고 길러주는 것처럼 만백성들을 교화하고 양육하는데 있지 않았으며, 그 법률제도의 본질은 매우 가혹하고 포악했기 때문에 성인은 이러한 법령에 의하지 않고 그것을 변혁시켜버린 것이다.

3. 예악교화에 의한 치국

덕에 의한 정치는 반드시 인성론을 기초로 해서 언급되어져야 한다. 양웅이 “변화는 그것으로 할 수 있다.”[19]와 “그 선을 닦으면 선인이 된다.”[20] 및 “뽕나무 벌레의 애벌레가 죽어서 나나니벌을 만났다.”[21]라고 언급한 것에서와 같이, 그는 인간이 교화되고 학습을 할 수 있다는 사실을 긍정했다. 이러한 사실은 인성이 선할 수도 있고 악할 수도 있다고 하는 이론에 기초했기 때문이다. 그러나 인간이 반드시 교화되고 학습을 받을 수 있다고 하는 것은 이러한 인성은 선할 수도 있고 악할 수도 있다고 하는 이론의 기초위에 건립된 것은 아니다. 즉 인성이 선할 수도 있고 악할 수도 있다고 하는 것은 단지 인간이 교화를 받는 것을 접할 수도 있고 접하지 못할 수도 있다는 것만을 추론시킬 수 있을 뿐이기 때문이다. 일반적으로 인간이 성현의 경지에 도달할 수 있는 것은 인성이 선할 수 있다고 하는 것만으로 보증

19) 『法言』, 「先知」, “化其可以.”

20) 『法言』, 「修身」, “修其善則爲善人.”

21) 『法言』, 「學行」, “螟蛉之子殖而逢蜾蠃.”

될 수 있는 것이 아니라, 반드시 인간이 성현의 경지를 이룩해야 한다고 하는 목적에 기초한 교화를 통해서만이 가능하다고 하는 것이다. 이처럼 자연히 본심으로써 본성이 선하다고 하는 것을 유추해낼 수 있게 되는 것이다. 양웅은 이러한 점을 간과했기 때문에 그의 이론은 결국에는 인의仁義는 외재하는 것이라고 하는 측면으로 기울어지게 되었던 것이다.

예악제도는 유가정치사상의 대표적인 이론체계라고 말할 수 있을 것이다. 이와 같은 예악제도에 관한 공자의 논의는 상당히 많은 편이라고 할 수 있으며, 공자가 설계하였던 사회 역시 예악의 교화가 보편적으로 이루어진 사회라고 할 수 있다. 양웅은 먼저 교화를 하고 후에 법률로 보충할 것을 주장했는데, 그는 교화를 시행하는 데는 예악제도보다 더 적당한 것은 없다고 생각했다.

> 하늘이 처음으로 백성을 내림에 눈으로는 보게 하고 귀로는 듣게 하였다. 그렇기 때문에 보고 듣는 것의 본보기로 예와 악을 만들었다. 만약 예와 악을 물리치고 인간이 보고 듣고자 하는 것을 제멋대로 하게 한다면, 비록 백성이 있을지라도 이제 다시 어떻게 그것을 막을 수가 있겠는가?[22]

> 진실로 천하를 다스리면서 예법의 명문과 다섯 가지 가르침에 의하지 않는다면, 황제나 요임금·순임금과 같은 옛날의 성

22) 『法言』, 「問道」, "天之肇降生民, 使其目見耳聞, 是以視之禮, 聽之樂. 如視不禮, 聽不樂, 雖有民, 焉得而塗諸."

> 왕도 나에게 있어서는 사마귀나 혹과 같은 불필요한 존재라고 생각된다.[23]

> 성인은 실용적인 것에다가 문식을 더하는 것이다. 마차나 의복을 다르게 만들어 귀천의 구별을 짓고, 무늬와 색채로써 존비를 밝히고, 노래와 음악으로 그 덕을 기리고, 시와 서의 기록으로 그 공적을 빛나게 한다. 제기가 바르게 진설되지 않고, 구슬과 비단의 예물이 분수에 맞지 않고, 거문고와 비파가 연주되지 않고, 종과 북이 울리지 않는다면, 나는 성인의 존재 가치를 인정할 수가 없었을 것이다.[24]

> 성인이 천하를 다스리는데 있어서는 예악을 기준으로 하여 행한다. 예악이 없이 살아가는 인간은 새나 짐승과 같다. 성인의 예악과는 다른 풍속 아래에서 생활하는 자는 중원이 아닌 야만족에 지나지 않는다.[25]

위의 인용문들 가운데 예악의 작용은 「악기」에 언급되어 있는 것처럼 "예로써 그 뜻을 이끌고, 악으로써 그 소리를 화평하게 하고, 정치로써 그 행동을 한결같게 했으며, 형벌로써 그 간사함을 막았다. 이렇듯 예·악·형벌·정치의 네 가지는 서로 다르다고 할지라도 그것이 이루고자 하는 궁극적인 목적은 하나이

---

23) 『法言』, 「問道」, "允治天下, 不待禮文與五教, 則吾以黃帝堯舜爲疣贅."

24) 『法言』, 「先知」, "聖人文質者也. 車服以彰之, 藻色以明之, 聲音以揚之, 詩書以光之. 籩豆不陳, 玉帛不分, 琴瑟不鏗, 鐘鼓不抎, 則吾無以見聖人矣."

25) 『法言』, 「問道」, "聖人之治天下也, 礙諸以禮樂, 無則禽, 異則貊."

다. 즉 백성들의 마음을 통일하여 치국의 도를 이룩하도록 하는 것이다."[26]와 같이 정서를 조절해주는 의미만 가지고 있을 뿐만이 아니라, 정서를 소통시켜주는 의미도 가지고 있는 것이다. 만일 예악이 없다고 한다면 곧 정서는 소통될 수가 없게 되고 결국에는 짐승과 같게 되는 것이다. 이와 같이 볼 수 있듯이 예악이라고 하는 것은 모두 인간의 감정을 순화시키면서 의로움에 맞게 사용할 수 있게 해주는 것이다. 또한 예악의 작용은 일탈을 막아줄 수가 있는 것이다.

> 개울에는 둑이 있어서 물이 넘치는 것을 막고, 그릇에는 정해진 형태가 있어 모양의 가지런하지 않음을 막는다. 이것으로 보더라도 예절의 교육이 인간다움을 벗어나는 일을 막는 데에 그보다 더 좋은 것이 없음을 알 수 있다.[27]

공자의 통치술은 소극적으로는 법령과 형벌에 의한 제재를 경시했으며, 적극적으로는 예악에 의한 교화를 중시하는 경향이 있었다.[28] 공자는 늘 "시에서 흥취를 갖게 되고, 예로써 자립하게 되고, 악에서 자기를 완성시키는 것이다."[29]라고 언급했으며, 또 "정령으로써 인도하고 형벌로써 다스리면 백성들은 형벌을

---

26) 『禮記』, 「樂記」, "禮以道其志, 樂以和其聲, 政以一其行, 刑以防其姦. 禮樂刑政, 其極一也; 所以同民心而出治道也."

27) 『法言』, 「五百」, "川有防, 器有範, 見禮教之至也."

28) 蕭公權, 『中國政治思想史』(上), 臺北, 聯經出版事業公司, 1990년, 67쪽 참조.

29) 『論語』, 「泰伯」, "興於詩, 立於禮, 成於樂."

면하려고만 하지 수치를 모르게 된다. 덕으로써 인도하고 예로써 다스리면 백성들은 수치를 알게 되고 또 바로잡히게 된다."[30] 라고 언급한 것처럼, 양웅 역시 이와 같은 공자의 통치에 관한 도리를 본받아 자신의 견해를 피력해나간다.

한나라 시기의 유학자들이 언급한 예악은 학술적인 측면의 이론으로서 의미뿐만이 아니라 실질적으로 그 특별한 시대적 의미를 가지고 있었다. 예악제도는 주나라 문화의 특징적인 부분이라고 할 수 있다. 전국시대의 제후국들 가운데 주나라 문화의 영향을 깊게 받은 나라일수록 그 국력은 매우 미약했었다. 예를 들자면 공자의 조국인 노나라의 경우가 그러하며, 반대로 진나라나 초나라의 경우처럼 줄곧 오랑캐취급을 받았던 나라들일수록 국력은 매우 강성했었다. 진나라의 효공은 상앙의 변법을 채용하여 정치개혁을 한 결과 진나라를 일약에 강대한 제후국의 반열에 올려놓는다. 진시황은 육국을 통일한 후에 "법률로 교화하고 관리로 스승을 삼는다."[31]라고 하는 원칙을 만들었는데, 이러한 원칙은 이천 여년의 중국정치사에 있어서 학정의 표본으로 형성된다.

한나라 개국시조인 고조는 평범한 서민계층 출신의 인물로 본래 문화적 소양이 부족했던 탓에 그가 채택한 정치제도는 대부분 진나라의 구습을 계승하였으며, 황노사상의 영향으로 번잡한 새로운 정치시스템으로 백성들을 피곤케 하는 행위를 하지는 않

30) 『論語』, 「爲政」, "道之以政, 齊之以刑, 民免而無恥; 道之以德, 齊之以禮, 有恥且格."

31) 『史記』, 「李斯列傳」, "以法爲敎, 以吏爲師."

았다. 문제와 경제의 치세 때에는 황노사상의 풍조가 더욱 만연하여 무위에 의한 통치를 선명하게 표방했다. 그렇기 때문에 한나라 초기의 정치제도는 그 시스템적인 측면에서는 법가적인 모식을 띠고 있었으나, 치국의 정신의 측면에 있어서는 역시 도가적인 색채가 강했다. 이와 같이 한나라 초기에는 법가적인 색채와 도가적인 색채가 미묘하게 결합한 사상이 주류를 이루고 있었다고 할 수 있다. 법률이라고 하는 것은 단지 인간의 행동을 규제하는 기능만이 있을 뿐 교화의 의미는 없다고 할 수 있다. 또한 도가사상 가운데에서의 교화는 유위有爲에 해당 되는 것이기 때문에 황제가 소매를 늘어뜨리고서 두 손을 마주 잡고 아무 일도 하지 않으면서 천하를 다스렸다고 하는 것과 노자의 인의仁義를 끊어버린다고 하는 주장에는 부합하지 않는 것이다. 이처럼 예악의 교화를 어떻게 회복 시켜야 하는 것인가가 당시 유학자들의 고민 가운데 가장 큰 것이었으며, 더나가 유가의 정치이론이 가장 우선적으로 해결해야할 문제였던 것이다. 그렇기 때문에 그들은 반드시 예악의 교화기능을 새롭게 제기하여 유가의 정치이론을 실현시켜야만 했던 것이다.

한나라 고조 시기의 숙손통叔孫通은 고대의 예악제도와 진나라의 풍속을 채택했다고 하였으며,[32] 문제文帝시기에는 가의가 "제도를 정비하고 예악을 중흥시키면, 그런 뒤에 제후들은 제자리를 잡게 되고 백성들은 순박하게 되어 서로 간에 소송하는 일이 없게 될 것이다."[33]라고 한 것처럼 유가의 정치이상은 이미 제

32) 『漢書』, 「叔孫通傳」, "采古禮與秦儀."

기되기 시작했다. 무제武帝시기에 이르러서는 동중서가 결국에 독존유술 정책을 실현시키게 되어 예악에 의한 교화를 중시하게 되었으며, 이에 따라 지식인들은 법가에 대한 반대의 입장을 적극적으로 표방하게 된다. 양웅은 비록 노자 사상의 영향을 깊이 있게 받았지만, 그는 노자의 인의仁義를 끊어버리고 예악을 폐지하라고 하는 주장에 대해서는 비판적 입장을 표명한다.

> 노자의 도덕론은 나도 취할 바가 있다. 그러나 인의를 던져 버리고, 예학을 없애 버리라고 한 것에 이르러서는 나는 아무것도 취할 것이 없다.[34]

> 어떤 사람이 무위에 대해 물으니, 무엇 때문에 인위적으로 일을 하겠습니까? 옛날 순임금과 우임금은 요임금의 지위를 물려받아 요임금의 도를 그대로 행했는데, 법도가 밝혀지고 예악이 현저하게 드러났으며, 소매를 늘어뜨리고서 두 손을 마주 잡고 아무 일도 하지 않으면서 천하의 백성들이 풍부하게 번영하는 모습을 지켜보는 것이 바로 무위입니다. 탕왕은 걸왕의 뒤를 잇고 무왕은 주왕의 뒤를 이었는데, 법도는 이미 폐기되고 예악은 어그러진 상태였으니, 편안히 앉아서 천하 백성들이 죽어가는 것을 보고 있는 것이 무위라고 할 수 있겠습니까? 라고 말했다.[35]

---

33) 『漢書』, 「賈誼傳」, “定制度, 興禮樂, 然後諸侯軌道, 百姓素樸, 獄訟衰息.”

34) 『法言』, 「問道」, “老子之言道德, 吾有取焉耳. 及捶提仁義, 絶滅禮學, 吾無取焉耳.”

35) 『法言』, 「問道」, “或問無爲. 曰: 奚爲哉! 在昔虞夏襲堯之爵, 行堯之道, 法度彰, 禮樂著, 垂拱而視天下民之阜也, 無爲矣. 紹桀之後, 纂紂之餘, 法度廢, 禮樂虧, 安坐而視天下民之死, 無爲乎?”

재정정책 측면에 있어서 양웅은 토지제도의 개혁과 납세제도의 변화를 통하여 백성들의 삶을 윤택하게 만들 것을 주장했다.

> 군주 된 사람은 백성들을 번창 하게 하고 재물을 풍족하게 하며, 도를 밝히고 의로움을 펼치며, 제왕의 사업을 성취하고 천지가 만물을 화육하는 것을 이루며, 곡물을 주식으로 하는 화하의 백성들을 빛나게 하고 안정되게 해야 할 것이다.[36]

> 정전의 전제가 이상적인 전제이며, 육체에 형벌을 가하는 육형이 이상적인 형벌이다. 정전제는 공전을 백성들이 다 함께 경작하는 것이고, 육형이란 공공장소에서 백성들과 함께 그 죄인을 처벌하는 것이다.[37]

> 수확의 십분의 일을 거두는 것이 천하의 공정한 세법이다. 그보다 많으면 걸왕과 같은 폭정을 하는 셈이고, 그보다 적으면 맥인들과 마찬가지로 문명 없는 야만의 사회가 된다.[38]

이러한 주장들에는 비록 어떠한 형태의 새롭고 획기적인 견해가 드러나 있지는 않지만, 양웅은 상업 활동에 종사하는 상인들에 대해서는 매우 심각하게 비난을 함과 동시에 혐오했다. 양웅은 상인들을 모기와 같은 무리들이라고 폄하했는데, 모기들이

---

36) 『法言』, 「孝至」, "君人者, 務在殷民阜財, 明道信義, 致帝者之用, 成天地之化, 使粒食之民粲也, 晏也."

37) 『法言』, 「先知」, "井田之田, 田也. 肉刑之刑, 刑也. 田也者, 與衆田之. 刑也者, 與衆棄之."

38) 『法言』, 「先知」, "什一, 天下之中正也. 多則桀, 寡則貉."

인간의 피를 빨아먹는 것처럼 상인들 역시 일반 백성들의 고혈을 빨아서 자신들의 이익만을 챙기기에 급급한 무리들이기 때문에 그들을 모기와 같은 존재라고 폄하했던 것이다. 이러한 양웅의 주장은 소금과 철이 국가에서 전매되었던 무제 시절에 국가의 재정을 담당했던 상홍양桑弘羊의 주장과는 매우 커다란 차이를 보이고 있었다. 그만큼 양웅의 경제관은 상당히 보수적인 색채를 띠고 있었다고 볼 수 있다.

> 어떤 사람이 한 무제 때 재무를 담당했던 상홍양은 소금과 철의 전매로 이익을 독점해 국가의 재정을 풍족하게 한 바 있습니다. 그런데 어찌하여 전매 정책을 실시하지 않는 것입니까? 라고 하니, 이를 아버지와 자식으로 비유해보자면, 아버지를 위해 자식의 이익을 독점해 이익을 낸 것이니 자식은 어떻게 되겠습니까? 큰 가뭄이 지속되자 무제 때 재정을 담당했던 또 다른 관리였던 복식이라는 사람이 상홍양을 희생으로 바치면 하늘이 비를 내려줄 것이라고 했던 말도 지당하지 않습니까? 라고 말했다.[39)]

양웅의 정치사상은 대체로 공자의 정치사상을 직접 계승했다고 볼 수 있다. 비록 그가 처한 현실적 상황 속에서 다른 학파의 학설을 수용하고 또 그것의 영향을 받은 사실 즉 그의 사상 속에 작지만 법가의 관념이 섞여 있는 사실을 부정할 수는 없을지라도, 그가 요임금이나 순임금 및 주나라 문왕과 무왕의 태평성

---

39) 『法言』, 「寡見」, “或曰: 弘羊榷利而國用足, 盍榷諸? 曰: 譬諸父子, 爲其父而榷其子, 縱利, 如子何? 蔔式之雲, 不亦匡乎?”

대를 이룬 치세를 본받아서 덕에 의한 정치와 예악에 의한 교화를 통하여 자신의 주장을 구체적으로 실현하려고 했던 측면에서 본다면, 양웅은 확실히 공자 학설의 내용과 모식에서 벗어날 수 없었다고 볼 수 있다. 그리고 학설의 규모와 깊이 측면에서 볼 때, 그가 공자의 학설에 대하여 장악한 부분은 분명히 한계가 있다고 볼 수 있다.[40] 그렇지만 양웅이 『법언』을 저술하게 된 것에는 근본적으로 정치적인 동기가 있다고 할 수 있는데, 이는 한나라 당시의 학풍이 대부분 정치적 여건의 영향을 받지 않을 수 없었기 때문이라고 할 수 있다.

유가의 학설이 독존의 지위에 머물게 된 이후로 유학은 자주 정치권력에 의해서 권력유지의 수단으로 이용되는 신세로 전락하게 되며, 한편으로는 명목상 선진시기의 공자와 맹자의 유학을 계승했다고 하는 사실을 표방한다. 그러나 한나라 시기의 유학은 천인감응 이론과 음양오행설 및 재이설을 이용하여 통치계급을 만족시키는 한편 그들이 누리고 있는 지위를 유지하게 만들어주는 이론적 근거로 변모하게 된다. 양웅이 처했던 시대적 상황은 왕망의 정치적 변혁이 진행되었던 시기로, 시대적 상황의 변화에 대하여 더욱 민감했던 때에 그는 『법언』과 『태현』을 저술하여 시대적 상황에 의해 초래된 재앙을 피하고자 하는 세태에 영합하지 않았으며, 오히려 복고적인 경향을 누차에 걸쳐서 표방했다.

이처럼 양웅이 논의했던 내용들은 공자의 견해를 크게 벗어나

40) 徐復觀, 『兩漢思想史』卷二, 臺北, 學生書局, 1989년, 509쪽 참조.

지 못하는 창의적인 견해였다고는 말할 수 없다. 대부분의 사람들이 겉으로는 유가의 사상을 표방하면서 안으로는 법가의 사상을 추종하던 복잡하고 다양한 시대에 비록 양웅은 미관말직으로 봉직하면서 현실정치에 있어서 어떠한 역할도 할 수는 없었지만, 그가 『법언』에서 표방했던 사상 특히 정치방면의 사상은 그 순수함과 정당함이 돋보인다고 할 수 있을 것이다. 이러한 양웅은 양한시기 유가의 사상가였던 육가나 가의 동중서 등과 비교해보아도 위대한 사상가로서 전혀 손색이 없다고 할 수 있을 것이다.

4. 맺는 말

이상과 같이 양웅의 정치사상에 대하여 성인의 통치와 예악교화에 의한 치국을 중심으로 논의를 진행해보았는데, 이를 정리하면 다음과 같다.

양웅이 『법언』에서 나타낸 정치사상은 기본적으로 예악문화에 의한 교화를 중시하는 것이었으며, 구체적으로는 법도와 국가기강의 확립을 통하여 고대의 성왕이 통치하던 이상국가의 실현을 염원하는 것이었다. 이러한 양웅의 정치에 대한 견해는 완전히 공자의 정치사상과 일맥상통하는 것이라고 할 수 있다.

양웅의 구체적인 정치 시행은 요임금이 구족을 화목하게 하고 온 세상이 화평하게 되어 백성들을 고루 밝게 잘 다스린 것을 본받아서 하는 것에 그 중점이 있었다. 그렇기 때문에 양웅은 군자가 나라를 다스림에는 먼저 완벽한 정치시스템을 수립하여 훌륭한 신하들로써 국가의 기강을 확립하고, 이를 바탕으로 예악의 교화를 잘 시행하게 되면 국가사회 전반에 걸쳐서 선량한 도덕 분위기가 만연하게 되는데, 여기에 법령을 보조적인 수단으로 추가하면 국가 통치는 완성된다고 했던 것이다. 또한 양웅은 국가에 유능하고 현명한 신하가 있어야 함을 매우 중시하였으며, 이는 법령보다 우선적으로 필요하다고 생각했다. 그래서 그는 군주가 먼저 자신을 올바르게 하여 신하들을 대해야 한다고 했는데, 이는 먼저 자신을 다스린 뒤에 백성들을 다스린다는 것이다.

예악제도는 유가정치사상의 대표적인 이론체계라고 말할 수 있을 것이다. 이와 같은 예악제도에 관한 공자의 논의는 상당히 많은 편이라고 할 수 있으며, 공자가 설계하였던 사회 역시 예악의 교화가 보편적으로 이루어진 사회라고 할 수 있다. 양웅은 먼저 교화를 하고 후에 법률로 보충할 것을 주장했는데, 그는 교화를 시행하는 데는 예악제도보다 더 적당한 것은 없다고 생각했다. 양웅은 예악의 작용이 백성들의 마음을 통일하여 치국의 도를 이룩하도록 하는 것처럼 정서를 조절해줄 뿐만이 아니라, 정서를 소통시켜주는 의미도 가지고 있다고 했다. 그렇기 때문에 그는 만일 예악이 없다고 한다면 곧 정서는 소통될 수가 없게 되고 결국에는 짐승과 같게 된다고 했다. 이처럼 예악이라고 하는 것은 모두 인간의 감정을 순화시키면서 의로움에 맞게 사용할 수 있게 해주는 것임과 동시에 일탈을 막아주는 기능도 있다.

이상과 같은 양웅의 정치사상은 대체로 공자의 정치사상을 직접 계승했다고 볼 수 있다. 비록 그가 처한 현실적 상황 속에서 다른 학파의 학설을 수용하고 또 그것의 영향을 받은 사실 즉 그의 사상 속에 작지만 법가의 관념이 섞여 있는 사실을 부정할 수는 없을지라도, 그가 요임금이나 순임금 및 주나라 문왕과 무왕의 태평성대를 이룬 치세를 본받아서 덕에 의한 정치와 예악에 의한 교화를 통하여 자신의 주장을 구체적으로 실현하려고 했던 측면에서 본다면, 양웅은 확실히 공자 학설의 내용과 모식에서 벗어날 수 없었다고 볼 수 있다. 그리고 학설의 규모와 깊이 측면에서 볼 때, 그가 공자의 학설에 대하여 파악한 부분은 분명히 한계가 있다고 볼 수 있다.

참고문헌

朱彬,『禮記訓纂』,『宜祿堂』清刻本.

孫星衍,『尙書今古文注疏』,『平津館叢書』本.

黃侃,『論語義疏』,『皇淸經解』本.

司馬遷,『史記』, 北京, 中華書局, 1982년.

班固,『漢書』, 北京, 中華書局, 1990년.

汪榮寶,『法言義疏』, 北京, 中華書局, 1996년.

徐復觀,『兩漢思想史』, 臺北, 學生書局, 1985년.

蕭公權,『中國政治思想史』(上), 臺北, 聯經出版事業公司, 1990년.

祝瑞開,『兩漢思想史』, 上海, 上海古籍出版社, 1989년.

제12장
왕부의 정치사상

1. 시작하는 말

유가의 전통사상은 처음부터 백성이 국가의 근본임을 강조해 왔다. 그래서 모든 정치사상의 기저에는 민생에 대한 안정 방안이 포함 되어있었던 것이다. 서한西漢을 계승한 동한東漢 사회의 체제 역시 농업을 입국의 근간으로 삼는 정책을 취하였다. 이러한 동한 사회의 경제생산의 주체는 농업에 종사하던 자작농이었는데, 이들은 동한시대 말기에 발생한 여러 차례의 천재지변으로 인하여 고통을 받았으며, 외척과 환관 등의 발호로 인하여 촉발된 정치적 혼란을 틈타 백성들을 갈취하는 탐관오리들과 가혹한 부역 및 과중한 세금부담은 농민들을 도탄에 빠지게 만드는 형국을 조성하게 된다.

민생도탄의 형국은 결국 농민들의 삶을 황폐하게 만들어 당장의 생계유지를 위하여 토지를 팔고 농노의 신분으로 전락되거나, 고향을 떠나 각지를 유랑하는 유랑민이 되는 사람들이 속출하게 된다. 이들 유랑민들 가운데 일부는 도시로 들어가 상공업에 종사하는 사람도 있었지만 대부분은 일거리가 없는 신세로 하루하루를 근근이 연명하고 있는 상황이었다. 이러한 민생도탄의 현상은 국가세수 감소로 이어져 결국 국가재정은 그 근간부터 흔들리게 되고 결과적으로 국고는 텅 비어지게 되는 상황에 이르게 된다. 또한 이시대의 모든 재화는 외척과 환관 및 관료집단과 거대상인 집단과 대지주 집단이 독점하고 있는 상황으로, 이러한 세력들은 재화를 통한 권력의 집중과 사치스러운 생활 그리고 끝없는 향락을 추구하고 있었던 반면에 대다수의 농민들은 과중한 부역과 과도한 조세정책 속에서 착취를 당해야만 했다.[1] 왕부王符는 이러한 동한 사회의 정치 사회적 문제와 경제적 문제에 직면하여 기층백성들의 입장을 대변하기 위하여 홀로 고군분투했던 당대의 사상가였다고 할 수 있다.

동한말기에 생존했던 유가사상가 왕부는 자신의 정치적 이상과 사회체제에 대한 변혁 그리고 경제사상에 대한 주장들을 『잠부론潛夫論』이라고 하는 한 권의 정치평론政治評論서에 담고 있다. 이러한 왕부의 『잠부론』은 정치 사회적 문제에 관한 논의 외에도 우주론이나 천도天道의 문제나 귀신 · 운명 · 인성人性 등 형이상학적 문제에 관해서도 심도 있는 논의를 진행한 저작으로 동한시기의 다른 사상가들의 저작들에서는 찾아 볼 수 없는 새로운 견해들을 담고 있는 저작이라고 할 수 있다.

1) 李申, 『中國儒教史』(上), 上海, 上海人民出版社, 1999년, 602~603쪽 참조.

2. 동한시대 사회문제의 발생원인

「무본」은 왕부가 당시의 정치 사회 및 경제적 위기 가운데의 각종 비정상적인 현상에 대하여 그 원인과 해결책을 제시한 이론이라고 할 수 있다. 왕부는 정치 사회 및 경제의 영역들 속에는 모두 근본과 말단의 문제가 내포되어 있다고 생각하고, 만일 이러한 문제들을 해결할 수 있다면 정치 사회 및 경제는 그 본래의 질서를 회복할 수 있다고 믿었다.

> 지금 백성은 농업을 버리고 상업에 내달으면서 백성들의 이익을 긁어 이를 한 집의 문으로 모아들이고 있으니, 비록 개인에는 부유함이 있을지 모르나 공적으로 계산해 보면 더욱 가난해지고 만다. 백공이란 자들은 사람들이 온갖 기구를 갖추게 하려는 것이다. 그러나 기구란 일에 편리함을 주는 것으로써 훌륭함을 삼고, 질기고 견고함을 최상으로 삼는다. 지금의 공인들은 조탁한 그릇 만들기를 좋아하고 교묘하게 거짓으로 꾸며 백성을 속이고 재물을 취하니, 이는 공인에게는 비록 이익이 될지 모르나 나라 전체로 헤아려보면 더욱 병들고 마는 것이다. 또 상고라는 자들은 물건을 유통시키는 사람들이다. 물건이라는 쓰임에 맡기는 것이 요체이며 견실하고 튼튼한 것이 그 자질이다. 오늘날의 상인들은 쓸모없는 물건, 사치와 음일의 재물을 다투어 팔면서 백성을 미혹하게 하여 재산을 모으고 있으니, 이는 못된 상인에게는 이익이 있지만 나라 전체로 보면 더욱 큰 손실만 있을 뿐이다.[2)]

2) 『潛夫論』, 「務本」, "今民去農桑, 赴游業, 披采衆利, 聚之一門, 雖於私家

> 지금 온 세상이 모두 농업을 버리고 상업에 치닫느라 우마차와 수레가 도로를 메우고 있으며, 손을 놀리고 있는 것을 훌륭한 일인 것처럼 여겨 이러한 부류가 도시에 가득하다. 근본을 다스리는 자는 적고 부식하는 자는 많다. 상읍은 번화한 곳으로, 사방의 표준이 되는 훌륭한 시장이다. 지금의 낙양을 살펴보면 말단에 들떠 있는 자의 수가 농부의 열 배는 되며, 헛된 행동으로 손을 놀리고 있는 자가 말단에 들떠 있는 자의 열 배나 된다.[3)]

왕부가 묘사한 당시 동한 사회의 현실은 상공업이 매우 번영하고 있었으며, 이러한 경제 발전에 따라 사회 전반에 걸쳐 사치스러운 풍조가 만연하고 있는 모습을 보이고 있다. 당시의 사치성 소비재 물품은 대중들로부터 좋은 호응을 얻고 있었는데, 상공업자들은 이윤을 극대화하기 위하여 경쟁적으로 이러한 사치성 소비재를 생산 판매하고 있었다. 또한 파산한 일반 농민들은 생계유지를 위해서 도시로 유입되어 상공업에 종사하는 신세로 전락하게 된다. 이러한 농촌인구의 유입으로 인하여 사치성 소비재를 생산 판매하는 상공업은 더욱 발달하게 되며, 동시에 더 많은 사회적 문제를 야기 시킨다.[4)] 왕부는 「부치浮侈」에서 당

有富, 然公計愈貧矣. 百工者, 所使備器也. 器以便事爲善, 以膠固爲上. 今工好造彫琢之器, 巧僞飭之, 以欺民取賄, 雖於姦工有利, 而國計愈病矣. 商賈者, 所以通物也, 物以任用爲要, 以堅牢爲資. 今商競鬻無用之貨. 淫侈之幣, 以惑民取産, 雖於淫商有得, 然國計愈失矣."

3) 『潛夫論』, 「浮侈」, "今擧世舍農桑, 趨商賈, 牛馬車輿, 塡塞道路, 游手爲巧, 充盈都邑, 治本者少, 浮食者衆. 商邑翼翼, 四方是極. 今察洛陽, 浮末者什於農夫, 虛僞游手者什於游末."

4) 劉文英, 『王符評傳』, 南京, 南京大學出版社, 1993년, 85~86쪽 참조.

시 낙양洛陽의 대부분의 사람들이 모두 생산의 근본이 되는 일을 팽개치고 오락성 일에만 몰두 하고 있는 모습을 서술하였다. 왕부는 당시 낙양의 남자들은 "탄환을 지니고 서로 손잡고 일없이 놀기만 한다."[5]거나 "어떤 사람은 이거·와구·마기·창배를 만들어 여러 가지 어린아이의 완구를 삼아 속임수를 쓰며 놀기까지 하고 있다."[6]고 언급하고 있으며, 여자들은 "베틀 짜는 것도 그만둔 채 모두가 무축을 배워 북치고 춤추며 신을 섬긴다. 그리하여 아무것도 모르는 백성을 속이며 미혹하고 있다."[7]고 언급하고 있다. 또한 부유한 사람들은 "의복·음식·수레·문식·여사가 모두 왕이 정한 법도를 넘었다. …… 종복과 노비의 처들까지도 월땅에서 나는 세갈포를 입었다."[8]고 하고 있으며, 그들이 혼례나 상례를 치르거나 하는 등의 대사를 오랫동안 치르니, 가난한 사람들은 그러한 것을 따라하지 못함을 부끄러워하고 부유한 사람들의 사치스러운 행태를 모방하여 자신이 감당하지 못할 정도의 "한번 잔치에 드는 비용으로 종신의 본업을 깨뜨리고 만다."[9]와 같은 일을 벌이곤 했다. 이와 같은 왕부가 묘사한 당시 사회의 모습으로부터 다음과 같은 몇 가지의 정보

5) 『潛夫論』, 「浮侈」, "懷丸挾彈, 攜手遨游."

6) 『潛夫論』, 「浮侈」, "或作泥車, 瓦拘, 馬騎, 倡俳, 諸戲弄小兒之具以巧詐."

7) 『潛夫論』, 「浮侈」, "休其蠶織, 而起學巫祝, 鼓舞事神, 以欺誣細民, 熒惑百姓."

8) 『潛夫論』, 「浮侈」, "衣服, 飲食, 車輿, 文飾, 廬舍, 皆過王制, …… 從奴僕妾, 皆服葛子升越."

9) 『潛夫論』, 「浮侈」, "一饗之所費, 破終身之本業."

를 알 수 있게 된다.

먼저 사회적으로 빈부의 격차가 갈수록 심화되는 상황이 발생했다는 것이다. 그 다음은 농업생산의 축소로 인한 사회적 불안요인의 증가이다. 끝으로 사회 전체에 만연한 사치풍조로 인한 사회 기강이 해이해지는 현상이 발생했다는 것이다. 왕부가 묘사한 당시의 사회적 현상은 정치문제와도 매우 밀접하게 관련되어 있었다고 할 수 있다. 왕부는 경제문제로부터 당시 동한 사회의 근본과 말단이 도치되어져 있는 사회적 현상을 파악하고, 이러한 현상이 실질적으로는 정치적인 문제를 반영하고 있다고 판단하였다. 그러므로 왕부는 이러한 문제에 대한 언급의 대상을 일반인 계층에 국한하지 않고 통치계층에까지 확대했던 것이었다. 왕부가 '무본론務本論'을 주장하게 된 주된 이유는 바로 일반인과 통치계층의 인사들 모두가 하나같이 마땅히 수행해야할 임무와 직책에 충실하지 못했기 때문이다. 그 결과 사회적 가치관의 혼란이 발생하여 사회와 정치질서의 파괴를 불러 일으켜 동한 사회를 혼란의 도가니로 만들었기 때문에 왕부는 '무본론'을 역설하였던 것이다.

왕부는 당시 사회의 근본과 말단이 도치되어져 있는 사회적 현상을 서술하는데 그치지 않고 이러한 현상이 발생하게 된 원인과 그것이 초래하게 될 결과에 대하여 심도 있는 분석을 했다.

> 공자가 "많은 재물은 덕을 상하게 하며 돈이 많으면 예가 묻히고 만다."라고 말했다. …… 그런데 하물며 여러 관리와 서민으로서 군주를 참월하는 사치를 부리고 있으니, 이는 천도를 위

> 반하는 것이 아니겠는가? 경제 때에 무원후 위불해가 장례를 법률을 넘어 과도하게 했다고 하는 죄에 걸려 그 봉토를 빼앗겼다. 그리고 명제 때에는 창양후 상민이 역시 규제를 뛰어 넘는 큰 무덤을 만들었다가 삭발 당했다. 지금 천하가 사치에 들떠 근본을 잃고 있으며, 그 참월과 사치가 군주를 넘고 있으니 이 또한 심한 일이로다! 이상 여러 가지 비평한 일들은 모두 백성의 본성이 아니다. 그런 일에 다투어 힘쓰는 자들이 정치를 어지럽히고 교화를 야박하게 함으로써 그런 쪽으로 가게 한 것이다.10)

왕부는 경제적으로 부유하게 된 결과는 사회적으로 각종 불량한 현상을 초래하게 되는데, 이러한 불량한 사회적 현상이 출현하게 된 주요한 원인으로는 정치적 혼란에 의한 것이라고 말한다. 정치적 혼란이 발생하게 된 주된 이유는 바로 당시의 예악제도가 중시되지 못했다는데 있다고 할 수 있다. 예악제도가 대표하는 것은 정치윤리의 규범으로 존귀하고 비천한 신분에는 정연한 질서가 있어서 약간의 참월도 허용될 수 없는 것이었다. 앞의 인용문 가운데 "참월과 사치가 군주를 넘는다."라는 언급은 통치계층 최고의 권력자의 권위가 철저하게 무시되고 있는 상황을 의미하고 있는 것이다. 이러한 상황이 발생하게 된 원인은 동한왕조의 외척과 환관 등이 정치를 마음대로 주무르면서부

10) 『潛夫論』, 「浮侈」, "孔子曰: '多貨財傷於德, 弊則沒禮.' …… 況於羣司士庶, 乃可僭侈主上, 過天道乎? 景帝時, 武原侯衛不害, 坐葬過律奪國; 明帝時, 桑民摐陽侯, 坐冢過制髡削. 今天下浮侈離本, 僭奢過上, 亦已甚矣! 凡諸所譏, 皆非民性, 而競務者, 亂政薄化, 使之然也."

터 나타나게 된 것에 있다고 할 수 있다. 즉 황제의 권위가 쇠락하게 되면서 통치계층에는 구조적인 동요가 발생하게 되어 결국에는 정치윤리 규범이 파괴되는 지경에 이르게 된다. 이러한 정치윤리 규범의 파괴는 자연히 사회규범에도 변화를 가져오게 되는데, 구체적으로는 사회적으로나 정치적인 계층을 총망라해서 모두 근본을 경시하는 풍조가 만연하게 되는 것이다. 왕부가 「무본」에서 드러낸 동한 사회의 경제적 문제는 반드시 정치적 역량에 의해서만이 해결할 수 있는 것으로, 정치체제 자체의 역량이 강력하게 된다면 그것이 각 분야에 적용되어 필요한 효과를 낼 수 있을 뿐만 아니라 경제측면에도 번영을 추구할 수 있게 되는 것이다. 아울러 정치적 사회적 질서에 대해서도 효과적으로 관리를 할 수 있을 것이다. 만일 반대로 정치체제의 역량이 유약하게 된다면 그것이 각 분야에 적용되어도 필요한 효과를 얻을 수 없을 것이다. 즉 정책의 추진이나 질서유지에 대하여 효과적인 관리를 못하게 될 것이다.

왕부는 이와 같이 당시 사회에 만연해 있었던 근본과 말단이 도치되어져 있는 풍조로 인하여 초래될 사태에 대하여 매우 정확하게 분석하고 있다.

> 이와 같이 농부 하나가 농사를 지어 백 명을 먹여 살려야 하며, 아낙 하나가 명주를 짜서 백 명을 입혀야 하니, 그 누가 이를 공급할 수 있겠는가? 천하의 수많은 군현에 수만 개를 헤아리는 시읍이 모두 이와 같이 변한다면 근본과 말단이 어찌 충분하게 공급해 줄 수 있겠는가? 백성에게 어찌 추위와 굶주림이

> 없도록 할 수 있겠는가? 추위와 굶주림이 함께 몰려온다면 어찌 그릇된 짓을 하지 아니할 수 있겠는가? 그릇된 행동을 하면 간사하고 올바르지 않게 되고, 간사하고 올바르지 않은 사람이 많아지면 관리가 어찌 엄격하고 혹독하게 하지 않을 수 있겠는가? 관리의 엄격함과 혹독함이 심해지면 어찌 근심과 원망이 없을 수 있겠는가? 근심과 원망하는 사람이 많아지면 흉악한 조짐이 몰려올 것이며, 백성이 애오라지 힘쓸 곳이 없어지면 하늘은 재앙을 내리게 될 것이요, 그렇게 되면 나라가 위태로워지게 마련이다.[11)]

동한 시기에 있어서의 농업은 백성들의 생계유지의 근본이 되는 것으로, 만일 이러한 산업생산의 근간이 되는 농업에 종사하는 사람들의 수가 갈수록 줄어든다면 식량과 의복 등의 공급은 부족하게 되는데, 이러한 입는 것과 먹는 것이 부족하게 되는 상황 속에서 사람들은 쉽게 위험을 무릅쓰고 모험을 감행하게 되어 사회적 혼란을 야기할 것이다. 예를 들면 동한 시기의 화제和帝·안제安帝·순제順帝·충제沖帝·질제質帝의 재위 때에 발생한 대량의 유랑민들 문제가 바로 그것에 해당된다고 할 수 있다. 당시의 유랑민 문제가 초래한 사회적 혼란은 매우 극심했었다고 할 수 있다.[12)] 정부가 백성들의 폭동에 대하여 만일 고

11) 『潛夫論』, 「浮侈」, "是則一夫耕, 百人食之; 一婦桑, 百人衣之. 以一奉百, 孰能供之? 天下百郡千縣, 市邑萬數, 類皆如此, 本末何足相供? 則民安得不饑寒? 饑寒並至, 則安能不爲非? 爲非則姦宄, 姦宄繁多, 則吏安能無嚴酷? 嚴酷數加, 則天安能無愁怨? 愁怨者多, 則咎徵並臻, 下民無聊, 而上天降災, 則國危矣."

12) 金春峰, 『漢代思想史』, 北京, 中國社會科學出版社, 1997년, 610쪽 참조.

압적인 태도로 강경진압을 하게 된다면 상황은 오히려 더욱 악화 일로의 길을 가게 되어 결국은 국가의 근본이 위험해지는 상황에까지 이르게 될 것이다. 왕부는 여기에서 농업문제에만 집중하여 자신의 주장을 펼치고 있는데, 이러한 농업은 당시 국가경제의 가장 중요한 재원이었다. 농업이 국가경제의 가장 중요한 재원이었기 때문에 농업문제는 바로 경제문제와 직결되는 것이라고 할 수 있는 것이다.

3. 근본과 말단의 구분을 통한 사회문제 해소

왕부는 '무본론'에서 도대체 어떤 것이 근본이 되고, 또 어떠한 것이 말단이 되는지의 문제와 근본과 말단에 대한 가치판단은 또한 어떤 것인가에 대하여 심도 있는 분석을 했다.

> 무릇 다스림의 대체는 말단을 억제하고 근본을 힘쓰는 것보다 훌륭한 것이 없고, 근본을 떠나 말단을 꾸미는 것보다 잘못된 것이 없다. 무릇 나라를 다스리는 자는 백성을 부유하게 하는 것을 근본으로 삼고, 학문을 바르게 하는 것으로 기초를 삼아야 한다. …… 무릇 백성을 부유하게 하려면 농업을 근본으로 하고 상공업을 말단으로 해야 한다. 공인은 쓸모 있음을 근본으로 삼고 보기 좋게 꾸미는 것을 말단으로 삼아야 한다. 상인은 재화를 유통시키는 것을 근본으로 삼고 특이한 물건을 파는 것을 말단으로 삼아야 한다. 이러한 세 가지에서 근본을 지키고 말단을 버리면 백성들이 부유해질 것이며, 반대로 근본을 버리

> 고 말단을 붙들고 늘어지면 백성들은 가난해지고 만다. 백성들이 가난해지면 궁액에 빠져 선을 잊게 되고, 백성이 부유하게 되면 즐거움을 알게 되고 가르칠 수가 있다. 교훈이라는 것은 도의를 근본으로 삼고 교묘한 말을 말단으로 삼는다. 사어는 신뢰할 수 있는 것을 근본으로 삼고 아름답게 꾸미는 것을 말단으로 삼는다. 열사는 효제를 근본으로 삼고 교유를 말단으로 삼는다. 효제라는 것은 정성을 다해 봉양하는 것을 근본으로 삼고 외양만 화려하게 보이는 것을 말단으로 삼는다. 남의 신하된 사람은 충정을 근본으로 삼고 총애 받는 것을 말단으로 삼는다. 이러한 다섯 가지에서 근본을 지키고 말단을 버리면 인의가 일어날 것이고, 근본을 버리고 말단을 지키면 도덕이 붕괴된다. 근본을 신중히 하면서 말단을 홀략하게 하는 것은 옳은 것이고, 근본을 버리고 말단에 힘쓰게 되면 나쁜 것이다.[13)]

왕부의 근본을 숭상하고 말단을 억누른다고 하는 주장의 핵심은 당시 사회의 정치 경제적 위기 상황의 극복에 있었는데, 이는 바로 정상적인 정치와 경제의 질서를 회복하는 것을 의미한다. 왕부의 근본과 말단에 대한 가치판단 역시 이러한 정치 및 경제 질서의 회복에 초점이 맞춰져 있었던 것이다. 정상적으로

---

13) 『潛夫論』, 「務本」, "凡爲治之大體, 莫善於抑末而務本, 莫不善於離本而飾末. 夫爲國者, 以富民爲本, 以正學爲基. …… 夫富民者, 以農桑爲本, 以游業爲末; 百工者, 以致用爲本, 以巧飾爲末; 商賈者, 以通貨爲本, 以鬻奇爲末. 三者守本離末則民富, 離本守末則民貧; 貧則阨而忘善, 富則樂而可教. 教訓者, 以道義爲本, 以巧辯爲末; 辭語者, 以信順爲本, 以詭麗爲末; 列士者, 以孝悌爲本, 以交游爲末; 孝悌者, 以致養爲本, 以華觀爲末; 人臣者, 以忠正爲本, 以媚愛爲末. 五者守本離末則仁義興, 離本守末則道德崩. 愼本略末猶可, 舍本務末則惡矣."

정치 및 경제 질서를 유지하는 것이 근본이 되는데, 여기에서의 근본은 근본적인 것이라는 의미 외에도 중요한 것 · 선한 것이라고 하는 평가까지 그 속에 포함하고 있는 개념이라고 할 수 있다. 반대로 정치 및 경제 질서를 혼란하게 만드는 것은 말단이 되는데, 여기에서의 말단은 중요하지 않은 것 악한 것이라고 하는 가치판단을 의미하는 것이다.

왕부가 제기한 '무본론'의 중점은 두 가지 측면에서 언급되어질 수 있는데, 그중 하나는 경제이고 다른 하나는 도덕교화가 된다. 농민과 상인 및 공인은 경제문제를 고려하고 사인과 신하는 도덕문제를 고려한다. 왕부는 농민과 상인 및 공인 그리고 신하 등의 각 계층의 인사들에 대하여 근본과 말단의 가치표준을 그들에게 균등하게 부여한다.

왕부는 경제적인 문제를 고려했을 때는 농업이나 상공업을 막론하고 모두 반드시 국가전체의 이익을 출발점으로 하여 매사에 대하여 실효성을 추구해야한다고 했으며, 국가의 이익에 전혀 도움이 되지 않으며 전문적으로 사치와 향락을 일삼는 자들은 모두 말단에 속하는 것으로 일률적으로 배척해야 한다고 했다. 또한 왕부는 상공업이 사람들로 하여금 쉽게 부를 축적할 수 있게 한다는 것을 알고 있었지만, 많은 이익이 한 사람에게만 집중되는 현상이 발생하여 결과적으로는 개인적으로 부유한 사람이 생기지만 일반 백성들은 더욱 빈곤해지게 된다고 보았다. 즉 상공업이 그것에 종사하는 개인을 부유하게 만들어 주기는 하지만 국가적 차원에서 볼 때는 농업생산에 필요한 노동력을 감소시키기 때문에, 왕부는 국가의 공적인 이익이 근본이 되어야하고 개인의 사적인 이익은 말단이 되어야 한다고 생각했다. 게다가 왕부는 상공업은 유동적인 성향이 강해서 사회질서 유지에 부정적인 영향을 줄 수 있다고 보았는데, 예를 들면 부유한 사람들은 그 재력을 이용하여 고위직에 올라서 정치질서를 어지럽히고 거대상인들은 금전을 이용하여 물류를 독점함으로써 시장의 유통질서를 교란시켜서 결국에는 사회전체에 불량한 풍조를 조성하게 된다는 것이다.

> 오늘날의 거대상인들이 많은 돈을 풀어놓으니, 유력한 가문의 자제들이 돈을 위해서 일을 하며 심지어는 그들을 좇아서 가신이나 종복 등으로 근무하여 그 수입이 봉토를 가진 군주에 비견된다. 그러므로 많은 사람들이 그러한 것을 부러워하여 농사짓지 않고 먹거나 사치와 향락에 빠져 눈과 귀를 어지럽힌다.[14]

왕부는 농업과 상공업 가운데 농업을 근본 중에 근본으로 선택했다.[15] 또 한 가지 주목할 만한 것은 왕부의 근본과 말단에 대한 가치판단이 전통적인 중농억상重農抑商의 관념과는 완전히 일치하지는 않는다고 하는 점이다. 즉 왕부가 채택한 상공업에 대한 직접적인 평가는 사마천司馬遷과 상홍양桑弘羊과 비슷하다고 할 수 있다.[16] 왕부가 상공업에 대하여 배척한 것은 사치성 소

---

14) 『後漢書』, 「桓譚傳」, "今富商大賈, 多放錢貨, 中家子弟, 爲之保役, 趨走與臣僕等勤, 收稅與封君比入. 是以衆人慕效, 不耕而食, 至乃多通侈靡, 以淫耳目."

15) 劉文英, 『王符評傳』, 南京, 南京大學出版社, 1993년, 78쪽 참조.

16) 『史記』, 「貨殖列傳」, "天下熙熙, 皆爲利來; 天下壤壤, 皆爲利往. …… 農,

비재 물품을 생산하고 판매하는 행위였던 것이다. 그는 수공업자들에게 편리하며 질기고 견고한 제품을 생산할 것을 독려했는데, 이는 그가 생산된 제품의 실용적 가치에 의미를 두고 있다는 사실을 알 수 있게 하며, 또한 상인들에게는 유용하고 견고한 물품을 판매할 것을 독려했는데, 이는 그가 물품의 효용성에 의미를 두고 있다는 사실을 알 수 있게 해준다. 왕부는 상공업자들이 기구를 갖추고 물건을 유통하는 능력을 갖추고 있는 것으로 여기는 한편 상공업이 재화를 창조할 뿐만 아니라 또한 국가사회 전체의 경제발전을 촉진시킨다고 하는 점을 긍정하였다. 그러나 어떠한 형태의 물품을 생산하거나 판매하거나를 막론하고 반드시 주의해야 할 점은 물품의 실용성이었다. 오직 실용성이 있어야 만이 비로소 정확한 소비관념이 발생하게 되는 것이며, 정확한 소비관념은 상공업이 비정상적인 방향으로 발전하는 것을 막아주는 역할을 한다는 것이다.

왕부는 도덕적인 문제에 대한 고려에서 윤리질서의 유지에 역점을 두는데, 이러한 윤리질서의 유지는 국가 정권의 안정을 더욱 공고히 하기 위해서 필요한 것이라고 생각했다. 사회 윤리의 측면에서 왕부는 가정윤리의 효도를 근본으로 삼았고, 정치윤리의 측면에서는 충성을 근본으로 삼았다. 이러한 충효를 위주로

工, 商, 賈畜長, 固求富益貨也."에서 알 수 있듯이 사마천 역시 상공업의 영리행위에 대해서 배척하는 태도를 취하지는 않았다. 또한 상홍양 역시 『鹽鐵論』, 「力耕」에서 농업과 상공업이 서로 보완적인 관계에 있음을 역설했다. 이와 같이 사마천과 상홍양은 기본적으로는 상공업 활동에 대하여 배척하거나 경시하는 태도를 취하지 않고 집적으로 긍정적인 평가를 했다.

하는 도덕가치는 개인의 요구에 대하여 절대적 대가를 지불한다. 이러한 도덕규범은 사회와 정치적인 측면의 안정성을 유지시키는데 적지 않은 도움을 준다.

왕부의 「무본」에 나타나 있는 경제이론의 가치방향은 국가 전체의 이익과 정권 시스템의 안정적 유지를 위한 전제로서 이러한 요구는 근본이 되는 것이며 이는 좋은 사회적 규범에 속하는 것이다. 이와 반대의 경우에는 말단이 되는 것이며 이는 비정상적인 사회적 혼란 현상에 속하게 되는 것이다.

왕부가 주장한 「무본」의 경제정책은 근본과 말단에 관한 가치관의 명확한 정립을 통하여 당시 사회의 위기국면을 극복하고자 한 것이었다고 할 수 있다. 이러한 위기상황에 대하여 그가 제시한 구체적인 해결방안은 크게 두 가지 측면으로 요약할 수 있다. 즉 하나는 경제방면의 농업정책 장려문제로 왕부는 '시간을 아낌'과 '백성과 토지가 서로 균형을 이룸'이라고 하는 의견을 제시한다. 다른 하나는 정치방면의 윤리교화 문제로 왕부는 '도덕교화'와 '유능한 인재의 등용'이라고 하는 이론을 내놓는다.

농업정책에 관해서 왕부는 농업생산성을 진작시키기 위해서는 반드시 토지와 인력이라고 하는 두 측면으로부터 착수하여야 한다고 했다. 즉 토지분야에 대해서 그는 토지와 인구가 알맞게 조절되어야 만이 비로소 최대의 재화를 창출해낼 수 있다고 하였다.

『주서周書』에서는 "땅은 넓으나 사람이 적으면 충분히 그 땅의 소출을 다할 수 없다. 이를 허토라고 말한다. 이런 땅은 쳐서 점령해도 된다. 그러나 땅은 좁고 사람은 많아 그 백성이 백성 노릇을 다하지 못할 때에는, 스스로 쇠갈하도록 두면 된다."고 말했다. 그러므로 토지와 백성들은 반드시 서로 균형을 이루어야 한다.[17)]

토지가 넓고 백성들이 적으면 토지의 혜택을 충분하게 이용할 수 없게 된다. 이러한 것을 일컬어 토지를 헛되이 버린다고 하는 것이다. "허토虛土"는 토지자원의 낭비를 초래할 뿐만 아니라 적국으로부터 침략 받을 수 있는 빌미를 제공하기도 한다. 이와는 반대로 토지는 협소하고 백성들이 많으면 백성들의 생존경쟁에 대한 스트레스가 증가하게 된다. 또한 토지겸병 현상이 발생하여 국가적 위기를 초래할 수 있기 때문에 왕부는 '백성과 토지가 서로 균형을 이룸'이라고 하는 방법적 대안을 제시하여 모든 사람들이 토지가 있어 농사를 지을 수 있게 하고자 했다. 또한 이러한 '백성과 토지가 서로 균형을 이룸'이라고 하는 자신의 주장을 실현시키기 위해서 왕부는 내지의 백성들을 변방으로 이주시켜 변방을 튼튼하게 만드는 정책을 제시함과 동시에 토지는 넓고 백성들이 적은 현상과 토지는 협소하고 백성들이 많은 현상의 문제를 해결하고자 했다.

왕부는 노동인력이란 국가의 재화 창출에 없어서는 안 될 소중한 재원이면서 자원 가운데 하나라는 사실을 강조하는 한편 노동에 대하여 계량화의 개념을 적용한다. 또한 그는 이러한 계

17) 『潛夫論』, 「實邊」, "『周書』曰: '土多人少, 莫出其材, 是謂虛土, 可襲伐也. 土少人衆, 民非其民, 可匱竭也.' 是故土地人民必相稱也."

량화 개념을 통하여 농업생산량이 백성들의 노동시간에 의해서 결정된다고 하는 사실을 설명한다.

> 나라가 나라답게 될 수 있는 것은 백성들이 있기 때문이며, 백성이 곧 백성이 될 수 있는 것은 곧 곡식이 있기 때문이다. 또 곡식이 풍성하게 늘어날 수 있는 것은 사람이 힘을 기울이기 때문이며, 노력이 건강하게 솟아날 수 있는 것은 시간의 성과 때문이다. 질서가 잡힌 나라는 시간이 느긋하기 때문에 그로 인해 백성이 한가하여 힘을 축적할 수 있다. 그러나 혼란한 나라의 시간은 촉박하고 짧기 때문에 그로 인해 백성은 일에 곤핍하여 힘이 늘 부족한 것이다. …… 하늘이 감응하여 재앙을 내려 곡식을 상하게 하는 일은 제외하고, 사람이 저질러 드러난 일을 가지고 말을 풀어나가 보자. 지금 삼부 이하 현, 도, 향, 정 그리고 종사, 독우에 이르기까지 그에 맞는 전사가 있다. 백성들이 농업을 폐하고 소송과 고소에 걸려 그에 매달려 있는 자가 있다. 그리고 그에 맞춰 관사로 그 일에 응해주는 자가 하나씩 있다. 그 날 하루만 계산해도 이는 십만 명이 일을 전폐하고 있는 셈이다. 다시 그에 딸린 사람을 계산해 보면 한 사람의 소송 사건에 두 사람이 이를 위해 먹여주며 뒷바라지를 해야 한다. 이렇게 보면 결국 삼십만 명이 그 본업을 떠나 있는 것이다. 이를 농사지어 먹여 살리는 계산에 맞춰 보면 한 해에 삼백만 명이 굶주림을 받게 되는 것이다.[18)]

---

18) 『潛夫論』, 「愛日」, "國之所以爲國者, 以有民也; 民之所以爲民者, 以有穀也; 穀之所以豊殖者, 以有人功也; 功之所以能建者, 以日力也. 治國之日舒以長, 故其民閒暇而力有餘; 亂國之日促以短, 故其民困務而力不足. …… 除上天感動, 降災傷穀, 但以人功見事言之, 今自三府以下, 至於縣道鄕亭, 及從事督郵, 有典之司, 民廢農桑而守之, 辭訟告訴, 及以官事應

왕부는 물질생산과 노동시간을 함께 연계하고자 했는데, 그가 언급한 "관대함과 한가함"이란 것은 더욱 많은 노동시간을 의미하는 것이고, "시간을 촉박하게 구는 것"은 노동시간이 없다는 것을 의미한다. 국가나 백성들의 빈곤함과 부유함은 노동시간의 길고 짧음에 의해서 결정되는 것이기 때문에 왕부는 통치계층이 "부역을 줄여 주고 백성을 위해 시간을 아껴야 한다."고 언급하여 백성들에게 생계를 유지할 수 있는 절대노동시간을 부여해줘야 한다고 주장했다.[19] 이러할 때에 비로소 백성들은 온전하게 농업에 전념하게 될 수 있어 산업생산량이 증대되는 것이다.

윤리규범에 관해서 왕부는 '도덕교화'와 '유능한 인재의 등용'이라고 하는 정책대안을 제시한다. 도덕교화란 통치자 자신의 자기수양과 도덕에 의한 교화 내용을 포함하는 것이다.

> 근본과 말단 생장과 소멸에 대한 쟁점은 모두가 군주에게 그 원인이 있는 것이지 아래의 백성이 고쳐줄 수 있는 것이 아니다. …… 그러므로 현명한 군주가 국가를 다스림에는 반드시 근본을 숭상하고 말단을 억눌러서 혼란과 위태로움의 싹을 막아야 한다.[20]

왕부는 근본과 말단이 전도되어 발생하는 사회적 정치적 문제

對吏者, 一人之, 日廢十萬人, 人復下計之, 一人有事, 二人獲餉, 是爲日三十萬人離其業也. 以中農率之, 則是歲三百萬口受其饑也."

19) 祝瑞開, 『兩漢思想史』, 上海, 上海古籍出版社, 1989년, 368쪽 참조.

20) 『潛夫論』, 「務本」, "夫本末消息之爭, 皆在於君, 非下民之所能移也. …… 故明君莅國, 必崇本抑末, 以遏亂爲之萌."

를 해결하기 위해서는 통치계층의 최상위 인물인 군주의 책무가 막중하다고 생각했다. 그렇다면 현명한 군주는 과연 어떤 방법으로 사회적 정치적 혼란의 현상을 해결 하려고 했을까?

> 현명한 군주의 통치에는 스스로 이를 교화시켜 몸소 보여주는 것 만한 것이 없다. 도덕을 근본으로 하고 인의를 보좌로 하여 생각과 마음에 순리대로 다스리며 백성을 책임 지우되 널리 힘쓰게 하면 사해가 다스려질 것이니, 어찌 성쇠의 소장이 있겠는가?[21)]

왕부는 통치자 스스로가 자기수양의 교화를 백성들에게 직접 보여주는 것이야말로 불량한 사회풍조를 바로잡을 수 있는 최선의 방법 가운데 하나라고 생각했다. 또한 왕부는 이러한 방법 외에도 학문을 바르게 하는 것과 교화와 훈육의 내용은 도의道義와 충효를 근본으로 해야 한다고 역설했으며, 이러한 도덕을 교화의 내용으로 삼아서 윤리규범의 구속력을 증가시키려고 했다.

왕부는 유능한 인재를 등용하기 위해서는 정부 관료의 선발임용의 문제로부터 착수해야 한다고 주장했다.[22)]

> 이에 오직 공선에 신중하며 출척에 대해서는 분명하였다. 관직에는 그에 맞는 인물을 뽑아 그 직위에 맞는 임무를 맡겼다. "위대한 하늘의 뜻을 공경하여 백성을 인도하되 농사짓는 때를

---

21) 『潛夫論』, 「叙錄」, "明王統治, 莫大身化, 道德爲本, 仁義爲佐, 思心順政, 責民務廣, 四海治焉, 何有消長?"

22) 周桂鈿, 『秦漢思想史』, 石家莊, 河北人民出版社, 2000년, 430쪽 참조.

> 위배하지 않으리!", "며느리 아기 데리고 남쪽 밭으로 밥 이고 오네." 윗사람은 예절에 힘써 바른 몸가짐을 아랫사람에게 보이고 아랫사람은 그 정치를 즐거워하며, 각기 자기 힘 다하기를 힘쓰며 그 윗사람을 받들고 모신다.[23]

관리의 역할은 군주를 대신하여 백성들을 다스리는 것 외에도 백성들의 모범이 되는 역할과 사회적으로 미풍양속을 유지시키는 역할도 있다. 그러므로 한 사회의 풍조가 좋고 나쁨의 여부는 정부 관료의 선발 및 임용과 매우 밀접하게 관련되어 있는 것이라고 할 수 있다. 왕부의 「무본」에 나타나 있는 여러 가지 경제관련 정책들을 검토했을 때 '무본론'의 핵심점은 바로 경제적인 윤택함과 도덕교화의 문제 있다는 것을 알 수 있다. 이러한 점들은 비록 유가에서 일관되게 주장한 것이지만 왕부는 이론적 서술에만 그치지 않고 동한 사회가 처한 현실 속에서 문제의 소재를 찾아내고 그에 대한 해결 방법을 모색했었다는 데 그 공로가 있는 것이다.

4. 맺는 말

이상과 같이 왕부의 『잠부론』에서 정치사상에 관한 부분인 「무본務本」을 중심으로 동한시대 사회문제 발생원인 분석과

23) 『潛夫論』, 「班祿」, "乃惟愼貢選, 明必黜涉, 官得其人, 人任其職; 欽若昊天, 敬授民時. 同我婦子, 합彼南畝.上務節禮, 正身示下, 下悅其政, 各樂竭己, 奉戴其上."

본말本末문제의 정립을 통한 사회문제 해결을 중심으로 살펴보았는데 정리하면 다음과 같다.

왕부는 경제문제로부터 당시 동한 사회의 근본과 말단이 도치되어져 있는 사회적 현상을 파악하고, 이러한 현상이 실질적으로는 정치적인 문제를 반영하고 있다고 판단하였다. 그래서 왕부는 이러한 문제에 대한 언급의 대상을 일반인 계층에 국한하지 않고 통치계층에까지 확대했다. 왕부가 '무본론'을 주장하게 된 주된 이유는 동한 사회의 모든 계층의 사람들이 하나같이 자신이 수행해야할 임무와 직책에 충실하지 못했기 때문에 사회적 가치관의 혼란이 발생하여 사회와 정치질서의 파괴를 초래하고, 그러한 결과 동한 사회를 혼란의 도가니로 만들었기 때문에 이를 바로 잡고자 '무본론'을 주장하게 되었던 것이다.

왕부가 제기한 '무본론'의 중점은 두 가지 측면에서 언급되어질 수 있는데, 그중 하나는 경제이고 다른 하나는 도덕교화다. 즉 농민과 상인 및 공인은 경제문제를 고려하고 사인과 신하는 도덕문제를 고려한다. 왕부는 농민과 상인 및 공인 그리고 신하 등의 각 계층의 인사들에 대하여 근본과 말단의 가치표준을 그들에게 균등하게 부여한다.

왕부는 경제적인 문제를 고려했을 때는 농업이나 상공업을 막론하고 모두 반드시 국가전체의 이익을 출발점으로 하여 매사에 대하여 실효성을 추구해야한다고 했으며, 국가의 이익에 전혀 도움이 되지 않으며 전문적으로 사치와 향락을 일삼는 자들은 모두 말단에 속하는 것으로 일률적으로 배척해야 한다고 했다. 또한 왕부는 상공업이 사람들로 하여금 쉽게 부를 축적할 수 있게 한다는 것을 알고 있었지만, 많은 이익이 한 사람에게만 집중되는 현상이 발생하여 결과적으로는 개인적으로 부유한 사람이 생기지만 일반 백성들은 더욱 빈곤해지게 된다고 보았다. 즉 상공업이 그것에 종사하는 개인을 부유하게 만들어 주기는 하지만 국가적 차원에서 볼 때는 농업생산에 필요한 노동력을 감소시키기 때문에, 왕부는 국가의 공적인 이익이 근본이 되어야하고 개인의 사적인 이익은 말단이 되어야 한다고 생각했다. 게다가 왕부는 상공업은 유동적인 성향이 강해서 사회질서 유지에 부정적인 영향을 줄 수 있다고 보았는데, 예를 들면 부유한 사람들은 그 재력을 이용하여 고위직에 올라서 정치질서를 어지럽히고 거대상인들은 금전을 이용하여 물류를 독점하여 시장의 유통질서를 교란시켜서 결국에는 사회전체에 불량한 풍조를 조성하게 된다는 것이다.

왕부는 도덕적인 문제에 대한 고려에서 윤리질서의 유지에 역점을 두는데, 이러한 윤리질서의 유지는 국가 정권의 안정을 더욱 공고히 하기 위해서 필요한 것이라고 생각했다. 사회윤리의 측면에서 왕부는 가정윤리의 효도를 근본으로 삼았고, 정치윤리의 측면에서는 충성을 근본으로 삼았다. 이러한 충효를 위주로 하는 도덕가치는 개인의 요구에 대하여 절대적 대가를 지불한다. 이러한 도덕규범은 사회와 정치적인 측면의 안정성을 유지시키는데 적지 않은 도움을 준다.

왕부가 주장한 「무본」의 경제정책은 근본과 말단에 관한 가치관의 명확한 정립을 통하여 당시 사회의 위기국면을 극복하고자 한 것이었다고 할 수 있다. 이러한 위기상황에 대하여 그가 제시한 구체적인 해결방안은 크게 두 가지 측면으로 요약할 수 있다. 즉 하나는 경제방면의 농업정책 장려문제로 왕부는 '시간을 아낌'과 '백성과 토지가 서로 균형을 이룸'이라고 하는 의견을 제시한다. 다른 하나는 정치방면의 윤리교화 문제로 왕부는 '도덕교화'와 '유능한 인재의 등용'이라고 하는 이론을 내놓는다.

농업정책에 관해서 왕부는 농업생산성을 진작시키기 위해서는 반드시 토지와 인력이라고 하는 두 측면으로부터 착수하여야 한다고 했다. 즉 토지분야에 대해서 그는 토지와 인구가 알맞게 조절되어야 만이 비로소 최대의 재화를 창출해낼 수 있다고 하였다. 윤리규범에 관해서 왕부는 '도덕교화'와 '유능한 인재의 등용'이라고 하는 정책대안을 제시한다. 도덕교화란 통치자 자신의 자기수양과 도덕에 의한 교화 내용을 포함하는 것이다.

참고문헌

司馬遷, 『史記』, 北京, 中華書局, 1983년.

范曄, 『後漢書』, 北京, 中華書局, 1985년.

彭鐸, 『潛夫論箋校正』, 北京, 中華書局, 1985년.

劉文英, 『王符評傳』, 南京, 南京大學出版社, 1993년.

祝瑞開, 『兩漢思想史』, 上海, 上海古籍出版社, 1989년.

金春峰, 『漢代思想史』, 北京, 中國社會科學出版社, 1997년.

周桂鈿, 『秦漢思想史』, 石家莊, 河北人民出版社, 2000년.

劉宗賢 外, 『中國儒學』, 成都, 四川人民出版社, 1994년.

李申, 『中國儒教史』(上), 上海, 上海人民出版社, 1999년.

侯外廬 외, 『中國思想史』, 北京, 人民出版社, 1992년.

吳萬種, 陸馨, 「王符之『潛夫論』的引詩初探」, 『中國人文科學硏究』, 제40집, 2008년.

제13장
중장통의 정치사상

1. 시작하는 말

중장통仲長統이 생존하던 시기는 동한시대 후기로서 이시기는 중국 역사상 정치적으로 가장 암울했던 시기 중의 하나에 해당하며, 사회적으로도 혼란이 극에 달했던 시대라고 말할 수 있다. 즉 이시기는 동한 왕조의 외척세력과 환관들의 발호로 인하여 민생은 극도로 피폐해졌고, 천재지변이나 기근이 잇달아 발생하게 되어 농민들은 만성적인 기근상태에 빠지게 된다. 결국 기근을 견디지 못한 농민들은 제국의 각지에서 반란을 일으키게 되고 마침내는 황건의 대봉기가 폭발하게 된다.[1] 황건적의 난이 수십 년에 걸쳐 진행되는 동안 동한 제국은 그 근저에서부터 서서히 무너져 내리고 있었다. 또한 황건적의 난을 진압하기 위해

1) 松丸道雄 외, 조성을 역, 『中國史槪說』, 서울, 한울아카데미, 1989년, 124~125쪽 참조.

동원된 군벌들 간의 권력다툼은 무너져가고 있던 동한 제국의 멸망을 촉진하는 촉매제의 역할을 했는데, 특히 동탁의 발호와 여타 군벌들 간의 권력쟁탈전은 동한 사회를 극도로 혼란한 지경에 빠트려버렸다고 할 수 있다.

이러한 역사적 변화의 과정과 정치적 상황의 불안정성은 중장통의 인생관에 적지 않은 영향을 끼쳤다고 할 수 있다. 중장통의 인생관은 어떠했을까? 긍정적으로 말한다면, 중장통의 인생관은 소극적이었고 주어진 수명을 온전히 보전하고 유유자적한 삶을 추구하는 것이었다고 할 수 있다. 이와 같은 인생관을 가지고 있었기 때문에 중장통은 당시의 여러 주州나 군郡의 유력한 정치인들이 불러도 번번이 병을 핑계로 불응했던 것이다.[2)] 그러나 한편으로 중장통은 출세지향적인 성향도 가지고 있었다고 할 수 있는데, 그것은 자신이 유학자로서 치국평천하의 포부를 품고 있었지만 그 자신이 처한 시국이 혼란한 형국에 빠져있고 비정상이 정상으로 치부되는 등 현명하고 유능한 인재가 능력을 발휘할 수 없는 상황이었기에 적극적으로 출사를 하지 않았던 것이다. 또 다른 한편으로는 당시의 경학은 이미 지리멸렬하고 번잡한 자구 해석에만 매몰되어 있는 전혀 생기가 없는 죽은 학문이 되어서 그 효용성을 상실한 상태였다. 그렇기 때문에 중장통은 소극적인 인생관을 추구할 수밖에 없었던 것이다.

이와 같이 소극적이고 유유자적한 인생관을 가지고 있었던 중장통에게 있어서 하늘과 인간의 문제에 관한 논의는 그의 사회

2) 『後漢書』, 「仲長統傳」, "每州郡命召, 輒稱疾不就."

관과 역사관 및 정치관에 대하여 조명할 수 있는 매우 소중한 자료라고 할 수 있을 것이다. 다시 말하자면, 정치적·사회적으로 혼란이 극에 달했던 시기를 살아가고 있었던 중장통은 하늘과 인간의 관계 문제에 관한 조명을 통하여 자신이 가지고 있었던 정치적 포부를 밝히고자 했던 것이다.

동한에서 삼국시대로 넘어가는 과도기적 상황 속에서 혼란한 현실을 타개하기 위해서 정치·사회문제에 대하여 자신의 사상을 역설한 중장통의 사상은 동한 말기의 유학사상을 조명하는데 있어서 상당히 중요한 지위를 가지고 있는 사상체계라고 할 수 있을 것이다.

2. 사상적 연원

천인관계론은 인간과 자연 혹은 인간과 우주의 관계에 대한 논의라고 할 수 있다. 우주론에서 인생론에 이르는 다양한 논의들 가운데 첫 걸음이 바로 천인관계론이라고 할 수 있는 것이다. 양한시기의 우주론에 관하여 언급한 사람들 대부분은 모두가 당시 천문학적 지식을 근거로 하여 자신들의 주장을 펼쳤기 때문에 역사적이고 시대적인 한계에 봉착하지 않을 수가 없었다고 할 수 있다. 또한 그들이 벌였던 논쟁의 초점은 우주생성 자체의 문제가 아니라, 자연계에서 발생하는 제반 현상이 천신의 의지를 구현하는 것인지의 문제와 종법윤리를 체현하는지 여부의 문제에 맞춰져 있었던 것이다.

양한시기는 동중서董仲舒부터 시작해서 참위설讖緯說이 유행하던 시절을 거쳐 백호관白虎觀회의 등으로 대표되는 신학과 미신 및 경학 등은 당시의 천문학적 지식을 이용하여 천인감응天人感應의 이론체계 세트를 만들어 냈던 시기라고 말할 수 있다. 이와 같은 천인감응의 이론체계는 군주의 전제정치와 국가의 체제 및 강상명교綱常名敎에 상당히 듬직한 이론적 근거를 제공하게 된다.

동중서는 양한시기의 천인관계론과 관련한 대표적인 사상가라고 할 수 있을 것이다. 동중서는 역작인 『춘추번로春秋繁露』와 「현량대책賢良對策」을 통하여 자신의 천인관계론 사상의 기본 모식인 천인감응설 이론체계를 세상에 내놓는다. 동중서의 천인관계론 사상은 상당히 방대하고 복잡하다고 할 수 있으며, 그것의 핵심적인 내용은 정치적인 문제와 관련된 것들이 주류를 이루고 있다고 할 수 있다. 그렇기 때문에 서복관徐復觀과 같은 경우 "동중서의 천인관계론 사상은 실제로는 그의 정치사상을 지탱하기 위해서 수립된 것이라고 할 수 있다."[3]라고 언급하고 있다.

동중서의 천인관계론 사상의 시작은 바로 자연적 의미의 천을 종교적 의미의 천으로 바꾼 것에 있다고 할 수 있는데, 그는 천을 의지가 있고 목적이 있으며 의식이 있는 존재로 보는 한편 만물을 주재하는 인격신으로 보기도 했다.[4]

> 하늘은 높은 곳에서 자리 잡고 있으면서 비와 이슬을 내려 보내고, 제 모습을 숨기지만 해와 달로 빛을 내뿜는다. 위치가 높

---

3) 徐復觀, 『兩漢思想史』, 卷二, 臺北, 學生書局, 1989년, 413쪽 참조.

4) 馮友蘭, 『中國哲學史新編』, 第三冊, 北京, 人民出版社, 1995년, 53쪽 참조.

기에 존엄한 존재로 생각되고, 비와 이슬을 내리기에 진실한 사랑을 펼치는 것으로 여겨지게 되고, 모습을 감추기에 현묘한 존재로 생각되고, 빛을 내뿜기에 명철한 존재로 생각된다. 위치가 존귀하고 작용이 인자하며 숨어서 신묘하고 드러나 빛나는 것은 하늘의 기능이다.[5]

"인仁의 아름다움은 천天에 달려 있다. 천天은 인仁의 표본으로 천天은 만물을 지켜주고 길러주며 이미 탈바꿈하게 하고서 제대로 살아가게 하고 또 길러주고서도 틀을 갖추도록 한다. 이처럼 (天은) 하는 일의 공적은 끝이 없지만 한 주기의 매듭이 지어지면 다시 시작하고 모든 움직임이 사람에게로 집중되고 사람을 위해 이루어진다. 천天의 뜻을 살펴보면 끝과 한계가 없는 인仁이다. 사람은 천天으로부터 명령을 받고 천天으로부터 인仁을 받아서 그런 인仁을 펼친다."[6]

천天은 이미 지고무상의 존재로 자리 잡았으며, 하늘과 대지는 인간을 낳고, 인간은 뭇 사물들을 초월한 존재인 것이다. 그렇기 때문에 동중서는 "하늘과 대지는 자신의 정기로 만물을 생성시키는데 (그 중에)사람보다 더 고귀한 존재는 없다. 사람은 하늘로부터 명령을 받으므로 만물보다 훨씬 뛰어나서 (하늘, 대

---

5) 董仲舒, 『春秋繁露』, 「離合根」, "天高其位而下其施, 藏其形而見其光. 高其位, 所以爲尊也; 下其施, 所以爲仁也; 藏其形, 所以爲神; 見其光, 所以爲明. 故位尊而施仁, 藏形而見其光者, 天之行也."

6) 『春秋繁露』, 「王道通三」, "仁之美者在於天, 天, 仁也. 天覆育萬物, 既化而生之, 有養而生之, 事功無已, 終而復始, 凡擧歸之以奉人, 察於天之意, 無窮極之仁也. 人之受命於天也, 取仁於天而仁也."

지와) 나란히 자리할 수 있다."[7]라고 주장했던 것이다. 또한 동중서는 인간과 하늘 · 대지가 서로 유사하다고 보아서, "둥근 머리는 하늘과 닮았고, 머리카락은 별들과 닮았으며, 눈과 귀는 해와 달을 닮았으며, 입과 코의 호흡은 바람과 대기를 닮았다."[8]라고 언급했던 것이다.

그러므로 인간은 마땅히 천을 본받아야 하는 것이며, 인간들 가운데 가장 지존의 위치에 있는 천자 역시 예외가 될 수 없는 것이다. 그렇기 때문에 천자는 마땅히 백성들에게 은택을 베풀어야 하고, 덕성과 예의를 중시하고 형벌을 가볍게 해야 하는 것이다.

> 동중서는 천을 종교적인 성격으로 변화시킴과 동시에 통치자가 천을 본받는 천자가 될 수 있기를 희망하였으며, 천과 마찬가지로 은택을 백성들에게 베풀어주고 모든 생명체를 사랑하기를 염원했다. 여기에서 동중서는 천을 기준이 되는 근거로 삼아서 이상적인 형태의 군주의 도리를 수립하고자 했으며, 종교적인 권위로써 천자를 견제하려고 했던 것이다."[9]

천자는 하늘을 본받아서 정치를 해야 하는 존재로서, 즉 "천하의 사람들이 모두가 한 마음으로 천자에게 귀의하는 것이 마

---

7) 『春秋繁露』, 「人副天數」, "天地之精所以生物者, 莫貴於人. 人受命乎天也, 故超然有以倚."

8) 『春秋繁露』, 「人副天數」, "首而員, 象天容也; 髮, 象星辰也; 耳目戾戾, 象日月也; 鼻口呼吸, 象風氣也."

9) 韋政通, 『中國思想史』, 上冊, 臺北, 大林出版社, 1979년, 469쪽 참조.

치 부모에게 귀의하는 것과 같기 때문에, 하늘은 상서로움으로 호응한다."[10]고 하였다. 그러나 만일 그렇지 않을 경우 천天은 반드시 재이災異를 보여준다. 동중서가 언급한 재이라고 하는 것은 "재앙이라고 하는 것은 하늘의 꾸짖음이고, 괴이한 일이라고 하는 것은 하늘의 위협이다. 꾸짖었는데도 알지 못하면 위협으로써 두렵게 만든다."[11]와 같은 것이다.

하늘과 인간이 서로가 감응할 수 있게 되면 진일보하여 하늘과 인간이 하나로 합치되는 천인합일天人合一에 도달하게 되는 것이다. 따라서 백성들의 지위는 하늘과 같이 귀한 것이니 비록 제왕의 지위가 존귀한 것이기는 해도 반드시 하늘의 뜻에 의거해서 정사를 펼쳐야만 하는 것이다. 만일 그렇지 않을 경우에는 천天이 반드시 재앙을 내리게 된다는 것이다. 천天은 백성들로써 마음을 삼으니 백성들의 마음이 곧 하늘의 마음 즉 민심이 곧 천심이 되는 것이다. 그렇기 때문에 제왕이 백성들의 마음을 어루만져 주고 그들의 삶을 보살펴 줄 때에 비로소 하늘의 마음 즉 천심에 부합하게 되는 것이다. 이와 같을 때 비로소 유가의 천하를 안정시킨다고 하는 이상이 달성되는 것이다.

이와 같이 종교적 색체가 농후한 재이설이나 참위설의 세례를 받은 천인감응설天人感應說은 동한 시기 말기의 시대적 상황 속에서 점진적으로 교착상태에 빠지다가 결국에는 생명력을 상실하게 된다. 임계유任繼愈의 경우 "천인감응설의 장엄한 설교는 군

10) 『漢書』, 「董仲舒傳」, "天下之人, 同心歸之, 若歸父母, 故天瑞應."

11) 『春秋繁露』, 「必仁且智」, "災者, 天之譴也; 異者, 天之威也. 譴之而不知, 乃畏之以威."

중들이 보기에 단지 조정의 통치자가 자신들을 조롱하는 자료로서 만들었을 뿐으로 다시는 통일된 사상을 발휘할 수 없었고 백성들을 진압하는 작용 역시 할 수가 없었다."[12]라고 언급하고 있다. 이처럼 천인감응설은 자연히 의식 있는 선비들의 호응을 받지 못하게 되다가 결국에는 천인감응설의 이론체계에 대하여 비판하는 일군의 무리들이 등장하게 된다. 중장통은 이러한 비판세력들 가운데 가장 대표적인 사상가였던 것이다.

양한시기의 천인관계론 사상 가운데 중장통에게 가장 커다란 영향을 끼친 사상가로는 두 사람이 있었는데, 그들은 바로 왕충王充과 왕부王符라고 할 수 있다. 왕충의 천인관계론은 우주론에서부터 시작된다고 할 수 있다. 왕충은 천天은 형체가 있는 것으로 기氣가 아니라고 생각하였으며, 인간이 비록 형체가 있는 존재라고 할지라도 천의 형체와 인간의 형체는 다른 것이라고 보았다. 즉 왕충은 인간에게는 욕망이 있는 반면에 천에게는 욕망이 없으며, 인간에게는 유위有爲가 있는 반면 천에게는 무위無爲가 있기 때문에 하늘과 인간은 서로 인식할 수 없으며, 하늘과 인간은 서로 감응하지 않는다고 생각했던 것이다.

위정통韋政通의 경우 "왕충이 철저하게 천인감응설을 내팽개칠 수 있었기 때문에 그의 사상이 비약적으로 발전할 수가 있었던 것이다. 즉 그는 노자의 천도자연관을 계승하였을 뿐만 아니라 순자의 천인지분의 의미를 이해할 수 있었기 때문에 천인감응설에서 벗어날 수 있었던 것이다."[13]라고 언급하고 있다. 그렇

12) 任繼愈, 『中國哲學發展史 - 秦漢』, 北京, 人民出版社, 1985년, 712쪽 참조.

기 때문에 왕충의 사상은 천인감응설을 반대하는 이론적 도구가 되었던 것이라고 할 수 있었던 것이다. 그렇지만 왕충은 인간의 주관적 능동성을 홀시했기 때문에 사회적 영역이나 정치적 분야에 관한 비판은 미약하고 무기력했던 것이며, 결국에는 운명론에 빠지게 되는 오류를 범하게 되었던 것이다.[14]

왕부는 원기일원론元氣一元論의 관점으로 천지의 기원에 관한 문제에 대하여 해석을 내놓는다. 즉 왕부는 천지만물의 발생은 처음 시작할 때 원기元氣에서 나오는 것이라고 생각했으며, 기氣의 운행과 감동感動이 궁극에 도달하게 되면 자연계 전체의 규칙과 현상 모두가 그것에 의해서 조작되고 작용되는 것이라고 생각했다. 왕부는 인간이 천지와 기氣의 정수를 받아 생겨난 존재이기 때문에, 인간의 정신과 천지자연은 서로 소통되는 것이고 서로가 감응할 수 있다고 생각했다. 그렇기 때문에 왕부의 천인관계론 사상의 실질적인 연원은 동중서로부터 비롯된 것이라고 할 수 있는 것이다. 하지만 이와 같은 왕부의 천인관계론 사상과 동중서의 천인관계론 사상 사이에는 약간의 차이점이 존재하는데, 그 주요한 차이는 바로 왕부가 인간의 주동적인 작용을 특별하게 중시한 것에 있다고 하는 점이다. 그래서 왕부는 "인도人道라고 하는 것은 작위다."라고 하는 관념을 제기했던 것이다. 이러한 왕부의 "인도는 작위다."라고 하는 관념에 대하여 호초생胡楚生과 같은 경우 다음과 같이 말하고 있다.

---

13) 韋政通,『中國思想史』, 上冊, 臺北, 大林出版社, 1979년, 531쪽 참조.

14) 任繼愈,『中國哲學發展史 - 秦漢』, 北京, 人民出版社, 1985년, 738쪽 참조.

> 인간의 작용은 천지와 서로 보좌하는 것에 있는 것으로, 장차 하늘이 베풀고 땅이 화육시키는 작용을 하려고 할 때 이를 널리 퍼트림으로써 적극적이고 주동적인 작용을 발휘하게 한다. 또한 더 나아가 만물을 통괄하고 제어함으로써 우주 사이의 만물이 끊임없이 생성하고 번성할 수 있도록 도모하여 하늘과 땅 그리고 인간이라고 하는 삼재의 큰 작용을 완성하는 것이다. 이러한 것이 바로 작위의 표현이 되는 것이다.[15]

이상과 같은 주장을 근거로 보았을 때, 왕부는 과연 인간의 주관적 능동성을 상당히 중시했음을 알 수 있게 된다. 하지만 왕부는 일찍이 천명天命으로써 군주의 기원을 해석하는 등 천도의 권선징악과 같은 작용이 있다고 하는 그릇된 주장을 하기도 했다.[16]

중장통의 천인관계론은 왕부의 사유방식의 오류들을 비판적으로 흡수한 결과 더 이상은 원기元氣가 만물을 생성했다고 하는 것과 같은 이론체계를 수립하지 않고 직접적으로 "인간사가 근본이 되고, 천도는 말단이 되는 것이다."라고 하는 주장을 제기한다.

---

15) 胡楚生, 「王符思想中一基本概念 "人道曰爲"之解釋」, 『幼獅月刊』, 第四十七卷, 第六期, 1978년, 5~11쪽 참조.

16) 『潛夫論』, 「考績」, "聖王之建百官也, 皆以承天治地, 牧養萬民者也."에서와 같이 볼 수 있듯이 왕부는 군주가 관리를 두고 정치를 하는 것을 하늘이 땅을 다스리고 모든 백성들을 양육하는 것을 계승한 것으로 보고 있다. 이처럼 왕부는 군주의 기원을 천명에 있는 것으로 보고 있는 것이다.

3. 천인관계론에 반영된 현실정치에 대한 견해

중장통의 천인관계론은 정치적·사회적 및 역사적인 요소들을 귀납시켜 내놓은 결과물이라고 할 수 있다. 중장통의 주장은 인간 세상과 관련된 일을 근본으로 하고 천도를 말단으로 한다고 하는 것을 원칙으로 하여, 역사적으로 커다란 치적을 남기고 그 명성이 멀리까지 알려진 군주들 모두는 "오직 인간사에 관련된 일에 진력을 다했을 뿐 천도의 문제에 대하여서는 배우질 않았다."[17]고 했다.

> 옛날 한 고조께서 진나라를 멸하고 항우를 제거하고 천자의 재위에 오르셨고, 광무제는 재위를 찬탈한 왕망을 토벌하여 이미 멸망한 한나라를 회복시켰는데, 이들은 모두가 천명을 받은 성인군주이다. 소하, 조참, 위표, 진평, 곽광 등은 오랑캐에 대하여 원칙을 가지고 대했으며 대종을 존중하고 창읍을 폐하고 효선제를 옹립하여 국가를 잘 경영하고 사직을 안정시킨 훌륭한 신하들이다. …… 위엄을 사해에 떨치고 덕을 베풀어 백성들을 돌보아서 공적을 세우고 명성이 자손대대로 전해지게 되는 것은 바로 오직 인간사에 관련 된 일에 진력을 다했을 뿐 천도의 문제에 대하여서는 배우질 않았기 때문이다. 그렇다면 왕도를 천하에 시행한 군주의 신하된 사람은 천도를 아는 것에 의지할 필요가 없는 것이기 때문에 하늘의 도를 이용하는 것을 귀하게 여기는 것이다. 즉 별자리의 움직임을 잘 살펴서 백성들의 농사

17) 魏徵, 『群書治要』, 卷四十五, "唯人事之盡耳, 無天道之學焉."

에 도움을 주고 사계절의 운행을 잘 따라서 농업을 흥성하게 한다. …… 그러므로 천도만 알고 인간사에 대해서는 관심이 없는 사람은 무당이나 점술사와 같은 무리들로서 우매하고 사람 축에 끼지 못하는 백성들이다. 천도만을 맹신하고 인간사에 위배되는 일을 하는 사람은 혼란하고 미혹에 빠진 군주이며 국가를 망치게 하는 신하이다.[18)]

오직 인간사에 진력을 다하고 천도를 신경 쓰지 말아야 한다고 하는 주장은 한나라 시기에 있어서 파천황적인 탁견이라고 할 수 있다는 찬사를 받았다.[19)] 중장통의 관념 속에 있어서 천도와 천의 도리는 분명하게 다른 것이었다. 즉 그가 언급한 천도라고 하는 것은 재이나 귀신 따위를 맹신하는 것이었고, 천의 도리는 자연계의 규칙이나 법칙 등과 같은 것으로 객관적으로 존재하는 사실을 의미하는 것이었다.

중장통은 왕도를 천하에 펼친 군주의 신하가 된 사람은 천도를 아는 것에 의지할 필요가 없기 때문에 하늘의 도를 이용하는 것을 귀하게 여긴다고 생각했다. 그러므로 하늘의 도에 대하여 명료하게 알고 있기 때문에 별자리의 움직임을 살펴서 백성들의 생업에 도움을 주고 사계절의 운행을 잘 따라서 농업을 흥성하게 하고 공업생산력을 증대시킬 수 있게 만들어 주는 것이다. 그렇기 때문에 중장통은 "천도에서 취하는 것은 사계절의 마땅함이고, 인간사에 전일하는 것은 혼란을 다스리는 것의 실질적

18) 魏徵, 『群書治要』, 卷四十五, 『四部叢刊初編』本.

19) 侯外廬, 『中國思想通史』, 第二卷, 北京, 人民出版社, 1992년, 443쪽 참조.

인 행위인 것이다."[20]라고 하였던 것이다. 그렇기 때문에 『주례周禮』에 기재되어 있는 풍상馮相과 보장保章의 직책은 천인감응의 도리를 간략하게 대비한 것에 불과한 것으로, 그 직책의 주요한 업무는 별자리의 관찰을 통하여 길흉을 판별하고 사계절의 변화 시점과 음양의 변화에 관한 자료를 제공해줌으로써 인간사에 이용할 수 있도록 준비해주는 것이었다. 이들의 직책은 "결코 천하를 다스리는 것의 근본이나 백성들을 생육케 하는 이법의 요체가 아니었던 것이다."[21]

> 어떤 사람이 천하를 다스리는 것의 근본과 요체는 어디에 있는 것이냐고 묻자, 중장통이 대답했다. 군주가 백성들을 관리하는 것에는 사사로이 하는 것이 없고, 오직 현명한 사람을 친애하며 정사에 부지런히 힘쓰고 자주 공훈이 있는 신하들을 살펴서 그들의 공로에 부응하게 포상을 내려주고 죄악을 저지른 자들에게는 형벌이 돌아가게 하면 정치는 안정되고 백성들은 평안해질 것이다. 각자가 맡은바 소임을 다하면 곧 천지가 저절로 우리로부터 바르게 될 것이고 아름다운 징조가 저절로 우리로부터 감응하여 모이게 될 것이며, 나쁜 사물들이 저절로 우리에 의해서 버림당하고 없어지게 될 것이니, 그러한 것의 그렇지 아니함을 구한다면 결국은 얻지 못하게 된다.[22]

20) 魏徵, 『群書治要』, 卷四十五, "所取於天道者, 謂四時之宜也; 所壹於人事者, 謂治亂之實也."

21) 魏徵, 『群書治要』, 卷四十五, "決非治天下之本, 理生民之要."

22) 魏徵, 『群書治要』, 卷四十五, 『四部叢刊初編』 本.

군주가 하는 일이라는 것이 친족이 아니면 다른 사람을 총애하는 것인데, 총애한다고 하는 것은 아름다운 여인이 아니면 곧 아첨꾼이다. 같고 다른 것으로써 선악판단의 기준을 삼고, 기쁘고 노함으로써 상벌의 기준을 삼으면, 아름다운 여인을 취하게 되고 오랫동안 태만하게 되어 결국에는 백성들의 원성을 사게 되고 □류를 잔인하게 해치게 된다. …… 풍상이 천체관측대의 위에 앉아서 아래로 내려오지 않고, 축사가 제단 옆에 엎드려 가려고 하지 않으니, 무익함이 패망하는 것과 같다. 이로부터 말하자면, 인간사가 근본이 되고, 천도는 말단이 되는 것이다.[23)]

중장통은 여기에서 진일보하여 “인간사가 근본이 되고, 천도는 말단이 되는 것이다.”라고 하는 주장을 제기한다. 그는 이러한 주장을 통하여 군주 된 사람이 성심성의를 다하여 인간사의 문제에 전력을 기울여야 한다고 생각했다. 또한 그는 군주가 천하의 혼란을 다스리는 것의 실질적인 행위에 뜻을 두고 있다면, 천도에 대해서 섬기는 태도를 갖지 말아야 하며 또한 백성들을 다스리고 치적을 쌓는데 방해가 없어야 하는 것이라고 했다. 만약 그렇지 않으면 군주가 정치를 펼치는 것에 있어서 인간사의 일들에 대하여 등한시하게 되고 매사를 천도에 기대어 처리하고자 하면, 결국에는 패망하게 되는 운명을 피해나갈 수가 없게 되는 것이다.

그렇기 때문에 중장통은 “인간사가 근본이 되고, 천도는 말단이 되는 것이다.”라고 하는 것을 군주를 분류하는 기준으로 삼

23) 魏徵,『群書治要』, 卷四十五,『四部叢刊初編』本.

았던 것이다.

> 그러므로 자신을 살펴서 이미 선하다는 것을 알고 다시는 천도에 의지하지 않는 것을 가장 으뜸이라고 하고, 내가 아직 선하지 않다는 것을 의심하여 천도를 끌어들임으로써 스스로를 구제하는 자가 그 다음이고, 자기 자신에게서 구하지 않고 하늘에서 구하는 사람을 가장 어리석은 군주라고 한다.[24)]

군주는 인간사의 문제를 엄격하게 시행할 수 있는지의 여부에 따라서 훌륭한 임금과 그 다음 등급의 임금 및 가장 우둔한 임금으로 구분될 수 있다. 세속사회에서 군주 된 사람은 마땅히 전심전력으로 혼란을 다스리는 것과 같은 실질적인 행위를 해야만 하는 것이고, 천도에 가탁해서 인간사의 일을 처리해서는 안 되는 것이다.

> 오늘날의 군주는 정성과 충심을 다해 자신을 성찰해야 하고, 통치의 도리에 전일하여 사려해야 한다. 스스로 성찰하여 허물이 없고 통치의 도리에 오류가 없으며, 곧 좋은 사물이 생겨나고 아름다운 징조가 나타난다. 이는 내가 물을 긷는 우물에 물이 솟아나고 밥을 짓는 아궁이에 불이 타오르는 것과 같은 것으로 어찌 축하하기에 충분하겠는가? 그러므로 즐거움은 보응에 있고 기쁨은 보배로운 조짐에 있는 것이다.[25)]

---

24) 魏徵,『群書治要』, 卷四十五, "故審我已善, 而不復恃乎天道, 上也; 疑我未善, 引天道以自濟者, 其次也; 不求諸己, 而求諸天者, 下愚之主也."

25) 魏徵,『群書治要』, 卷四十五, "令夫王者, 誠忠心於自省, 專思慮於治道,

중장통의 논증은 경험적 관점에서 출발했다고 볼 수 있다. 즉 중장통은 군주가 정성을 다하고 전심전력으로 인간사 문제에 매진할 경우에 아름다운 징조가 수반된다고 보았다. 이는 마치 물을 긷는 우물에서 물이 솟아나오고 밥을 짓는 아궁이에 불이 타오르는 것과 같은 것으로, 본래 괴이하다고 여기기에는 부족한 것으로 축하하기에 충분한 것이라고 하는 것이다. 그렇지만 시국이 매우 번잡하여 이해 할 수 없게 되면 항상 사사로운 정에 치우치게 되는 것이다. 그래서 즐거움은 보응에 있는 것이고 기쁨은 보배로운 조짐에 있는 것이라고 하는 것이다.

그렇기 때문에 중장통은 장수하고 상서로운 방향으로부터 이성과 미신의 구별을 설명을 한다. 즉 그는 일반적인 사람들이 불행을 당하고 질병이 생기게 되면 마땅히 약과 침으로부터 치료에 착수하여 목숨을 구하는 방법을 모색해야 한다고 생각했다. 또한 중장통은 세상 사람들이 불행을 당하고 재앙이 발생할 경우에 그러한 것을 극복하는 방법으로는 마땅히 전심전력을 다해서 곤란한 상황을 극복해야 한다고 여겼다. 그러나 세상 사람들은 흔히 이러한 방법을 팽개쳐버리고 사용하려 하지 않고서 항상 미신적인 것이나 잘못된 방법이나 미혹된 방법에 스스로를 빠트리는 과오를 범한다고 중장통은 생각했다.

> 신령한 기운과 조화를 이루고, 쓸데없는 생각을 하지 않으며, 습한 기후로 인해 생기는 병을 피하고, 음식을 조절하며 좋아하

自省無愆, 治道不謬, 則彼嘉物之生, 休祥之來, 是我汲井而水出, 爨竈而火燃者耳, 何足以爲賀者耶? 故歡於報應, 喜於珍祥."

는 욕구를 적절하게 조절하는 것이 바로 장수하는 방법이다. 불행을 당하고 질병이 생기면 침과 탕약이 있는 의원으로 간다. 정중하게 예의바른 태도를 하고, 치우치지 않고 올바름에 거처하며, 도덕을 즐거워하고, 항상 인의를 지키며, 천지를 공경하고, 종묘에서 삼가는 것이 상서롭게 하는 술책인 것이다. 불행을 당하고 재앙이 있게 되면 극기하여 자기 자신을 책망하여 재난을 극복한다. 하지만 기도를 올리는 예는 무당 일에 종사하는 사람이 하는 것이며, 그러한 사람들은 전력을 다하여 치우치지 않고 올바르게 기도를 올려야 하고 그러한 기도에 정성을 다하여야 하는 것이다. 훗날 그 근본이 간사하게 되는 계층은 이리하여 음란하고 난잡한 귀신을 모시는 의식이 흥성하게 될 것이고, 기만하는 말을 크게 떠벌리고 이상한 재변에 관한 언급들이 일어나게 될 것이며, 붉게 새겨 쓴 글씨와 같은 것들의 범람이 사물을 만드는 것을 능가하게 된다. 그러므로 항상 세속에서 꺼려하고 싫어하는 것은 가소로운 일이며, 그러한 시류를 따라가는 것은 사람들이 심한 질병에 빠져드는 것과 통하는 것이다. 또한 땅을 아홉 길이나 파서 물을 끌어올리고, 산을 백보나 뚫어서 철광을 채취하고, 숲에 들어가 벌목하는 것에 대하여 길일을 점치지 않고 들판에 나가 풀을 베는 것에 대하여 시간을 선택하지 않는 것 및 그러한 것을 조합하여 거처하고 제어하여 사용하면 곧 그것의 길함과 흉함을 의심하는 것이니 또한 미혹되지 않겠는가? 교제사와 사직제사를 간단하게 하고, 조상 신주 모시는 것에 태만하고, 절기를 거슬러 대자연의 순리에 위배되는 짓을 하면서, 오히려 상서롭지 못한 사물에게 축복을 구하고, 우매하고 의혹된 사람의 말을 정성껏 신뢰하니 이 또한 그릇되지 않은 것인가?[26)]

귀신이나 재이현상과 금기 및 미신을 신봉하는 사람들은 자기 자신의 금기로 인해서 일상생활을 영위해나가는 가운데에서 항상 신령의 존재에 대하여 의심을 하게 되고 귀신의 존재에 대해서도 의혹의 눈길을 거두지 않는다. 그렇기 때문에 무엇을 하려고만 하면 타인에게서 비난을 받게 된다.

중장통은 여기에서 행위의 상호 모순으로부터 사물의 이치의 인과관계 및 상식의 이해를 통하여 앞에서 언급한 미혹이나 그릇된 것의 행위에 대하여 대부분이 교활하고 웃음을 자아내는 일이라고 언급하였다. 즉 중장통은 그러한 것들이 단지 천도만을 지키는 것에 매몰되어 인간사의 현안에 대해서는 돌보지 않는 것이기 때문에 오히려 혼란을 다스리는 것의 실질적인 행위에 대하여 걸림돌이 되고 있는 것으로 보았던 것이다.

이상과 같은 논의를 통하여 중장통의 현실적인 정치적 역사적 행적들 가운데서 "인간사가 근본이 되고, 천도는 말단이 되는 것이다."라고 하는 주장을 도출해 낼 수 있었다. 현존하는 자료에서 언급된 바에 의하면, 중장통이 양한시기에 조정과 민간에 널리 퍼져서 맹신되고 있었던 천인감응설에 대하여 반대의 입장

---

26) 魏徵, 『群書治要』, 卷四十五, "和神氣, 懲思慮, 避風濕, 節飮食, 適嗜欲, 此壽考之方也; 不幸而有疾, 則鍼石湯藥之所去也. 肅禮容, 居中正, 康道德, 屨仁義, 敬天地, 恪宗廟, 此吉祥之術也; 不幸而有災, 則克己責躬之所復也. 然而有禱祈之禮, 史巫之事者, 盡中正竭精誠也. 下世基本而爲姦邪之階, 於是淫厲亂神之禮興焉, 侜張變怪之言起焉, 丹書厭勝之物作焉. 故常俗忌諱可笑事, 時世之所遂往, 而通人所深疾也. 且夫堀地九仞以取水, 鑿山百步以攻金, 入林伐木不卜日, 適野刈草不擇時, 及其構而居之, 制而用之, 則疑其吉凶, 不亦迷乎? 簡郊社, 慢祖禰, 逆時令, 背大順, 而反求福祐於不祥之物, 取信誠於愚惑之人, 不亦誤乎?"

을 취하고 더 나아가 적극적으로 부정을 한 것은, 사람들이 마땅히 자연적 의미의 천도 가운데에서 원리를 찾고 원칙을 추구하고 아울러 그러한 원리나 원칙을 제어하고 이용해야 한다고 생각했기 때문이었던 것이다. 또한 중장통은 하늘의 도리 혹은 법칙은 사계절의 순환이 각기 시기에 알맞게 이루어지는 것과 같은 것으로 보았으며, 자연을 인간들이 이용해야 하는 대상으로 파악하는 한편 진일보하여 그것을 이용하여 농업생산을 증대시키고 공업생산력을 확대시켜야 하는 것으로 보았던 것이다.

그렇기 때문에 중장통은 기도를 올리는 예는 무당 일에 종사하는 사람이 하는 것이며, 그러한 사람들은 전력을 다하여 치우치지 않고 올바르게 기도를 올려야 하고 그러한 기도에 정성을 다하여야 하는 것이라고 하면서 하늘과 사람의 도리에 대비할 뿐이라고 언급했던 것이다. 바꿔 말하자면, 중장통의 사상은 현실정치를 완전하게 실현하는 것에 있었기 때문에 특별히 인간세상의 혼란을 다스리는 것의 실질적인 행위를 중시했던 것이다. 인간사에서 발생하는 제반행위는 사람들이 가장 잘 파악할 수 있는 것이며 또한 가장 잘 각인되어 용인을 늦출 수 없는 일이라고 할 수 있다.

중장통은 천도의 상서로운 징조와 재이현상과 같은 것들은 자연계의 일에 속하는 것이기 때문에 매우 괴이하다고 하기에는 충분치 않을 수 있다고 생각했다. 또한 그는 모든 사람들이 그러한 재이나 상서로운 징조와 같은 현상들이 발생했을 때, 그러한 것을 제어할 수 있게 되어 인간사에 이용할 수 있게 된다면, 이는 혼란을 다스리는 것의 실질적인 행위에 도움이 될 수 있다고 보았던 것이다.

중장통은 자신의 사회와 정치에 대한 비판적인 이론체계의 전제를 확립시키기 위해서 현실의 사회·정치상황 속에서 "인간사가 근본이 되고, 천도는 말단이 되는 것이다."라고 하는 주장을 도출해냈다고 할 수 있다. 중장통의 양한시기 천인감응설에 대한 엄중하고 예리한 비판 과정 속에서 발견할 수 있었던 사실은 바로 양한시기의 사상사적 맥락 가운데 중장통의 사상 역시 선대 사람들의 사상노선을 계승한 점이 있다고 하는 사실과 선대 사람들과 다른 점 역시 있다고 하는 사실이다. 이와 같은 중장통의 천인관계론은 당시의 시대적 상황에서 비춰봤을 때 비교적 진보된 형태의 이론체계라고 하는 생각이 든다. 이러한 중장통의 천인관계론의 특색은 다음과 같이 몇 가지로 종합해 볼 수 있다.

먼저, 중장통은 현실정치 자체에 착안하여 당시의 정치 현실의 당면한 문제를 해석한다. 즉 그는 축복과 재앙은 모두가 인간이 공공의 도덕을 실천하고 인간사의 문제에 대하여 전력을 기울여 해결했는지의 여부에 달려있다고 보았던 것이다. 인간이 주동적으로 성실하게 공공의 도덕을 실천하고 인간사의 문제 해결에 전력을 다하면 반드시 축복을 받을 것이고 그렇지 않으면 반드시 재앙을 당하게 되는 것이기 때문에 축복과 재앙은 인간 스스로가 자초하는 것일 뿐이라는 것이다. 이와 같은 중장통의 주장은 왕충과 왕부의 장점들만을 취합했으며, 그들의 오류는 회피한 것이라고 할 수 있다. 그렇기 때문에 중장통의 천인감응설에 대한 비판은 철학사상의 영역에서부터 현실 사회를 포함한 정치적인 분야까지 모두를 아우르는 것으로, 견해는 상당히 예리하고 심도가 있다고 볼 수가 있는 것이다.

다음으로 중장통은 재이현상이나 상서로운 조짐의 발생과 같은 것들은 순수한 자연계의 현상일 뿐이라고 보고, 이러한 현상에 대하여 괴이하게 여길 필요가 없다고 보았다. 그렇기 때문에 중장통은 "자신을 살펴서 이미 선하다는 것을 알고 다시는 천도에 의지하지 않는 것"이야말로 가장 뛰어난 성왕이 되는 첩경임을 역설했던 것이다. 하지만 세상에는 수많은 중간 등급에 해당하는 인재들이 있으며, 가장 뛰어난 지혜를 가진 인재와 가장 우매한 사람들은 소수에 불과 하다고 할 수 있는데, 정치를 해야 한다고 주장하면서 가장 뛰어난 지혜를 가진 군주를 희망하는 것은 백 명 가운데 한명도 없을 확률이 높은데 이는 상황이 매우 급한데 대처하는 것이 너무 늦는 것과 같은 것이라고 할 수 있다. 중장통은 현실정치에 모든 심혈을 기울였는데, 특히 혼란을 다스리는 것의 실질적인 행위에 관심을 집중하는 것과 같이 자신의 사상을 현실에 실현하고자 했던 것이다. 그래서 중장통은 "인간사가 근본이 되고, 천도는 말단이 되는 것이다."라고 하는 주장을 했던 것이며, 아울러 천도의 작용 역시 완전히 부정하지는 않았던 것이다. 또한 중장통의 사상 가운데 천도와 하늘의 도리는 분명하게 차이가 존재한다고 할 수 있는데, 그가 긍정하는 것은 하늘의 도리를 사용하는 것이었다고 할 수 있다. 즉 자연계의 운행법칙을 활용하여 인간사에 관한 문제해결에 도움이 되게 하는 것에 그 관심의 초점이 있었다고 할 수 있는 것이다. 이러한 주장은 왕부의 "인도라고 하는 것은 작위다."라고 하는 관념을 더욱 강화시키고 발전시켜 인간의 주관적 능동성을 긍정하였을 뿐만 아니라, 치세의 도리에 전념함과 동시에 인간사의 문제를 해결하는데 전력을 다하는 현실적인 사유체계라고 할 수 있다.

끝으로 중장통의 철학사상은 현실사회와 정치현실에서 출발하여 사회와 정치의 문제에 대한 비판을 기반으로 형성되었다고 할 수 있다. 그렇기 때문에 중장통의 사회와 정치문제에 대한 주장은 심도가 있으며 매우 광범위했던 것이다. 또한 중장통 자신이 동한 말기의 동란이 다반사였던 사회에 살아가고 있었던 관계로 시시각각으로 위험한 상황에 노출되어 있었다. 그래서 중장통은 유학자의 신분으로 양지와 양능을 통하여 당시 사회에 대한 면밀한 고찰과 공명정대한 마음가짐으로 질서가 무너져 요동치고 있는 사회와 정치에 대하여 객관적 비판을 진행하였던 것이다. 이러한 비판을 통하여 중장통은 당시 사회의 어둡고 잔혹한 단면을 폭로하는 한편 정치적으로 부패한 현실에 대한 질타를 하면서 사회개혁과 정치의 쇄신을 부르짖었던 것이다.

4. 맺는 말

이상과 같이 중장통의 정치론에 대하여 사상적 연원과 천인관계론을 중심으로 논의를 진행해 보았는데, 이를 정리하면 다음과 같다.

양한시기는 동중서부터 시작해서 참위설이 유행하던 시절을 거쳐 백호관회의 등으로 대표되는 신학과 미신 및 경학 등은 당시의 천문학적 지식을 이용하여 천인감응의 이론체계 세트를 만들어 냈던 시기라고 말할 수 있다. 이와 같은 천인감응의 이론체계는 군주의 전제정치와 국가의 체제 및 강상명교에 상당히 듬직한 이론적 근거를 제공하게 된다. 동중서의 천인관계론 사상의 시작은 바로 자연적 의미의 천을 종교적 의미의 천으로 바꾼 것에 있다고 할 수 있는데, 그는 천을 의지가 있고 목적이 있으며 의식이 있는 존재로 보는 한편 만물을 주재하는 인격신으로 보기도 했다.

양한시기의 천인관계론 사상 가운데 중장통에게 가장 커다란 영향을 끼친 사상가로는 두 사람이 있었는데, 그들은 바로 왕충과 왕부라고 할 수 있다. 왕충의 천인관계론은 우주론에서부터 시작된다고 할 수 있다. 왕충은 천天은 형체가 있는 것으로 기가 아니라고 생각하였으며, 인간이 비록 형체가 있는 존재라고 할지라도 천의 형체와 인간의 형체는 다른 것이라고 보았다. 즉 왕충은 인간에게는 욕망이 있는 반면에 천에게는 욕망이 없으며, 인간에게는 유위가 있는 반면 천에게는 무위가 있기 때문에 하늘과 인간은 서로 인식할 수 없으며, 하늘과 인간은 서로 감응하지 않는다고 생각했던 것이다. 이처럼 왕충이 노자의 천도자연관을 계승하였을 뿐만 아니라 순자의 천인지분의 의미를 이해할 수 있었기 때문에 천인감응설에서 벗어날 수 있었던 것이다.

왕부는 원기일원론의 관점으로 천지의 기원에 관한 문제에 대하여 해석을 내놓는다. 즉 왕부는 천지만물의 발생은 처음 시작할 때 원기에서 나오는 것이라고 생각했으며, 기의 운행과 감동이 궁극에 도달하게 되면 자연계 전체의 규칙과 현상 모두가 그것에 의해서 조작되고 작용되는 것이라고 생각했다. 왕부는 인간이 천지와 기의 정수를 받아 생겨난 존재이기 때문에, 인간의 정신과 천지자연은 서로 소통되는 것이고 서로가 감응할 수 있다고 생각했다. 그렇기 때문에 왕부의 천인관계론 사상의 실질적인 연원은 동중서로부터 비롯된 것이라고 할 수 있는 것이다. 하지만 이와 같은 왕부의 천인관계론 사상과 동중서의 천인관계론 사상 사이에는 약간의 차이점이 존재하는데, 그 주요한 차이는 바로 왕부가 인간의 주동적인 작용을 특별하게 중시한 것에 있다고 하는 점이다. 그래서 왕부는 "인도라고 하는 것은 작위다."라고 하는 관념을 제기했던 것이다.

중장통의 천인관계론은 정치적·사회적 및 역사적인 요소들을 귀납시켜 내놓은 결과물이라고 할 수 있다. 중장통은 "인간사가 근본이 되고, 천도는 말단이 되는 것이다."라고 하는 주장을 제기한다. 그는 이러한 주장을 통하여 군주 된 사람이 성심성의를 다하여 인간사의 문제에 전력을 기울여야 한다고 생각했다. 또한 그는 군주가 천하의 혼란을 다스리는 것의 실질적인 행위에 뜻을 두고 있다면, 천도에 대해서 섬기는 태도를 갖지 말아야 하며 또한 백성들을 다스리고 치적을 쌓는데 방해가 없어야 하는 것이라고 했다. 만약 그렇지 않으면 군주가 정치를 펼치는 것에 있어서 인간사의 일들에 대하여 등한시하게 되고 매사를 천도에 기대어 처리하고자 하면, 결국에는 패망하게 되는 운명을 피해나갈 수가 없게 되는 것이라고 하였다.

중장통이 양한시기에 조정과 민간에 널리 퍼져서 맹신되고 있었던 천인감응설에 대하여 반대의 입장을 취하고 더 나아가 적극적으로 부정을 한 것은, 사람들이 마땅히 자연적 의미의 천도 가운데에서 원리를 찾고 원칙을 추구하고 아울러 그러한 원리나 원칙을 제어하고 이용해야 한다고 생각했기 때문이었던 것이다. 또한 중장통은 하늘의 도리 혹은 법칙은 사계절의 순환이 각기 시기에 알맞게 이루어지는 것과 같은 것으로 보았으며, 자연을 인간들이 이용해야 하는 대상으로 파악하는 한편 진일보하여 그것을 이용하여 농업생산을 증대시키고 공업생산력을 확대시켜야 하는 것으로 보았던 것이다.

중장통은 자신의 사회와 정치에 대한 비판적인 이론체계의 전제를 확립시키기 위해서 현실의 사회·정치상황 속에서 "인간사가 근본이 되고, 천도는 말단이 되는 것이다."라고 하는 주장을 도출해냈다고 할 수 있다. 중장통의 양한시기 천인감응설에 대한 엄중하고 예리한 비판 과정 속에서 발견할 수 있었던 사실은 바로 양한시기의 사상사적 맥락 가운데 중장통의 사상 역시 선대 사람들의 사상노선을 계승한 점이 있다고 하는 사실과 선대 사람들과 다른 점 역시 있다고 하는 사실이다. 이와 같은 중장통의 천인관계론은 당시의 시대적 상황에서 비춰봤을 때 비교적 진보된 형태의 이론체계라고 할 수가 있는 것이다.

■

참고문헌

班固,『漢書』, 北京, 中華書局, 1990년.

范曄,『後漢書』, 北京, 中華書局, 1985년.

彭鐸,『潛夫論箋校正』, 北京, 中華書局, 1985년.

蘇輿,『春秋繁露義證』, 北京, 中華書局, 1992년.

魏徵,『群書治要』,『四部叢刊初編』本.

韋政通,『中國思想史』, 上冊, 臺北, 大林出版社, 1979년.

任繼愈,『中國哲學發展史 - 秦漢』, 北京, 人民出版社, 1985년.

徐復觀,『兩漢思想史』, 卷二, 臺北, 學生書局, 1989년.

侯外廬,『中國思想通史』, 第二卷, 北京, 人民出版社, 1992년.

馮友蘭,『中國哲學史新編』, 第三冊, 北京, 人民出版社, 1995년.

松丸道雄 외, 조성을 역,『中國史槪說』, 서울, 한울아카데미, 1989년.

胡楚生,「王符思想中一基本槪念 "人道曰爲"之解釋」,『幼獅月刊』, 第四十七卷, 第六期, 1978년.

참고문헌

[원전류]

朱彬,『禮記訓纂』,『宜祿堂』淸刻本.

朱熹,『大學章句』,『海淵閣』明刻本.

朱熹,『論語集注』,『海淵閣』明刻本.

黃侃,『論語義疏』,『皇淸經解』本.

劉寶楠,『論語正義』,『續皇淸經解』本.

孫星衍,『尙書今古文注疏』, 平津館叢書本.

朱熹,『四書章句集注』, 海淵閣明刻本.

王先謙,『荀子集解』, 北京, 中華書局, 1992년.

李滌生,『荀子集釋』, 臺北, 學生書局, 1986년.

王忠林,『荀子讀本』, 臺北, 三民書局, 1996년.

左丘明,『國語』,『四部備要』本.

顔昌嶢,『管子校釋』, 長沙, 嶽麓書社, 1996년.

司馬遷, 瀧川資言會注考證,『史記會注考證』, 太原, 北岳文藝出版社, 1999년.

司馬遷,『史記』, 北京, 中華書局, 1982년.

班固,『漢書』, 北京, 中華書局, 1990년.

范曄,『後漢書』, 北京, 中華書局, 1985년.

賈誼, 『新書』, 『四庫全書』 本.
蘇輿, 『春秋繁露義證』, 北京, 中華書局, 1992년.
汪榮寶, 『法言義疏』, 北京, 中華書局, 1996년.
彭鐸, 『潛夫論箋校正』, 北京, 中華書局, 1985년.
魏徵, 『群書治要』, 『四部叢刊初編』 本.

[중국자료]

成中英, 『知識與價值』, 臺北, 聯經出版事業公司, 1986년.
黃維幸, 『法律與社會理論的批判』, 臺北, 時報文化事業公司, 1991년.
瞿同祖, 『中國法律與中國社會』, 臺北, 里仁, 1987년.
徐復觀, 『中國思想史論集』, 臺北, 學生書局, 1983년.
徐復觀, 『中國思想史論集續篇』, 臺北, 時報文化事業公司, 1985년.
蕭公權, 『中國政治思想史』(上), 臺北, 聯經出版事業公司, 1990년.
Hans-Georg Gadamer, 洪漢鼎 譯, 『眞理與方法』, 上海, 上海譯文出版社, 2004년.
戴濬, 『管子學案』, 上海, 學林出版社, 1994년.
孫詒讓, 『墨子閒詁』, 北京, 中華書局, 1954년.
郎擎霄, 『孟子學案』, 上海, 商務印書館, 1928년.
唐迪風, 『孟子大義』, 北京, 北平直隸書局, 1931년.
李信言, 『孟子政治思想及經濟思想』, 上海, 易社, 1938년.
楊寬, 『古史新探』, 北京, 中華書局, 1965년.
侯家駒, 『先秦儒家自由經濟思想』, 臺北, 聯經出版事業公司, 1985년.
許宗興, 『孟子的哲學』, 臺北, 臺灣商務印書館, 1989년.
葉經柱, 『孟子之民本主義』, 臺北, 正中書局, 1990년.
蔡仁厚, 『孔孟荀哲學』, 臺北, 學生書局, 1990년.
錢穆, 『國史大綱』, 卷上, 臺北, 臺灣商務印書館, 1991년.

黃俊傑 主編,『孟子思想的歷史發展』, 臺北, 中央研究院 中國文哲研究所籌備處, 1995년.
劉鄂培,『孟子大傳』, 北京, 淸華大學出版社, 1998년.
党晴梵,『荀子硏究』, 西安, 陝西人民出版社, 1953년.
魏元珪,『荀子哲學思想』, 新店, 谷風出版社, 1987년.
韋政通,『荀子與古代哲學』, 臺北, 臺灣商務印書館, 1985년.
黃俊傑,『春秋戰國時代尙賢政治的理論與實際』, 臺北, 問學出版社, 1977년.
高亨,『商君書注譯』, 北京, 中華書局, 1974년.
鄭良樹,『商鞅及其學派』, 上海, 上海古籍出版社, 1989년.
唐端正,『先秦諸子論叢』續編, 臺北, 東大圖書有限公司, 1983년.
侯家駒,『先秦法家統制經濟思想』, 臺北, 聯經出版事業公司, 1985년.
曾振宇,『前期法家硏究』, 濟南, 山東大學出版社, 1996년.
王曉波,『先秦法家思想史論』, 臺北, 聯經出版事業公司, 1991년.
沙亦群,『意識形態與社會變遷』, 臺北, 巨流圖書公司, 1983년.
陳鴻瑜,『政治發展理論』, 西寧, 靑海敎育出版社, 1995년.
周桂田,『秦漢思想史』, 石家莊, 河北人民出版社, 2000년.
王興國,『賈誼評傳』, 南京, 南京大學出版社, 1992년.
傅筑夫,『中國經濟史論叢』, 北京, 三聯書店, 1980년.
錢穆,『國史大綱』上冊, 北京, 商務印書館, 1996년.
田昌五 外,『秦漢史』, 北京, 人民出版社, 1993년.
蕭淸,『中國古代貨幣思想史』, 台北, 臺灣商務印書館, 1992년.
周桂鈿,『董學探微』, 北京, 北京師範大學出版社, 1989년.
周桂鈿,『董仲舒評傳』, 南寧, 廣西敎育出版社, 1995년.
徐復觀,『兩漢思想史』, 卷二, 臺北, 學生書局, 1989년.
馮友蘭,『中國哲學史新編』, 臺北, 臺灣商務印書館, 1996년.

薩孟武『中國政治思想史』, 臺北, 三民書局, 1967년.
宮哲兵,『晩周辨證法史研究』, 上海, 上海古籍出版社, 1988년.
劉文英,『王符評傳』, 南京, 南京大學出版社, 1993년.
朱岑樓,『社會學』, 貴陽, 貴州人民出版社, 1997년.
侯家駒,「井田叢考」,『大陸雜誌』, 卷67, 第3期, 臺北, 1972년.
謝德宗,『經濟理論的革命家-凱因斯』, 臺北, 允晨文化圖書出版公司, 1982년.
陳弱水,「內聖外王觀念的原始糾結與儒家政治的根本思想疑難」,『史學評論』, 第三期, 1981년.
林俊宏,「老子政治思想的開展」,『政治科學論叢』, 第十期, 1999년.
陳麗桂,「融合道·法兼採陰陽的漢儒」,『中國學術年刊』, 第十七期, 1996년.
金谷治,「鄭玄與『論語』」,『唐寫本論語鄭氏注及其硏究』, 北京, 文物出版社, 1991년.
顔厥安,「論法哲學的範圍及主要問題」,『哲學雜誌』, 第四期, 1993년.
蕭高彦,「共同體的理念」,『臺灣政治學刊』, 第一期, 1996년.
胡楚生,「王符思想中一基本概念 "人道曰爲"之解釋」,『幼獅月刊』, 第四十七卷, 第六期, 1978년.

[일본자료]

近藤正則,「『讀余隱之尊孟辨』に見える朱子の孟子不尊周への對應」,『日本中國學會報』第33集, 日本中國學會, 1981년.
倉田信靖,「『孟子』の"春秋天子之事也"に就いて」,『日本中國學會報』第38集, 日本中國學會, 1986년.

[한국자료]

김필수 외3인 옮김, 『管子』, 「관자해제」, 서울, 소나무, 2006년.

김혜승, 『유교의 뿌리를 찾아서』, 서울, 지식의 풍경, 2001년.

김용옥, 『맹자 사람의 길』 上, 서울, 통나무, 2012년.

吳萬種, 陸馨, 「王符之『潛夫論』的引詩初探」, 『中國人文科學硏究』, 제40집, 2008년.

松丸道雄 외, 조성을 역, 『中國史概說』, 서울, 한울아카데미, 1989년.

찾아보기

ㄱ

ㄴ

ㄷ

ㅁ

ㅂ

ㅅ

ㅇ

ㅈ

ㅊ

ㅋ

ㅌ

ㅍ

ㅎ